Lenard Petit

Die Cechov-Methode

Handbuch für Schauspieler

Mit einem Vorwort von Frank Betzelt

Übersetzt von Andrea Greul

HENSCHEL

Dieses Buch ist den beiden Lieben meines Lebens, Meg und Luke Pantera-Petit, gewidmet.

Bibliografische Information der Deutschen Nationalbibliothek
Die Deutsche Bibliothek verzeichnet diese Publikation in der Deutschen Nationalbibliografie; detaillierte bibliografische Daten sind im Internet über http://dnb.ddb.de abrufbar.

ISBN 978-3-89487-712-5

Titel der englischsprachigen Originalausgabe:
The Michael Chekhov Handbook: For the Actor

Autorisierte Übersetzung der englischsprachigen Ausgabe, erschienen bei Routledge, Mitglied der Taylor & Francis Group

Lektorat: Claudia Thieße
Umschlaggestaltung: Ingo Scheffler, Berlin
Titelbild: Hannah Herzsprung im Film Vier Minuten (2006)
(mit freundlicher Genehmigung der Kordes & Kordes Film GmbH)
Satz und Gestaltung: Roman Bold & Black, Köln
Druck und Bindung: Multiprint Ltd.
Printed in the EU

www.henschel-verlag.de

Lenard Petit
Die Cechov-Methode

Inhaltsverzeichnis

Vorwort

Meine erste Begegnung mit der Methode von Michael Cechov hatte ich während der Schauspielschulzeit. Wir probierten eine Szene aus Goethes CLAVIGO, in der Beaumarchais Clavigo zwingt, den Verrat an seiner Schwester in aller Öffentlichkeit einzugestehen. Ich fand keinen Zugang zu Beaumarchais, weder zu seinem übersteigerten Ehrgefühl, noch zu seiner unerbittlichen Entschlossenheit. Dazu konnte ich die langen klassischen Textbögen nicht greifen, schaute mir beim Spielen permanent zu und fand mich einfach nur schrecklich.

Während dieser qualvollen Zeit fand das Schauspielschultreffen statt, wo wir einen Tag lang an Workshops von Lehrern anderer Schulen teilnehmen durften. Ein Cechov-Workshop sprach mich an, da ich einmal in einem Buch von ihm gestöbert und es ganz interessant gefunden hatte.

Wir arbeiteten mit der „psychologischen Geste“ in Verbindung mit einem „imaginären Körper“, und ich suchte natürlich nach einer Geste für den Beaumarchais. Nach einiger Zeit der Erarbeitung probierte ich den Text mit der gefundenen Geste aus. Was währenddessen passierte, werde ich nie vergessen: Ich spürte eine unglaubliche Kraft in mir. Ich hatte das Gefühl, einen völlig anderen, viel kompakteren Körper zu haben, aus dem die Sprache in einer Weise herausbrach, wie ich es noch nie erlebt hatte. Die langen Textbögen waren kein Problem mehr, und emotional war auf einmal ganz klar: Es ist eine Sache von Leben und Tod, die Ehre meiner Schwester wiederherzustellen. Gedanklich konnte ich zwar dazu immer noch keinen Bezug herstellen, aber wenn ich mit der Geste den Text sagte, erfasste ich auf einer anderen Ebene die Welt von Beaumarchais.

Nach dieser außergewöhnlichen Erfahrung ließ mich die Cechov-Methode nicht mehr los. Und bis heute kann ich mich immer mehr für sie begeistern, je länger ich mich mit ihr beschäftige.

Cechovs Schauspieltechnik unterscheidet sich grundsätzlich von Stanislawskis Ansatz und dem vieler seiner Nachfolger.

Michael Cechov – übrigens ein Neffe des bekannten Autors Anton Cechov – galt als einer der bedeutendsten Schauspieler am Moskauer

Künstlertheater unter Stanislawski und hatte lange bei ihm gelernt. Stanislawski vermittelte den Schauspielern, den emotionalen Zugang zur Figur aus ihrem persönlichen Leben zu schöpfen, aus dem sogenannten „Als ob". Um die Situation der Rolle glaubwürdig zu verkörpern, sollten sie ähnliche Situationen aus dem eigenen Erleben finden.

Cechov empfand es jedoch als Limitation seiner Kreativität, die Rolle in dieser Weise zu sich heranzuziehen. Er wollte sich zur Rolle hin bewegen, über sich hinaus und in die Rolle hineinwachsen. Durch diesen Weg gelangen ihm seine einzigartigen Charakterdarstellungen.

Als Stanislawski Cechov trotz vieler Differenzen die künstlerische Leitung des Studios übertrug, um neue Ideen zu entwickeln, begann Cechov, seine Methode zu formen.

Er erforschte seinen eigenen intuitiven Schauspielprozess wie auch den anderer herausragender Schauspieler. Er suchte Inspiration bei Jevgenij Wachtangov und Rudolf Steiner und entdeckte: Für alle inneren Bewegungen – Emotionen, Impulse, Wünsche, Ängste, Sympathien, Abneigungen – ist es möglich, einen adäquaten körperlichen Ausdruck zu finden. Andersherum ist es auch möglich, durch einen solchen körperlichen Vorgang eine intensive innere Bewegung zu erzeugen.

Für die innere Bewegung einer schmerzlichen Sehnsucht zum Beispiel könnte eine kraftvolle Verkörperung sein, die Arme und den ganzen Körper so weit wie möglich nach vorne auszustrecken. Dies ist keine Alltagsgeste, sondern ein archetypischer, ganzkörperlicher Ausdruck für dieses Verlangen. Wenn ich diese „psychologische Geste" ausübe, wird sie in mir Sehnsucht hervorrufen. Mit etwas Übung kann ich die Geste dann nur „energetisch" machen, also ohne den Körper zu bewegen, und die Sehnsucht entsteht in mir.

Ähnliches ist mit jeglichem inneren Bild möglich. Zum Beispiel erzeugt das Bild eines langen, hageren Menschen in uns spontan etwas anderes als das eines kleinen, rundlichen Menschen, sehr große Füße lösen etwas anderes aus als winzig kleine Füße. Wenn wir einen solchen „imaginären Körper" in uns aufnehmen, wird es sich nach einer Weile tatsächlich so anfühlen, als hätten wir eine andere

Körperform. Auch wenn der physische Körper gleich bleibt, verhalten wir uns auf einmal anders und unsere ganze Ausstrahlung verändert sich. Wir denken und fühlen sogar anders.

Wenn man so mit dem Körper und der Imagination an die Rolle herangeht – wie auch an eine Szene und einzelne Momente –, ist der Schauspieler nicht mehr auf seine persönliche Erfahrungswelt beschränkt. Er bekommt einen Zugang zu dem, was C. G. Jung das „kollektive Unbewusste" nannte: einem intuitiven, universellen Wissen über das Menschsein, das in uns allen schlummert.

Natürlich zapfen manche Schauspieler diese Quellen auf ihre Art intuitiv an. Cechov hat darüber hinaus handwerkliche Mittel entwickelt, mit denen es möglich ist, tiefer und gezielter zu suchen. Und mit deren Hilfe der wertvolle Fund sicherer geborgen werden kann. Zudem erschafft die Chemie zwischen Schauspieler, Text und benutztem Mittel – wie etwa der Geste – auf magische Weise nicht nur das, wonach man sucht. Sie lässt unerwartete Aspekte der Rolle entstehen, die den Charakter lebendiger, widersprüchlicher und überraschender machen.

Neben der Rollengestaltung war Cechov auch die Befreiung des Instruments ein großes Anliegen. Bei seinen Forschungen zeigte sich, dass das Training seiner Techniken den Körper sensibilisierte und die Ausstrahlung auf der Bühne vergrößerte. Auch beflügelte es Fantasie und Spielfreude und vertiefte das emotionale Empfinden. Die Übungen bereiteten den Schauspielern zudem große Freude, waren ein sinnlicher Genuss für sie und sie blühten dabei auf.

Seit meiner ersten Begegnung mit der Methode während der Schauspielschule habe ich unterschiedlichste Cechov-Lehrer kennengelernt. Am meisten inspiriert hat mich eindeutig Lenard Petit. Bei ihm ist die handwerkliche Vermittlung so einfach, klar, spielerisch, belebend und leicht umsetzbar, wie man sich das nur wünschen kann, und die Wirkung lässt einen staunen. Sein Unterricht ist pragmatisch, präzise und strukturiert, doch fühlt es sich eher wie ein Forschungsspielplatz oder eine Entdeckungsreise an. Lenards Begeisterung für die Arbeit, seine direkte Art, sein feines Gespür und nicht zuletzt sein Humor – er hat seine Bühnenlaufbahn als Clown begonnen – laden dazu ein, sich zu öffnen und jeden Vorschlag bedenkenlos auszuprobieren.

Es fasziniert mich, dass er wie kein anderer mit unglaublicher Klarheit Cechovs Werk bis in jeden Aspekt hinein durchdrungen hat. Und er ist über ihn hinausgegangen, hat jede Vagheit der Vermittlung konkretisiert, die Essenz der Techniken herausdestilliert und unermüdlich weitergeforscht und entwickelt, alles in Cechovs Geist. Für die Arbeit des Schauspielers im Berufsalltag sind diese Weiterentwicklungen und Konkretisierungen von unschätzbarem Wert.

So wie Lenards Arbeit ist auch sein Buch: klar, strukturiert, einfach, pragmatisch und anwendbar. Weil es sehr komprimiert und gehaltvoll ist, rate ich, es nicht in einem Zug zu lesen, sondern Stück für Stück. Und ganz besonders empfehle ich, die Übungen selbst auszuprobieren. Nicht morgen, sondern gleich heute. Sie sind anschaulich erklärt und lassen sich gut alleine umsetzen. Nur so bekommt man wirklich einen Geschmack davon, was „Cechov" ist.

In diesem Buch schreibt Lenard ausschließlich über das Theater. Das ist sein Medium. Ich dagegen arbeite seit vielen Jahren vorrangig mit Filmschauspielern. Und ich bin in der glücklichen Lage, fast täglich erleben zu können, wie nutzbar diese Methode auch für das Medium Film ist. Daher bin sehr froh, dass Hannah, Jörg und Mark sofort bereit waren, die Filmtauglichkeit dieser Methode mit ihren Statements und dem Coverfoto zu unterstreichen.

Ebenso erlebe ich, wie leicht Schauspieler mit anderem methodischem Hintergrund die Techniken Cechovs in ihre Arbeit integrieren können und wie wirkungsvoll sich verschiedene Ansätze gegenseitig befruchten.

Von Lenard zu lernen hat mich und meine Arbeit mit Schauspielern wesentlich und nachhaltig beeinflusst. Ich bin ungemein dankbar dafür, ihm begegnet zu sein. Und ich wünsche mir, dass durch dieses Buch noch viele weitere Menschen, Schauspieler wie Lehrer, Regisseure und Interessierte, Lust auf mehr „Cechov" bekommen.

Frank Betzelt im Januar 2014

Einleitung

Hätte ich die Möglichkeit gehabt, Michael Cechov persönlich eine Frage zu stellen, dann wäre es diese gewesen: „Was ist der Kern Ihrer Schauspielmethode?“ Stattdessen habe ich meine Lehrerin Deidre Hurst du Prey gefragt, die Cechovs Schülerin sowie 20 Jahre lang seine Assistentin war. Ihre Antwort lautete: „Wahrheit“. Das ist ein ebenso großer wie einfacher Gedanke. Die Schwierigkeit besteht darin, bei der Einfachheit zu bleiben, denn wird es kompliziert, droht die Wahrheit zu verschwinden. Ich möchte gerne über eine Form von Einfachheit sprechen, durch die ich *meine* Wahrheit gefunden habe. Nützliche Schauspieltechniken haben nämlich grundsätzlich die eigene Wahrheit im Blick, und die erlebt ein Schauspieler immer unmittelbar in einem Moment.

Michael Cechovs Technik bietet eine sehr freie Methode, als Schauspieler zu arbeiten. Man spürt sofort, wie bereichernd und herausfordernd der Umgang mit dem Material ist, mit dem wir in Berührung kommen. Ich selbst praktiziere die Technik seit 30 Jahren und unterrichte sie seit fast 20. Daher kenne ich die meisten Lehrer weltweit, die danach arbeiten. Es ist keine sehr große Gemeinschaft, aber ich bin glücklich, ein Teil von ihr zu sein. Bemerkenswerterweise hat zwar jeder von uns seine eigene Unterrichtsweise und seinen eigenen Blick auf die Technik entwickelt; dennoch haben wir alle den Kern des Werkes tief verinnerlicht. Jeder Lehrer setzt unterschiedliche Schwerpunkte bei der Vermittlung der Technik und hat das, was für ihn persönlich daran essenziell ist, gefunden. Jeder von uns geht seinen eigenen Weg. Natürlich haben Cechovs Methoden auch ihre Grenzen. Das Ziel besteht darin, den Schauspieler zu einer inspirierten Darstellung hinzuführen. Doch die Mittel, mit denen wir unsere Inspiration wecken können, sind begrenzt. Das ist eigentlich eine gute Sache, denn so können wir ziemlich genau festlegen, wie wir arbeiten und uns der Rolle nähern wollen, ohne dabei ins Stolpern zu geraten oder den Überblick zu verlieren.

Im Folgenden versuche ich zu zeigen, wie man sich dieser Methode annähern kann. Allerdings möchte ich vorwegschicken, dass es bei dem, was hier zu lesen ist, darum geht, wie die Technik zu mir gelangt ist, wie sie auf mich und in mir wirkt und wie ich sie mir zu eigen gemacht habe. Aus dem Grund habe ich auch bewusst nur Zitate von Cechov ausgewählt, die mich auf einer persönlichen Ebene berührt haben. Ich glaube nicht, dass es nur einen einzigen Weg gibt, Cechovs Technik zu vermitteln oder zu praktizieren. Ich selbst habe an vielen unterschiedlichen und außergewöhnlichen Unterrichtsstunden teilgenommen, in denen ich immer wieder Neues erfahren habe, über das ich mir zuvor keine Gedanken gemacht hatte. Dennoch habe ich jedes Mal gemerkt, wie sehr „cechovesk" es war. Zu erkennen, ob man es mit Cechov zu tun hat – oder auch nicht –, ist nicht besonders schwer. Die Technik will den Schauspieler inspirieren und ihn einen kreativen Zustand erleben lassen, der ihm sowohl Freude bereitet als auch die Kraft zu starker Ausdrucksfähigkeit verleiht. Durch die Grundlagen, die er uns anbietet, ermöglicht Cechov es jedem Schauspieler, seine eigene Technik und Arbeitsweise zu finden.

Arbeitsweise und Ergebnis der Technik sind letztlich eins. Gerade weil sie so spezielle Anforderungen an den Schauspieler stellt, ist diese Technik so inspirierend. Ich habe mich für sie entschieden und sie in ihrer Gesamtheit sehr genau untersucht. Letztendlich habe ich mich aber immer den Inhalten und Aussagen gewidmet, die mich persönlich besonders angesprochen und begeistert haben. Die Einsichten, die ich erhalten habe, würde ich gerne teilen. Die Lektüre der Bücher von Cechov kann dabei helfen, manches besser zu verstehen. Anderes habe ich unmittelbar aus meiner Beschäftigung mit der Technik entwickelt, wieder anderes während meiner Reise zum *Physical theatre.* Ich bin kein Purist und halte daher ständig Ausschau nach Inhalten, von denen ich denke, dass sie in den Wirkungskreis von Cechov gehören. Alles davon beinhaltet für mich eine Wahrheit, und ich wünsche mir, dass auch du darin ein Stück Wahrheit finden wirst.

Michael Cechov war seiner Zeit weit voraus. Er muss das gewusst haben, da er vom „Theater der Zukunft" und dem „Schauspieler der Zukunft" gesprochen hat. Rund 60 Jahre nach seinem Tod leben wir in einer Zeit, die dieser Zukunft entsprechen könnte; und vielleicht hatte Cechov ja die gegenwärtige Generation im Blick. Heutzutage betrachten Künstler ihre Arbeit so, wie auch Cechov sie gesehen hat. Durch die Ausbreitung und das Interesse an der östlichen Philosophie im Westen sind wir heute in der Lage, uns unbefangen mit unterschiedlichen Methoden zu beschäftigen. Wir akzeptieren die spirituellen und energetischen Einflüsse auf das Leben, und es hat sich gezeigt, dass rein intellektuelle Ansätze ihre Grenzen haben. Die Idee des ganzheitlichen Menschen muss also nicht mehr länger verteidigt werden. Das Konzept von Geist und Körper ist mittlerweile gang und gäbe, und der moderne Mensch hat sich das nicht-materialistische Selbstbild zurückerobert. Genau darauf baut die Cechov-Technik auf. Deshalb richtet sich dieses Buch auch an Schauspieler unserer Zeit, denn für sie wurden die Techniken, um die es hier gehen wird, entwickelt.

Doch der Reihe nach. Fangen wir ganz einfach da an, wo alles beginnt: bei dem Schauspieler, der leibhaftig vor seinem Publikum steht. Fakt ist, dass der Schauspieler den Raum einnimmt. Dabei spielt es zunächst keine Rolle, ob er ihn mit Energie füllt oder nicht. Tut er das allerdings in ausreichendem Maße, weckt er auf der anderen Seite das Interesse des Zuschauers; tut er es nicht, Langeweile und Desinteresse. Am besten verdeutlichen das die ebenso witzigen wie geistreichen Worte Cechovs, die Deidre Hurst du Prey während einer ihrer Unterrichtsstunden zitierte: „In dem Moment, in dem du auf der Bühne nicht lebendig bist, bist du tot." Diese Bemerkung dürfte ein Schauspieler sicherlich verstehen, denn jeder von uns kennt das immense Vergnügen, das ihn auf der Bühne packt, wenn er spürt, dass er lebendig ist. So, wie ihm auch die Niedergeschlagenheit vertraut ist, wenn er spürt, dass er sein Publikum verliert, weil es ihm auf der Bühne an Energie fehlt.

Der Begriff Energie ist ziemlich überfrachtet, da er für viele Menschen unterschiedliche Bedeutungen hat. Ich würde dir gerne meine persönliche Definition dieses Begriffes mitgeben, damit wir einen gemeinsamen Ausgangpunkt haben. Meiner Schauspielklasse beschreibe ich Energie als Kraft, die den Körper in Bewegung setzt, aber weder aus Muskeln noch aus Knochen ist. Energie ist Lebenskraft. Dafür existieren eine ganze Menge Wörter, wie zum Beispiel Geist, Qi oder Prana. Um mit der Technik von Michael Cechov arbeiten zu können, ist es wichtig, dass wir dieser Definition offen gegenüberstehen. *Energie* ist der Schlüssel, der uns die Tür öffnet.

Ein weiterer Schlüssel ist die Vorstellungskraft, denn alle unsere Möglichkeiten liegen in unserer Fähigkeit zu imaginieren. Beginnen wir am besten damit, uns vorzustellen, dass wir hervorragende Schauspieler sind. Jetzt haben wir ein Bild, mit dem wir uns vergegenwärtigen können, wohin es gehen wird. Es hilft uns dabei, uns mit unserem Ziel zu beschäftigen und es zu erreichen. Als Schauspieler müssen wir ständig kreativ sein. Wir müssen daran glauben, dass es unser Job ist, Kunst zu machen. Unsere Kunst ist lebendig und an Wahrheit, Wirklichkeit und Menschlichkeit geknüpft. Und natürlich ans Theater. Das Theater ist ein Ort voller Hoffnung, künstlerischer Illusionen, voller Imagination und Menschen. Wir können die Zuschauer ermuntern, ihre Vorstellungskraft zu benutzen und an unserer Seite Teil eines kreativen Augenblicks zu werden. Es ist viel erfüllender, wenn alle Beteiligten in der imaginären Welt aktiv und lebendig sind, denn der Austausch zwischen Schauspielern und Publikum findet von beiden Seiten statt und sollte nicht als einseitiger Angriff von der Bühne aus verstanden werden.

Ich wünsche mir, dass Schauspieler, Regisseure und Schauspiellehrer dieses Buch als eine Art Übungsbuch verwenden. Ich hoffe, dass es als praktischer Leitfaden benutzt wird, um die Technik, die Michael Cechov für Bühnenkünstler entwickelt hat, zu verstehen. Ich begann mich für diese Schauspieltechnik als dynamisches System zu begeistern, als ich begriff, dass man zwischen der Methode und ihrem Werkzeug unterscheiden kann. Ich erkannte, dass den Bausteinen der Methode eine klare und anwendbare Form zukommt, was mir wiederum die Rollenarbeit erleichterte. Denn ich musste mir nur das Material nehmen, das ich für sie benötigte. In LEKTIONEN FÜR DEN PROFESSIONELLEN SCHAUSPIELER, das einen Vortrag Cechovs vor Schauspielern in New York City enthält, betont er, dass „jede Rolle eine eigene Herangehensweise erfordert".

Er schlägt vor, bestimmte Grundlagen des Schauspiels nicht weiter zu vertiefen, da der Schauspieler sie bereits kennt. Außerdem behauptet er im *Vierten Leitprinzip,* die Technik selbst sei ein aus vielen Einzelbestandteilen zusammengesetztes System. Beschäftigt man sich mit einem dieser Bestandteile, führt das dazu, dass man sich automatisch mit den anderen Teilen auseinandersetzt. Das ermöglicht dem Schauspieler, sich der Rolle auf eine sehr unkomplizierte Weise zu nähern.

Cechov bezeichnet viele der Mittel seiner Schauspieltechnik als „immateriell", was manche Schauspieler beim Lesen verwirrt. Cechovs Buch WERKGEHEIMNISSE DER SCHAUSPIELKUNST ist ein großartiges Angebot für Schauspieler, als Lehrbuch und Anleitung aber nicht ganz leicht zu lesen. Cechov konnte die spirituellen Ansätze nicht einbauen, da das Buch sonst nicht veröffentlicht worden wäre. Insofern entsteht der Eindruck, dass etwas Wesentliches fehlt. Die Aufzeichnungen von Deidre Hurst du Prey beinhalten viele Verweise auf den „spirituellen Kern", doch leider liegt dieses Material verstreut in unbekannten Archiven und Bibliotheken herum, und vermutlich sind nur hartnäckige Wissenschaftler und Autoren bereit, es aufzuspüren. Diejenigen, welche die Cechov-Methode lehren und nach ihr arbeiten, haben ihr Wissen über den im Buch fehlenden Aspekt durch den direkten Austausch untereinander erworben. Durch diese Form der Weitergabe bleibt er das Herzstück des Werkes und der Arbeit. Dieser Aspekt ist nicht in religiöser Hinsicht spirituell, sondern meint „etwas anderes", etwas, das einen spüren lässt, dass innere und äußere Vorgänge miteinander verbunden sind. In diesem Buch möchte ich auf genau diesen fehlenden Aspekt eingehen, damit Schauspieler ihn in ihre Arbeit einfließen lassen können. Ich möchte ihnen für ihre Arbeit eine Herangehensweise zeigen, die klar, nachvollziehbar und umsetzbar ist. Je länger ich mit dem Material gearbeitet habe, desto einfacher wurde der Umgang damit.

Cechovs Techniken haben alle einen grundlegenden Bezugspunkt: Bewegung. Betrachten wir sein System, kehren wir immer wieder zu diesem Punkt zurück. Folgen wir seiner Technik und kehren zurück, finden wir uns plötzlich woanders wieder. Der Bezugspunkt scheint sich mit uns zu bewegen. Alles beginnt mit den Bewegungen des Körpers, denn der Körper ist das, was das Publikum sieht. Mit ihm steht und fällt alles bei dem Versuch, uns auszudrücken. In dem Moment, in dem uns bewusst wird, dass unser Körper unser Instrument ist, werden wir sensibler für die Bewegungen, selbst für solche, die nur minimal ausgeführt werden. Cechov sagt dazu:

> „Durch sämtliche Bewegungen, die du bewusst ausführst, wirst du mit der Zeit ein Hyper-Bewusstsein entwickeln. Genau das ist unser Ziel – alles so bewusst wie möglich auszuführen."
>
> (aus: LESSONS FOR TEACHERS)

Es gibt viele Arten, sich zu bewegen und viele, Bewegung wahrzunehmen. Eine Bewegung hat einen Anfang und ein Ende, sie ist sowohl Aktion als auch Reaktion. Durch Bewegung kann etwas geformt und zerstört werden, können Dinge emporgehoben und wieder fallen gelassen werden. Atmen ist Bewegung: die Bewegung des Lebens.

Michael Cechovs wichtigster Beitrag für den Schauspieler ist das, was er als „psychologische Geste" bezeichnet hat. Diese sehr spezifische Bewegung entspringt zunächst der Vorstellung, um dann den Schauspieler zum Handeln und schließlich zur Darstellung zu führen. Sie stellt in vielerlei Hinsicht die Frage an den Schauspieler, *wie* dieser oder jener Ausdruck erreicht werden kann. Die Suche nach einer Antwort ist die erste Schwierigkeit der Schauspieltechnik und bringt uns wieder zum Körper zurück. Dieser muss ein feines Gespür für Bewegung entwickeln, um in der Lage zu sein, sie auszuführen.

Unser *Instrument* ist der gleiche Körper, der ein ganzes Leben tragen muss: Er isst und schläft, liebt, lacht und weint, und er stirbt. Wir erfahren das Leben durch unsere Sinne und Gefühle, die unser Körper als Wissen aufzeichnet und speichert. Wir beherrschen eine Sprache, die auf Erfahrungen basiert, und benutzen Ausdrücke und Aussagen, die sich aus der physischen Bewegung ableiten. Vielleicht haben wir uns aber zu sehr in dieser Sprache eingerichtet, denn wir haben den Bezug zu den Aussagen verloren. Was meinen wir, wenn wir sagen „Sie wurde in große Verzweiflung gestürzt" oder „Sie ließ sich fallen" oder „Sie fiel in einen tiefen Schlaf"? Gibt es eine sprachliche Verbindung zwischen diesen Zuständen und dem dazugehörigen Ausdruck? Fallen wir tatsächlich?

Werfen wir doch einen Blick auf die an physische Bewegungen angelehnten Redewendungen: Wir sagen, wir seien bewegt. Wir *kommen über etwas hinweg* oder *werfen* unser Leben weg. Niemand mag es, in etwas *hineingestoßen* oder *sitzen gelassen* zu werden. Aber manchmal ist es auch schön, von einer Gemeinschaft *mitgezogen* zu werden und einen Punkt zu erreichen, an dem wir *loslassen* und uns vom Lebensstrom *mitreißen* lassen, bis unser Geist *in die Höhe steigt* und wieder *hinunterfällt* und immer *schwächer wird.* Vielleicht wurde der Fall auch durch etwas ausgelöst, was uns innerlich *zerrissen* hat. Wir *legen unsere Herzen* anderen Menschen zu Füßen oder lassen zu, dass sie *gebrochen* werden. Unsere Kinnlade *fällt* herunter, wir fühlen uns einer Situation *gewachsen* und uns *schwillt* die Brust. Vor lauter Angst *ziehen wir uns zusammen,* und wir *stehen* unseren Mann. Wir *stecken* die Köpfe zusammen und *berühren* ein Thema an der Oberfläche, *gehen* dem Problem aus dem Weg, bis wir die richtigen Schlüsse *ziehen* etc.

Immer steht eine körperliche Bewegung im Mittelpunkt dieser Aussagen und Redewendungen. Daher ist es so wichtig, dass wir uns auf unsere Bewegungen und Reaktionen konzentrieren. Auf unsere eigenen, auf die der Menschen in unserer Umgebung und auf die, die in unserem Inneren ablaufen.

Cechov hat gesagt, es gebe zwei Arten zu arbeiten. Außerdem gebe es zwei Arten, sich zu konzentrieren, und er macht klar, welche davon er bevorzugt. Nichts von dem, was wir anstreben, wird geschehen, wenn wir unser Konzentrationsvermögen nicht auf die von Cechov vorgeschlagene Weise schärfen. Folgen wir ihm, dann werden wir in der Lage sein, uns augenblicklich unserem Spiel hinzugeben und neue Orte in uns zu entdecken.

Wenige der Ausführungen in diesem Buch sind ganz neu, schließlich sind und bleiben es Cechovs Ideen und Gedanken. Verändert wurde allerdings die Anordnung der Werkzeuge und Prinzipien.

Außerdem wird dem Aspekt der dynamischen Energie und deren Kraft Rechnung getragen. Ich bin zu dem Schluss gekommen, dass der Schauspieltechnik archetypische Energien zugrunde liegen. *Innere Bewegungen*, *Ausstrahlung*, *Atmosphäre* und *Einverleibung* bilden allesamt das notwendige Rüstzeug, das wir uns nur auf *energetische* Weise erfolgreich aneignen können.

Dieses Buch ist ebenso einfach wie anschaulich angelegt. Die Grundprinzipien wurden klar von den Werkzeugen getrennt, damit sie für den Leser leicht erkennbar sind und er auf sie zurückgreifen kann. Im fünften Kapitel dieses Buches, „Anwendung", werden diese Elemente schließlich zu einem dynamischen System zusammengeführt. Somit habe ich einen Weg gefunden, das Material ebenso praktikabel wie einfach darzustellen. Das Kapitel zur Anwendung basiert auf überarbeiteten Protokollen meines Unterrichts. Einige Abschnitte beziehen sich auf das Stück Gier unter Ulmen von Eugene O'Neill, andere sind reine Unterrichtsübungen. Auch werden die in der Zusammenarbeit mit meinen Schülern entstandenen Gespräche über die Übungen wiedergegeben.

1 Die Ziele der Schauspieltechnik

Cechov stellte sich ein „Theater der Zukunft“ vor. Er war überzeugt, dass es dieses Theater eines Tages geben würde und die Schauspieler dann bereit dafür wären. Den Zielen seiner Technik liegen Ideale zugrunde, über die er immer höchst eloquent gesprochen hat. Diese findet man in jedem seiner Vorträge und Bücher wieder. Sie sind der Grund, warum ich mich vor einer ganzen Weile intensiv mit seinen Ausführungen beschäftigt habe. Ich glaube fest an sie, denn sie verdeutlichen uns sehr klar die Bestimmung, die dahintersteht:

> „Der Schauspieler muss in Zukunft nicht nur eine andere Haltung zu seinem physischen Körper und seiner Stimme finden, sondern zu seiner ganzen Existenz auf der Bühne, in dem Sinne, dass der Schauspieler als Künstler mehr als jeder andere sein eigenes Selbst mit den Mitteln seines Berufes vergrößern muss. Ich meine das auf sehr konkrete Weise, bis hin zu einem völlig anderen Raumgefühl. Seine Art zu denken muss anders sein, seine Gefühle müssen anderer Art sein, sein Gefühl für Körper und Stimme, seine Haltung zum Bühnenbild – alles muss größer sein.“
>
> (aus: Lektionen für den professionellen Schauspieler, S. 144)

> „Unser eigenes ‚Ich-Bin‘ ist für gewöhnlich schwach ausgeprägt. Aber durch die Konzentrationsübungen werden wir feststellen, dass dieses ‚Ich-Bin‘-Gefühl stärker wird, es wird sich anfühlen, als würden wir dem Zentrum unserer Seele immer näherkommen. Durch die Fähigkeit zur Konzentration und durch die Übungen – vorausgesetzt, diese werden sorgfältig ausgeführt – wird sich dieses wunderbare Gefühl von ‚ich bin‘ einstellen. Und damit werden wir beginnen, uns auf unser Sein zu konzentrieren. So wird unser Körper zum Zentrum, und unsere Seele wird zum Zentrum. Das ist das Herrlichste überhaupt. Vor allem für einen Schauspieler, der nichts anderes als sein Selbst auf der Bühne zeigt. Dann werden wir unmittelbar zu Künstlern im besten Sinne dieses Wortes.“
>
> (aus: The Actor Is the Theatre)

Durch Konzentration ermöglicht die Cechov-Technik es dem Schauspieler, eine Kraft zu entdecken, die über die alltägliche Wahrnehmungsfähigkeit hinausgeht. Die eigentliche Arbeit des Schauspielers besteht darin, persönliche Erfahrungen in eine universelle und erkennbare Form der Darstellung zu verwandeln, die im Zuschauer etwas verändern kann. Es genügt nicht, lediglich eine persönliche Erfahrung zu reproduzieren. Wenn wir als Schauspieler unseren Beruf ausüben, sagen wir wieder und wieder „Ich bin", um so die vielen unterschiedlichen „Ich-Bins" kennenzulernen, die in uns stecken. Als Schauspieler finde ich einen Weg, diese Worte auszusprechen und an sie zu glauben, um sie zum Ausgangspunkt meiner Arbeit zu machen. Das kraftlose „Ich-bin" des alltäglichen Lebens reicht nicht aus. Ich muss nach Möglichkeiten suchen, mit denen ich das Ich-Erleben steigern kann, um mich in andere Figuren verwandeln zu können.

Wir leben in einer Zeit, in der alle unsere Reaktionen auf das Leben beobachtet, unsere Gedanken und Gefühle ständig hinterfragt und gesellschaftlich bewertet werden. Grob gesagt wachsen wir in einer Welt der Zweifel, Entschuldigungen und der Angepasstheit auf. Trotzdem entscheiden sich einige von uns, Schauspieler zu werden.

Hoffen wir also, dass wir Talent bzw. die notwendige natürliche Begabung besitzen. Denn das Talent des Schauspielers benötigt viel Aufmerksamkeit. Diese Schauspieltechnik wirkt auf unser Talent ein. Körper und Stimme bilden das Instrument, aber wir müssen es zusammen mit unserem Talent einsetzen, da wir immer nur so viel erhalten, wie wir aus der Arbeit an uns selbst, an unserer Psychologie und an unserer Persönlichkeit schöpfen können. Wir müssen unser Talent auf eine klare und sachliche Weise stärken, damit wir in der Lage sind, die Lebensgeschichten zu interpretieren, die für uns Schauspieler geschrieben wurden oder die wir während der Proben kreieren. Gute Absichten allein sind nie genug, Tanz- und Sprechunterricht sind nie genug: Eine Schauspieltechnik ist notwendig.

Wir vertrauen Methoden, die mit Bildern arbeiten, durch die wir uns verwandeln können. Und wir glauben, dass in uns eine Energie strahlt, die wir formen und aktivieren können. Wenn es die größte Freude eines Schauspielers ist, in einem Moment alles zu geben, dann muss auch etwas da sein, was er geben kann. Es muss ein unerschöpflicher Vorrat an Energie vorhanden sein:

> „Wenn ich mir vorzustellen versuche, was das Theater in Zukunft sein kann und wird (das meine ich jetzt überhaupt nicht mystisch oder religiös), wird es eine rein spirituelle Angelegenheit sein, bei der die Künstler den menschlichen Geist wiederentdecken. Wir Künstler und Schauspieler werden die Psychologie eines wahren menschlichen Wesens formulieren. Der Geist wird konkret untersucht werden. Es wird nichts ‚Allgemeines' sein, sondern ein konkretes Werkzeug oder Mittel, mit dem wir genauso leicht umgehen können müssen wie mit jedem anderen. Der Schauspieler muss wissen, was es ist, wie er es aufgreifen und benutzen kann. Das wird mit dem Geist passieren, und er wird wieder etwas völlig Ehrenhaftes werden, wenn wir richtig mit ihm umgehen können und verstehen, wie konkret und objektiv er für uns zu sein vermag. Er kann gegenüber unseren Mitmenschen viel ausdrucksstärker sein. Ich glaube an das geistige Theater, im Sinne einer konkreten Untersuchung der geistigen Natur eines Menschen, aber diese Untersuchung muss von Künstlern und Schauspielern und nicht von Wissenschaftlern vorgenommen werden."
>
> (aus: LEKTIONEN FÜR DEN PROFESSIONELLEN SCHAUSPIELER, S. 146)

Cechov war ein außergewöhnlich talentierter Künstler; seine Schauspieltechnik ist das Ergebnis seiner Konzentrations- und Wahrnehmungsfähigkeit. Er wusste, woran er arbeiten musste. Sein frühes Training bei Stanislawski ermöglichte es ihm, einen klaren Ausgangpunkt, ein neues „Ich-Bin" einzunehmen. Doch seine Technik entsprach seiner eigenen, individuellen Arbeitsweise. „Ich habe nichts erfunden, ich war nur aufmerksam und habe entdeckt, was ich tue, wenn ich spiele."

Der Schauspieler entwickelt seine Fähigkeiten, damit er imstande ist, alles, was ihm abverlangt wird, geben zu können . Diese Entwicklung sowie die Fähigkeit, etwas zu schaffen, gehören zu dem, was Michael Cechov die „schöpferische Individualität" des Schauspielers nennt. Die „schöpferische Individualität" ermöglicht es dem Künstler, nicht nur Teile seiner selbst zu benutzen, die er in seinem banalen, alltäglichen Leben findet, sondern vielmehr auch solche aus seinem Unterbewusstsein, wo sie als archetypische und universelle Erfahrungen aufbewahrt sind.

In dieser Hinsicht ist das Ego der Figur nicht identisch mit dem Ego des Schauspielers. Die schöpferische Individualität des Schauspielers strebt nach der ästhetischen Vereinigung mit der Figur und verhindert, dass ihm dabei die Persönlichkeit des Schauspielers in die Quere kommt. Somit wird die Arbeit des Schauspielers zu einem künstlerischen Werk:

> »Wir haben die ganze Poesie unserer Kunst verloren, und sie ist eine trockene Angelegenheit geworden. [...] Das ganze Theater wurde für uns Schauspieler enorm materialistisch; unsere Haltung uns selbst und unseren Körpern und Stimmen gegenüber, unser Ansatz für ein neues Stück [...]. Alles ist auf die Gegenwart reduziert, genauer: auf aktuelle Ereignisse, noch genauer: auf bestimmte Ereignisse. Es könnte nicht komprimierter und versteinerter sein, als es jetzt ist. [...] Das zukünftige Theater kann diesen Weg des Komprimierens und Austrocknens nicht weitergehen. Es gibt dafür keinen Raum und keine Themen mehr. Alles ist erschöpft. Das Theater muss in die Gegenrichtung gehen, das heißt, alles größer machen: den Gesichtspunkt, die Ausdrucksmittel, die Themen für Stücke und vor allem die Spielweise.«
>
> (aus: Lektionen für den professionellen Schauspieler, S. 143 f.)

Künstler sehnen sich danach, aus einem inspirierten Zustand heraus zu arbeiten. Doch Inspiration ist eine flüchtige Angelegenheit. Die Schauspieltechnik von Cechov spricht diese Sehnsucht an. Sie will die Inspiration ködern und für den Schauspieler erwecken. Das ist eine kühne Forderung, die Cechov in den Gesprächen mit seinen Schülern über die Schauspieltechnik immer wieder äußert. Mit diesem Versprechen beginnen wir. Benutzen wir seine Technik, finden wir binnen kürzester Zeit heraus, dass wir an einem Ort in uns selbst ankommen, wo uns alles ebenso neu wie vertraut erscheint. Dieser schöpferische Ort ist frisch und nutzbar; von dort aus gelangen wir zu echtem Schauspiel. Nach Cechov erfordert echtes Schauspiel keine Rechtfertigungen, persönlichen Einwände oder psychologische Erklärungen. Inspiration geschieht; ganz einfach, weil wir Schauspieler sind und wir unser darstellerisches Talent benutzen:

> »Wir dürfen nie aufhören. Wir machen immer weiter, und wenn wir das wissen, werden unser inneres Leben, unsere Kraft und unsere Schönheit als Künstler sichtbar wachsen, und wir benutzen unsere Ausdrucksmittel besser und stärker, als wenn wir denken, wir seien nur gelegentlich als Künstler aktiv. Hast du diese anscheinend einfache und banale Ansicht verarbeitet, erkennst du, wie viel sie dir gibt und eröffnet, und in deinem inneren Leben tun sich vielleicht Dinge auf, an die du auf keine andere Weise herankommst, als wenn du deinen Blickwinkel änderst und zu neuen Auffassungen über dich selbst und deine Kunst gelangst.«
>
> (aus: Lektionen für den professionellen Schauspieler, S. 160)

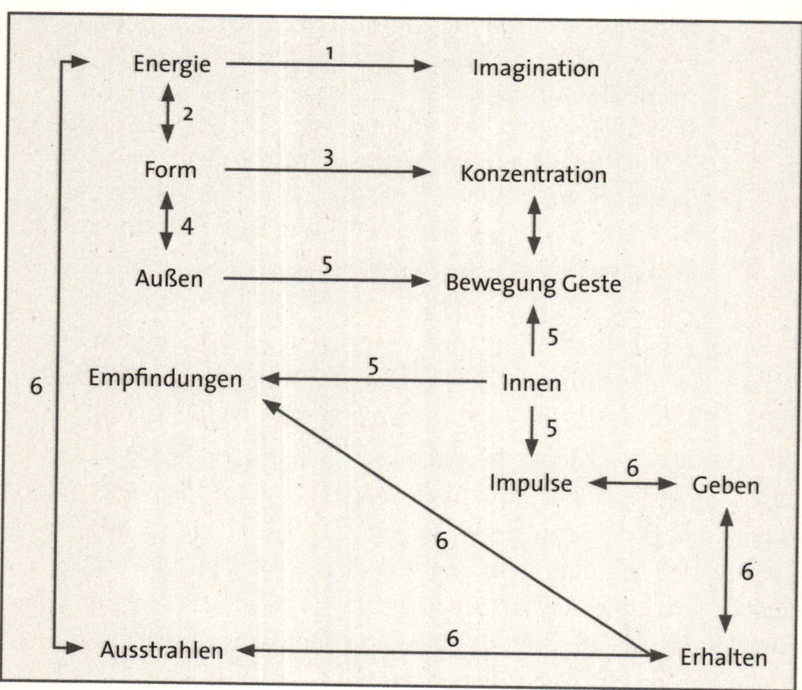

2 Das Werkzeug

> „Es gibt immer ein gewisses ‚Was', das Stück ist das ‚Was', und wir müssen unsere Rollen als ‚Was' angehen. In der Wissenschaft ist alles ‚Was'. Bei diesem ‚Was' eröffnen sich zwei Wege. Der eine führt zum ‚Warum' und ist reine Wissenschaft. Wenn wir uns ein Stück vornehmen und versuchen herauszufinden, ‚warum' der Autor dies oder das getan hat, werden wir nie in der Lage sein, es zu spielen. Der andere Weg ist das ‚Wie', und er ist der richtige für uns als Schauspieler.
> Wenn wir beispielsweise auf der Bühne eifersüchtig werden können, ohne zu wissen warum, dann sind wir Künstler. [...] Je mehr uns die materialistisch gesinnte Welt zwingt, den Weg des ‚Warum' zu gehen, desto weniger sind wir in der Lage, unsere Fähigkeiten und Talente zu entwickeln. Dieses ‚Warum' ist derzeit in der Kunst weit verbreitet. Wenn du fragst, wie ich wissen kann, ‚wie' etwas zu tun ist, wenn ich nicht ‚warum' weiß, antworte ich, das sei eine sehr materialistische Frage, denn *‚wie' ist das Geheimnis der Kunst,* das Geheimnis des Künstlers, der immer das ‚Wie' weiß – ohne Erklärung, ohne Beweis, ohne Analyse oder psychologische Fähigkeiten."
>
> (aus: Lektionen für den professionellen Schauspieler, S. 144)

2.1 Das innere Ereignis in einen äußeren Ausdruck übersetzen

Um als Schauspieler den Zuschauer zu erreichen, muss der Schauspieler lebendig sein; ein toter Schauspieler hat absolut keine Wirkung. Was macht einen Schauspieler lebendig? Zunächst einmal muss er wirklich lebendig sein: In ihm muss Leben sein. Würde man einen toten und einen lebendigen Körper miteinander vergleichen, würde man sofort erkennen: Der lebendige Körper ist beweglich. Eine Bewegung enthält eine Art von Leben. Im lebendigen Körper scheint eine vitale Kraft zu stecken, die einem toten Körper ganz eindeutig fehlt. Diese Kraft an sich ist nicht wirklich sichtbar, aber das, was sie bewirkt. Wir können diese vitale Kraft als Energie bezeichnen, als Lebensenergie, die das Leben im Körper aufrechterhält. Sie ermöglicht es, dass sämtliche Bewegungen, freiwillige wie unfreiwillige, sichtbar werden. Die Qualität der Energie gibt uns Auskunft darüber, wie gesund sie ist: Betrachtet man einen lebendigen Körper, kann man die Qualität seiner inneren Energie wahrnehmen und dann einschätzen, ob es sich um einen schwachen oder starken Organismus handelt. Ohne den Einfluss der Energie fehlt dem Körper Rückhalt. Tatsächlich bricht er zusammen und beginnt sofort zu vergehen. Diese Energie existiert, doch bis ich sie im Inneren erkenne, besitzt sie keine Form, sondern nur Kraft.

Der zweite Punkt, der die Lebendigkeit des Schauspielers betrifft, besteht darin, frisch und spontan zu agieren, sich vollständig, so als wäre es das erste Mal, in die Umstände der Figur hineinzubegeben und wahr und erfüllt zu reagieren. Natürlich ist dies das Ziel jeder Schauspieltechnik. Doch die Technik von Michael Cechov verspricht, diesen zweiten Punkt durch den ersten – die Arbeit mit der Lebensenergie – zu erreichen.

Fügt man noch einen kleinen Teil Vorstellungskraft hinzu, können wir damit beginnen, der Lebensenergie eine Form zu geben. Gehen wir davon aus, dass die Form, die sie annimmt, eine innere Kopie des physischen Körpers ist. Der Mensch besitzt einen Körper; er ist auch eine Form. Stellen wir uns weiterhin vor, dass in dieser Form ein weiterer, feiner Körper (eine Form) aus Lebensenergie steckt. Der physische Körper bewegt sich. Er ist das Ausdrucksmittel des Schauspielers. Die Lebensenergie bewegt sich als Antwort auf die Welt, sie bewegt sich auf die Dinge zu oder entfernt sich von ihnen, ist entweder bei ihnen oder gegen sie. Sympathie und Abneigung sind die Ursachen für ihre Bewegungen, ebenso wie Verlangen oder Wille.

Es ist möglich, sich eine Bewegung vorzustellen und sie gleichzeitig zu erleben. Sobald wir herausgefunden haben, wie das funktioniert, werden wir feststellen, dass es relativ einfach ist. Wenn ich beschließe, den Arm zu heben und zu senken und dies auch tue, dann braucht es dafür nicht mehr als den Wunsch danach. Es ist eine gewöhnliche Bewegung, etwas, das ich tagtäglich tue. Ich kann diese

Bewegung so lange ausführen, bis ich vertraut mit ihr bin. Dann kann ich mit ihr aufhören und damit beginnen, mir vorzustellen, dass ich den Arm hebe und senke. Diese spezielle Vorstellung ist keine Visualisierung, sie ist eine *Bewegungsvorstellung,* durch die ich die Bewegung erleben möchte, ohne dafür meine Muskeln zu benutzen. Auf energetischer Ebene findet diese *innere Bewegung* genauso als Ereignis statt wie die physische Bewegung. Doch sie gehört zu mir, dem Schauspieler, denn sie ist unsichtbar. Gewissenhaft ausgeführte innere Bewegungen sind ein Mittel, um in mir die Ausdrucksweisen anzusprechen, die gutes Schauspiel erfordert.

Wir können unsere Arbeit mit einfachen Bewegungen beginnen, um unsere Fähigkeit zu trainieren, Bewegung wahrzunehmen, ohne den sichtbaren Körper zu bewegen. Ziel ist es, uns so zu fühlen, als würden wir uns bewegen. Haben wir uns dies einmal einverleibt, bietet es uns eine recht angenehme und freie Arbeitsgrundlage. Eingeschränkt wird sie lediglich durch die Bilder, die der Schauspieler in der Lage ist zu finden und zu benutzen.

Diese Arbeitsweise passt am besten zu talentierten Schauspielern, denn ihre Prinzipien können unmittelbar angewendet werden und bereichern das Talent des Schauspielers. Indem gezielt das Talent und nicht die psychologische Geschichte des Schauspielers angesprochen wird, eröffnet die Schauspielmethode überzeugende Möglichkeiten, die nicht länger auf Persönlichem beruhen. Der Schauspieler ist in der Lage, genau im richtigen Moment innerlich eine Echtzeiterfahrung zu machen und muss keine Erinnerung hervorholen und nacherleben. Das bezeichnet man als *inneres Ereignis.* Das, was der Zuschauer erlebt, die äußere Darstellung, ist die Antwort auf dieses innere Ereignis. Die eigentliche Ursache für die Antwort kennt der Zuschauer nicht. Er glaubt, dass sie in den Lebensumständen der Figur liegt. Dank des Talents des Schauspielers wird eine Verbindung zwischen zwei stattfindenden Ereignissen hergestellt (dem inneren und dem äußeren), denn das Talent des Schauspielers befindet sich dem Zuschauer gegenüber in einem Zustand des Gebens.

Der Schauspieler muss die äußeren Umstände, in denen sich die Figur befindet, möglichst genau kennen. Während des Probenprozesses experimentiert er mit unterschiedlichen inneren Bewegungen, errichtet dadurch Wegweiser und setzt Markierungen für die Aufführung. Während der Aufführung ist die Konzentration erhöht, der Schauspieler wirkt tatsächlich lebendig und spontan und scheint zum allerersten Mal in die Umstände der Figur verwickelt zu sein, auf die er wahrhaftig und erfüllt reagiert. Dennoch ist es die Vorstellung, das Bild, das den Schauspieler Abend für Abend bewegt. Das innere, durch dieses Bild hervorgerufene Ereignis erzeugt verschiedene Impulse, die den Körper des Schauspielers durchdringen. Indem er ihnen folgt oder widersteht, wird das Verhalten der Figur kreiert, die äußere Darstellung des Schauspielers.

Dieses grundsätzliche Funktionsprinzip, die Übersetzung des inneren Ereignisses in die äußere Darstellung, ist der Schlüssel zum Verständnis, wie die Techniken von Michael Cechov benutzt werden müssen. Das Training zielt stets darauf ab, sich mit einem Bild zu identifizieren, und es bestätigt immer wieder, dass Bewegung für alles Lebendige wesentlich ist.

2.2 „Zurückschauen"

Sind wir angemessen konzentriert, dann werden wir eins mit unseren Bildern und unseren Absichten, und alles, was notwendig ist, durchdringt uns. Dann sind wir kreativ. Wir müssen präsent genug sein, damit wir unseren eigenen, gewöhnlichen Weg verlassen und uns dem Flow, der bei uns ausgelöst wird, überlassen können. Dies ist nicht der richtige Moment, um Analyse zu betreiben. Wenn wir etwas beendet haben, und das gilt vor allen Dingen für die Übungen, dann können wir auf das zurückblicken, was passiert ist, und auswerten, was funktioniert hat und was es in uns bewirkt hat.

In unserer Arbeit wollen wir uns lieber von unseren Vorstellungen, nicht von unserem Intellekt leiten lassen. Für gewöhnlich werden wir von unserem Verstand geführt und wir benutzen ihn, um für unser Leben Verantwortung zu übernehmen. Da er so etwas wie eine strenge Instanz ist, lässt er sozusagen ungern die Zügel locker. Cechov sagte, der Intellekt sei eine Art Feind des Künstlers; er nannte ihn den „kleinen Intellekt". Wir wissen, dass dieser kleine Intellekt der kritisierende, beurteilende, polarisierende und wertende Teil von uns ist. Er beschützt und leitet uns in vielerlei Hinsicht, ist uns allerdings, wenn wir uns in einem schöpferischen Zustand befinden, keine große Hilfe. Also versuchen wir, seinen Einfluss mithilfe der Vorstellungskraft zu bezwingen.

Haben wir eine Übung beendet, können wir auf das, was wir getan haben, zurückblicken und unseren kleinen Intellekt ein wenig in die Pflicht nehmen. Cechov verwendete dafür etwas, was er als „Zurückschauen" bezeichnet. Wenn wir den kleinen Intellekt in unseren Arbeitsprozess einbinden, dann stellen wir ihn damit zufrieden. Wir lenken ihn von der eigentlichen kreativen Arbeit ab, die intuitiv, impulsiv und physisch ist. Das Zurückschauen ist ein gutes Mittel, das wir während der Proben einsetzen können, und ein hervorragendes Lern-Werkzeug. Im Unterricht tauschen sich die Schüler über das Zurückschauen miteinander aus und wachsen durch das Verständnis für den Wert dieser Übungen zusammen. Folgende Fragen können während des Zurückschauens gestellt werden:

- Worauf habe ich mich konzentriert?
- Welche Bedeutung hat die Bewegung für mich?
- Welche Erfahrung habe ich damit gemacht?
- Wie bin ich damit verbunden?
- Habe ich sie wahrgenommen?
- Bin ich in der Lage, sie noch einmal zu machen?
- Wo kann ich sie verwenden? etc.

2.3 Energie: der energetische Körper

Der energetische Körper ist ein Begriff, auf den ich vor einigen Jahren gestoßen bin. Michael Cechov selbst hat ihn weder in seinen Schriften noch in seinem Unterricht benutzt. Ich habe ihn gewählt, um damit die innere Energie zu beschreiben, mit der wir spielen, während wir die Schauspieltechnik ausüben. Als Lehrer habe ich mich daran gewöhnt, diesen Begriff zu verwenden, der auf den Punkt bringt, was diese flüchtige und unsichtbare Kraft ist. Es ist notwendig, ein Wort für sie zu haben, da ich mich ständig auf sie beziehe. Ich benutze den Begriff, weil er uns ein ganz bestimmtes Bild vermittelt. Dieses Bild ermöglicht es uns, der Energie eine Form zu geben, und es versorgt uns mit dem Leben, nach dem wir als Schauspieler streben. Wir müssen spüren, dass wir Körper haben und sie benutzen können. Das Gleiche gilt für den energetischen Körper.

Stehe aufrecht und spüre, wie deine Füße Kontakt mit dem Boden aufnehmen. Diese Erfahrung ist uns so vertraut, dass wir bestenfalls noch wahrnehmen, Füße zu haben. Erst, wenn ich stolpere und mit dem Fuß umknicke, stelle ich bewusst fest, dass ich einen Knöchel habe. Nach dieser schmerzhaften Erfahrung sage ich mir allerdings mit jedem Schritt, den ich tue: „Ich habe einen Knöchel."

Einfach nur auf dem Boden zu stehen, wird zu einer Erfahrung, die unmittelbar geschieht. Wenn du spürst, wie deine Füße Kontakt mit dem Boden aufnehmen, dann kannst du zu Recht sagen: „In diesem Augenblick bin ich präsent." Das geschieht, weil deine ganze Aufmerksamkeit darauf gerichtet ist, dass du stehst, und das ist es, was du in diesem Moment tust. Für gewöhnlich fehlt uns diese Präsenz, weil wir mit unseren Gedanken ganz woanders sind.

Die Übungen sollten damit beginnen, dass du anfängst, den Boden unter deinen Füßen zu spüren. Das ist das Signal für dich, dass du präsent und bereit bist. Jedes Vorsprechen, jede Probe und jede Aufführung sollte mit dem Spüren der Füße beginnen.

Übung 1 Den energetischen Körper finden

Hebe den rechten Arm in die Höhe, bis du in den Himmel zeigst. Dann senkst du ihn wieder und lässt ihn entspannt hängen. Wiederhole diese Bewegung ein paar Mal mit jedem Arm; achte darauf, ob du etwas *fühlst*, wenn du diese Bewegung ausführst. Nun stelle dir vor, in deinem rechten Arm stecke ein weiterer, feinerer Arm, der aus Energie besteht und der genau die gleiche Form wie der körperliche Arm hat. Versuche zuerst, den energetischen Arm zu heben, bevor du den körperlichen Arm hebst. Der physische Arm wird dem energetischen ganz natürlich folgen, bis er ausgestreckt über deinen Kopf nach oben in den Himmel zeigt. Beginne nun, den energetischen Arm zu senken und lasse den körperlichen Arm folgen.

Dies kann auf zweierlei Arten getan werden. Du kannst dir vorstellen, dass du es tust, indem du visualisierst, wie du es tust: Du siehst vor dir, wie sich ein imaginierter Arm hebt, dem schließlich ein physischer, realer Arm folgt. Du kannst dir ebenfalls vorstellen, dass du es *tust*, indem du *fühlst*, dass du einen energetischen und dann einen körperlichen Arm hebst. In dem Fall geht es wirklich darum, etwas zu fühlen, und nicht, etwas zu sehen. Konzentriere dich darauf, es zu *fühlen*. Es sich lediglich vorzustellen, ist sehr anstrengend und bringt ein schwaches Ergebnis hervor. Sämtliche Übungen sollten erfahren werden. Diese ersten, einfachen Übungen sind dafür da, die energetische Verbindung zu wecken, damit alle weiteren Übungen ausgeführt werden, während die Aufmerksamkeit auf den energetischen Körper gerichtet ist.

Übung 2 Zeitstrahl

Hebe den linken Arm entspannt hoch, als würdest du auf einen Punkt am Horizont zeigen. Konzentriere dich auf das Gefühl in deinen Fingerspitzen. Dann stelle dir vor, du könntest die Fingerspitzen über die Grenzen deiner Hand hinaus in den Raum ausstrecken. Diese Streckbewegung geschieht nicht körperlich. Das Ausstrecken ist rein energetisch. Du musst *glauben*, dass es dank deiner Vorstellung möglich ist, die Finger auszustrecken. Dann geschieht es tatsächlich. Der Körper, vor allem der linke Arm, sollte locker und entspannt sein. Schüttle die Spannung ab, falls du dich angespannt fühlst. Jetzt reichst du etwas über den Körper hinaus, du s*trahlst* in einen Raum *aus*, den wir als „Morgen“ bezeichnen können. Fahre fort, indem du die Finger bis zur „nächsten Woche“ und danach noch ein Stück weiter bis zum „nächsten Jahr“ ausstreckst. *Fühle*, wie die Energiestrahlen in Form einer geraden Linie aus dir hinausströmen, durch die Wand des Raumes, in dem du stehst, hindurch. Blicke weiterhin geradeaus, während du den rechten Arm hinten nach oben erhebst. Fühle, wie du über die Fingerspitzen hinaus in das „Gestern" hineinreichst. Bitte lenke dich nicht ab, indem du darüber nachdenkst, was du tags zuvor erlebt hast, darum geht es in dieser Übung nicht. Es geht nur darum, *Strahlen* auf *energetische Weise* in die „letzte Woche" und das „letzte Jahr" zu senden. Konzentriere dich auf den Energiestrahl, den du gerade erzeugt hast, der vom letzten Jahr durch dich hindurch in die Gegenwart und weiter ins nächste Jahr fließt. Wenn du in Kontakt mit diesem Strahl trittst, sage „Ja" zu ihm. Nun senke deine physischen Arme, aber lasse die energetischen Arme dort, wo sie sind; sie sind Teil des Strahls und helfen dir, diesen zu spüren. Straffe die Schultern. Bleibe locker stehen und spüre den Strahl. Dann beginnst du, in die Richtung des Strahls nach vorne zu gehen, so als würdest du dich in die Zukunft bewegen. Stopp. Nun gehst du rückwärts den Strahl entlang, der Vergangenheit entgegen. Stopp. Suche wieder die Gegenwart auf. Hebe deine physischen Arme nach oben, damit du in Kontakt mit den energetischen trittst. Nimm bewusst den Strahl der Vergangenheit zurück, dann den Strahl der Zukunft, lasse die Arme langsam sinken. Ende der Übung. „Schaue zurück". Wiederhole die Übung.

Durch diese Übung wird uns klar, dass wir in der Lage sind, uns auf energetische Weise zu bewegen, uns über die Konturen unseres Körpers hinaus zu bewegen, und dass wir zunächst in eine Richtung und danach in zwei verschiedene Richtungen *ausstrahlen* können. Der Energiestrom selbst ist sehr angenehm. Du kannst ihn auch nach dem Training aus dem Studio mitnehmen und noch eine Weile darauf weitergehen. Das Gehen an sich wird dadurch zu einer völlig neuen Erfahrung, da sich plötzlich das *Gefühl der Leichtigkeit* einstellt. Probiere es einmal aus, wenn du dich beeilen musst, um noch irgendwohin zu kommen. Du wirst überrascht sein, wie sich die Dinge um dich herum verändern werden. Sowie du es ein paar Mal ausprobiert hast, wird dein Körper dieses Gefühl kennen, „es wissen"; du wirst keine großen Vorbereitungen mehr benötigen und kannst jederzeit spontan einen Strahl in zwei Richtungen senden, auf dem du dann gehen kannst.

Doch es gibt noch weitere Übungen, die uns dabei helfen, unseren energetischen Körper zu spüren.

Übung 3 Neue Augen

Diese Übung praktiziert man am besten in einem großen, leeren Raum. Stehe aufrecht und stelle dir vor, in deinen Schulterblättern seien Augen. Während du dort stehst, blickst du dich mit deinen neuen Augen um. Mit deinen physischen Augen musst du nichts weiter tun. Die Welt *kommt zu dir* durch die physischen Augen, du musst nicht auf sie zugehen. Konzentriere dich darauf, mit deinen neuen Augen nach hinten zu schauen. Du beginnst, rückwärtszugehen, ohne den Kopf zu drehen oder mit den physischen Augen nach links und rechts zu schauen. Führe diese Übung in der Gruppe aus, versuche wirklich zu fühlen (zu sehen), wann du jemanden anstoßen würdest. Da du mit deinen neuen Augen nach hinten blickst, bist du in der Lage, um die anderen herumzugehen. Übe alleine, mache halt, bevor du gegen eine Wand stößt, die du mit deinen neuen Augen spüren (sehen) kannst. Höre nun auf, deine neuen Augen zu benutzen und gehe weiter rückwärts. Gibt es einen Unterschied? Bleibe stehen und benutze nochmals deine neuen Augen. Was hat sich verändert? Jetzt verwendest du wieder deine neuen Augen, gehst jedoch vorwärts. Sei wachsam und achte darauf, was vor dir geschieht, aber bleibe mit deiner Aufmerksamkeit immer bei den neuen Augen. Sei im Raum präsent. Wenn du das Gefühl hast, in einen tranceähnlichen Zustand zu geraten, bleibst du stehen und konzentrierst dich, bevor du mit der Übung fortfährst. Du benötigst ein gut ausgebildetes Konzentrationsvermögen, um die Übung auszuführen und um dich nicht in ihr zu verlieren. Achte stets darauf, dass du präsent bist. Es hilft uns nicht weiter, wenn wir uns in Trance treiben lassen. Wir wollen bewusst arbeiten. Stelle mit den physischen Augen Blickkontakt mit den Personen her, an denen du vorbeigehst; das wird dir sehr dabei helfen, präsent zu bleiben. Aber deine Aufmerksamkeit bleibt immer bei deinen neuen Augen.

Durch diese Übung erlangen wir ein einzigartiges und wahrhaftes Gespür dafür, als dreidimensionale Gestalt einen Raum zu begehen. Sie lässt uns direkt spüren, dass wir einen Rücken haben, der in enger Verbindung mit dem *Rückraum* steht, welcher sich von dem Raum vor uns unterscheidet. Dieser Rückraum ist ein Konzept, das mein Lehrer immer wieder hervorgehoben hat. Sind wir mit diesem Rückraum verbunden, befinden wir uns an einem Ort der Kraft. Sobald wir den Rückraum „erleuchten", fühlen wir uns augenblicklich bedeutsamer. Wir haben das Gefühl, mehr Raum einzunehmen, und die Dinge, die wir tun, erhalten eine größere Bedeutung. Die Entscheidung für Schwäche oder Kraft wird in physischer und räumlicher Weise deutlich. Die Übung „Neue Augen" hilft uns dabei, unser Konzentrationsvermögen zu entwickeln. Außerdem ist sie uns eine große Hilfe in dem Prozess der Speicherung / Wiederholung, während wir die psychologische Geste entwickeln.

Ich wende diese Übung gerne beim ersten Treffen an, denn durch sie erfahren wir, wie es ist, wenn wir uns ausdehnen, und sie verschafft uns einen neuen, energetischen Ausgangspunkt.

Mit den neuen Augen wirst du deinen Körper auf eine andere Art wahrnehmen und bekommst ein Gespür dafür, wie der Körper im Raum positioniert ist.

Übung 4 Den energetischen Körper spüren

Gehe wie eine Zeichentrickfigur, die versucht, um einen schlafenden Hund herum zu schleichen, im Raum umher. Mache große und übertriebene Schritte, damit du dich vollständig auf die leisen Bewegungen und den Raum konzentrieren kannst. Probiere verschiedene Lauftempos aus und variiere die Schrittgröße. Das Ganze ist sehr kindlich und spielerisch. Spiele und habe Spaß daran. Schleiche. Nach ein paar Minuten bleibst du stehen, dann gehst du ganz normal weiter. Doch währenddessen stellst du dir die ganze Zeit über vor, du seist eine Zeichentrickfigur. Du kannst auch stehen bleiben und dir einfach nur vorstellen, wie eine Zeichentrickfigur zu laufen. In dem Fall solltest du wirklich so gut es geht die Bewegung vor dir sehen. Es ist sehr wichtig, dass du die Vorstellung in den entsprechenden Muskeln deines Körpers oder in denen deines energetischen Körpers verortest. Dadurch wirst du das Gefühl haben, tatsächlich umherzulaufen. Stopp. „Schaue zurück". Ist irgendetwas in deinem Körper wachgerüttelt worden? Empfindungen, Impulse, Bilder?

Übung 5 Sich selbst austricksen

Laufe zügig geradeaus und sage dir, dass du nach rechts gehen wirst. Bestärke dich in diesem Gedanken, bereite dich körperlich darauf vor, nach rechts zu laufen. Doch im allerletzten Moment biegst du nach links ab. Probiere dies einige Male mit beiden Richtungen aus.

Während du zügig läufst, sagst du dir: Ich werde anhalten. Du stellst dich darauf ein anzuhalten, doch du hältst nicht an.

Oder du stehst auf der Stelle und willst losgehen, bewegst dich aber nicht. Versuche wirklich, dich selbst auszutricksen. „Schaue zurück".

Es ist ein eigenartiges Gefühl, uneins mit sich selbst zu sein. Der energetische Körper läuft nach rechts, während der physische Körper nach links ausschert. Dieses Gefühl dauert nicht sehr lange an, dennoch wird uns klar, wo unsere Intentionen sitzen und wie einfach es ist, einer Sache zu folgen, die längst schon in Bewegung ist. In dieser Übung dominiert der Kopf. Nun spüren wir, wie unangenehm es ist, wenn wir nicht dem energetischen Körper folgen.

2.4 Staccato / Legato

Fast alles, was wir im Alltag tun (abgesehen von Sport und Körpertraining), lässt uns leugnen, dass wir einen Körper besitzen. Bewegen wir uns immer nur im Durchschnittstempo, sind wir kaum in der Lage, ein körperliches Gespür für das zu entwickeln, was wir tun. Die immer gleichen Bewegungsabläufe im Alltagstempo führen zu einer gewissen Abstumpfung unserer Wahrnehmungsfähigkeit. Beschleunigen wir unsere Bewegungen, *spüren* wir, dass wir uns bewegen, denn wir müssen uns stärker anstrengen. Werden wir wieder langsamer, schärfen wir unsere Aufmerksamkeit für unsere Bewegungen, denn dann benötigen wir mehr Zeit, um etwas zu beenden. Ziel ist, dass wir uns unserer Bewegungen bewusst werden müssen. Wir müssen „Kenntnis" von ihnen haben. Das größte Problem eines Schauspielers liegt darin, dass sein Arbeitsinstrument ihn gleichzeitig durch sein Leben trägt. Durch das Alltagsleben blenden wir das Bewusstsein für unsere Bewegungen aus. Die ursprüngliche Absicht dieser Arbeit zielt darauf ab, dass wir wieder vertraut werden mit unseren natürlichen körperlichen Reaktionen, die wir als Impulse und Empfindungen *spüren*. Der nächste Schritt besteht darin, herauszufinden, wie man durch bestimmte Bewegungen die natürlichen Impulse und Empfindungen lebendig werden lassen kann.

Tempo gibt eine klare Auskunft über das Innere der Figur. Es gibt zwei verschiedene Tempos, mit denen man arbeiten kann: das innere und das äußere Tempo. Das innere Tempo bezeichnet die Geschwindigkeit unseres inneren Lebens. Ein langsamer Denker, ein leidenschaftlicher Heißsporn oder ein fauler Geist: Alles beginnt im Inneren der Figur. Äußeres Tempo kann dem Bereich der Tätigkeit zugeordnet werden, der physischen Ausführung einer Handlung. Wir können die Auswirkungen der meisten unserer Übungen verändern, indem wir diese in einem anderen Tempo ausführen. Staccato ist eine schnelle Bewegung mit plötzlichen Stopps und Starts. Legato ist langsam (nicht träge), ohne eindeutige Stopps. Es kann, muss aber keine Stopps enthalten.

Übung 6 Staccato / Legato

Meinem Lehrer, dem ehemaligen Cechov-Schüler Blair Cutting, war es wichtig, jede Unterrichtsstunde gemäß Cechovs Lehrplan mit der Übung Staccato / Legato zu beginnen. Ich habe diese Übung 26 Jahre lang ausgeführt und finde sie immer noch genauso erfüllend wie zu der Zeit, als ich ein Schüler war. Mittlerweile glaube ich sogar, dass die gesamte Cechov-Methode in dieser einen Übung steckt. Man kann sie auf verschiedene Weisen und mit unterschiedlichen Schwerpunkten ausführen. Die Grundübung funktioniert folgendermaßen:

Sei ganz im Hier und Jetzt. Mache dir klar, dass du dich in sechs Richtungen bewegen wirst: nach rechts, nach links, nach oben, nach unten, vorwärts, rückwärts. Du wirst dich immer nur in eine Richtung bewegen. Du wirst nur eine Bewegung ausführen und diese Bewegung 36 Mal wiederholen. Beginne damit, dass du dich mit der rechten Seite beschäftigst und einen Ausfallschritt mit dem rechten Fuß machst. Verlagere dein gesamtes Gewicht auf den rechten Fuß. Der Schritt muss nicht besonders groß sein, wichtig ist die klare Ausrichtung nach rechts. Nun bist du von der Zehenspitze bis zum Gesicht vollständig der rechten Seite zugewandt. Während du den Schritt mit der unteren Hälfte deines Körpers ausführst, stellst du dir vor, dass du in jeder Hand einen Tennisball hältst. Nun holst du mit beiden Arme nach unten hinten aus und wirfst die Bälle möglichst weit. Die Endposition wird vollständig nach rechts gerichtet sein: Dein gesamtes Gewicht lagert auf deinem rechten Fuß, deine Arme sind ausgestreckt, die Handinnenflächen zeigen nach unten. All das geschieht in einer einzigen Bewegung: in einer ausladenden Wurfbewegung und einem gleichzeitigen Schritt nach rechts. Da du bereits deinen physischen Körper mittels dieser Geste bewegt hast, musst du nun noch deine innere Energie nach rechts schicken. Die Energie sollte aus deinen Fingerspitzen, aus deinem Gesicht, deiner Brust und deinen Knien *strahlen.* Versuche, die Energie durch die rechte Wand, auf die du blickst, zu werfen. Die physische Bewegung sollte im Staccato ausgeführt werden (schnell mit kurzen Stopps). Die Strahlung dauert kurz an, dann gehst du wieder im Staccato in die Ausgangsposition zurück. Es ist wichtig, so in diese Position zurückzukehren und in ihr präsent zu sein, als hättest du sie niemals verlassen. Du hast also eine klare Ausrichtung nach rechts, eine Wurfbewegung, die dir dabei hilft, deine Energie auszustrahlen, und die *vollständige* Rückkehr zur Ausgangsposition, so als hättest du diese nie verlassen. Nun wiederhole die gleiche Bewegung in die linke Richtung, auf dem linken Fuß, vollständig nach links gerichtet. Strahle in diese Richtung aus und kehre in die Ausgangsposition zurück. Aus dieser Position heraus wirst du nun eine Wurfbewegung nach oben gen Himmel ausführen. Hebe dein Gesicht und sende Strahlen in diese Richtung. Kehre dann zur Ausgangsposition zurück. Werfe danach alles in Richtung Boden, beuge die Knie, sende Strahlen durch den Boden, senke den Kopf, und kehre zur Ausgangsposition zurück. Nun mache mit dem rechten Fuß einen Ausfallschritt nach vorne und werfe in diese Richtung. Sende Strahlen, kehre zur Ausgangsposition zurück. Tritt auf dem linken Fuß zurück und mache eine Wurfbewegung nach hinten, sende Strahlen und kehre wieder zurück. Der Zyklus ist beendet, wenn die Bewegung in alle sechs Richtungen im Staccato ausgeführt wurde. Wiederhole den Zyklus ein weiteres Mal im Staccato. Dann wiederhole ihn zwei Mal im Legato (langsam ohne Stopps). Danach führe ihn einmal staccato und schließlich noch einmal legato aus. Die gesamte Übung sollte von Anfang bis Ende nicht länger als zwei Minuten dauern.

Mr. Cutting schlug damals vor, diese Übung auf der Bühne vor einer Aufführung zu machen, noch bevor das Publikum anwesend ist. Daran habe ich mich gehalten, und ich tue es immer noch. Das ist eine wunderbare Art, das Instrument zu stimmen, und es gibt einem die Möglichkeit, den Raum mit dem energetischen Selbst zu füllen. Es handelt sich um eine kreative Aktion, die man gemeinsam mit den anderen Schauspielern durchführen kann, da sie das Ensemblegefühl stärkt. Ich kann keine Aufführung mehr ohne diese Übung spielen. Für mich ist sie eine Art Reinigungsprozess, da ich mich von allem Unnötigen oder von negativer Energie befreien kann, die meinen besten Absichten als guter Darsteller auf ziemlich heimtückische Weise in die Quere kommen kann.

Die Übung hilft uns außerdem dabei, Staccato und Legato im Körper zu verankern und uns dabei ein dynamisches Verständnis für Qualität und Figur *einzuverleiben*. Wir entdecken, dass diese beiden Tempi eine große Sache für uns sein können, wenn wir sie als praktische Mittel der Ausdrucksfähigkeit betrachten. Die Polarität zwischen ihnen verschafft ihnen eine signifikante Wirkung.

2.5 Die Sinne: Ausdehnung und Kontraktion

Ausdehnung / Kontraktion ist sowohl ein Prinzip als auch ein Arbeitsmittel, denn man kann es ausführen. Dabei handelt es sich um ein inneres Erlebnis, und indem wir ihm folgen, werden wir dieses Prinzip anwenden. Ausdehnung oder Kontraktion ist eine sehr spezifische Handlung, die wir überall dort verorten können, wo wir möchten. Es ist möglich, den Körper, die Organe, die Sinne oder den Raum auszudehnen. Wir werden immer belohnt werden, wenn wir uns darauf einlassen. Die andauernden Aufs und Abs, die wir im Leben erfahren, sind wie Ebbe und Flut und erfüllen uns mit Vitalität. Wachsen wir angesichts einer Sache oder Person? Ziehen wir uns zusammen? Das sind ziemlich simple Fragen, die man problemlos nachvollziehen und leicht beantworten kann, so wie die innere Handlung leicht durchgeführt werden kann.

Übung 7 Beziehung zwischen Menschen und Objekten

Mache eine leichte Faust. Betrachte die Faust und öffne die Hand langsam wieder. Während du das tust, sagst du dir, dass du wächst. Versuche, das Wachstum, die zunehmende Vitalität, Kraft, Effektivität und Stärke zu spüren. Wenn du am Ende der Übung angelangt bist – deine Hand ist maximal geöffnet –, beginnst du, die Hand wieder zu schließen, bis du erneut eine leichte Faust machst. Sage dir, dass du dich zusammenziehst bzw. verwelkst. Betrachte das als einen Schrumpfungsvorgang, in dem du dich zusammenziehst, und versuche zu spüren, dass dir aufgrund dieser Bewegung eine bestimmte Vitalität entzogen wird. Spiele einen Moment lang mit diesen beiden Bewegungen, schaue sie an, und fühle sie. Benutze beide Hände, dann nimm die Arme dazu. Führe die Bewegungen sanft und locker aus, dann wirst du erfahren, was Ausdehnung ist und was Kontraktion. Wenn du vertraut damit bist, kannst du beginnen, damit in deiner Vorstellung zu spielen.

Sage dir, dass du einen Geschmackssinn besitzt. Natürlich wissen wir, dass wir einen haben, aber wir nehmen ihn als gegeben hin. Das bloß auszusprechen ist fast so, als würden wir ihn entdecken. Wir finden Gefallen daran, denn er fühlt sich neu an. Wir wissen, dass der Ort unseres Geschmackssinns die Zunge ist und wir aufgrund der Geschmacksknospen in der Lage sind, etwas zu schmecken. Stelle dir vor, dass es möglich ist, deinen Geschmackssinn auszudehnen. Wie du sehen wirst, ist dir diese Handlung durchaus vertraut. Lasse den Geschmackssinn sich weiterhin ausdehnen und *folge der inneren Handlung*. Was immer du für Impulse erhältst, lasse zu, dass du ihnen folgst. Spiele damit, solange du durch die Ausdehnung Impulse erhältst. Widme dich einem Gegenstand und sieh, in welcher Beziehung du zu diesem Gegenstand stehst. Nun versuche das Gegenteil und lasse den Geschmackssinn sich zusammenziehen. Dabei geht es natürlich nicht ums Schmecken; daher lasse dich an dieser Stelle nicht von der Übung verwirren. Tatsächlich geht es nämlich darum, deine *Fähigkeit zu schmecken* sich zusammenziehen zu lassen. Ginge es konkret darum, Schokolade oder Anchovis zu probieren, würde sich keine Empfindung einstellen, die wir aufrechterhalten könnten. Wir wären lediglich damit beschäftigt, einen ganz bestimmten Geschmack abzurufen, und vielleicht hätten wir sogar Glück und würden ihn tatsächlich bekommen. Den Vorgang der Ausdehnung oder der Kontraktion hingegen können wir aufrechterhalten, und sie werden uns immer ansprechen. Widme dich jetzt demselben Objekt, und lasse deinen Geschmackssinn sich zusammenziehen. Ist deine Beziehung zu dem Objekt dieselbe?

Probiere nun das Gleiche mit deinem Geruchssinn aus. Sage dir zuerst, dass du einen Geruchssinn hast, und dir wird klar, wo er sitzt und was er ist. Jetzt bist du in der Lage, den Geruchssinn sich zusammenziehen zu lassen. Halte die Maßnahme aufrecht, und folge den Impulsen. Sage „Ja" zu dem, was passiert, nimm es an, und lasse dich davon einnehmen. Achte darauf, wie du auf deine Umgebung reagierst.

Nun dehne deinen Geruchssinn aus und halte die Handlung aufrecht. Sage „Ja" und folge der Ausdehnung. Achte wieder darauf, wie sich deine Beziehung zu den Dingen verändert hat. Diese Übung kannst du mit allen fünf Sinnen durchführen, und du wirst leicht Zugang zu einer reichen, nuancierten und vielsagenden Welt entdecken. Du wirst außerdem sehen, dass dies nur der Beginn einer Herangehensweise an das ist, was Cechov „reines Schauspiel" genannt hat: Schauspiel, das keinerlei Begründung braucht, aber trotzdem voller Psychologie ist.

2.6 Bewegungsqualitäten

Wenn uns klar wird, welche Bedeutung die Arbeit mit Archetypen hat, dann ergibt Michael Cechovs Schauspielmethode einen neuen Sinn und wir bekommen eine Systematik an die Hand, nach der wir arbeiten können.

Cechov hat zu Recht angemerkt, dass die *Wie-Frage* die grundlegende ist, die ein Schauspieler sich stellen muss. Er empfiehlt, sich die *Warum-Frage* erst zu einem späteren Zeitpunkt im Probenprozess zu stellen. Fangen wir damit an, uns die *Warum-Frage* zu stellen, werden wir uns plötzlich auf einer trockenen und kalten Ebene wiederfinden; die Frage lässt unserer Vorstellungskraft zu wenig Raum. Cechov sagte, *warum* sei eine Frage für Wissenschaftler.

Wer tut etwas wie? Diese Frage ist ein guter Einstieg in die Arbeit. Am Ende werden wir natürlich das *Warum* beantworten müssen, doch Cechov schlägt vor, sich über die Frage nach dem *Wie* die Antwort auf das *Warum* geben zu lassen. *Wer* ist ganz offenbar die Figur, und sie zu erarbeiten ist ein Stück kreative Arbeit, die sich die meiste

Zeit um das *Wie* dreht. *Was* sind die Dinge, die geschehen, und der größte Teil des *Was* wird vom Autor geliefert. Das zu erarbeitende „Ziel“ ist das, was für den Schauspieler übrig bleibt, und das ist ebenfalls Teil des *Was*. Die *Wie-Frage* eröffnet uns den Zugang zur kreativen Welt. Die Beantwortung dieser Frage ermöglicht uns, immer wieder und wieder so großartige Stücke wie ROMEO UND JULIA anzusehen, denn es geht um Interpretation. Jede Inszenierung dieses Stückes ist anders, weil es darum geht, *wie* es interpretiert wird.

Nehmen wir ein einfaches Beispiel: Warum dreht sich die Erde um die Sonne? Jeder Wissenschaftler könnte diese Frage beantworten:

Jeder Massenpunkt zieht einen anderen Massenpunkt mit einer Kraft an (Newtons Gravitationsgesetz). Daher ist die Anziehungskraft zwischen Sonne und Erde groß genug, um die Erde von dem geraden Weg abzubringen, den sie nach Newtons Erstem Gesetz nehmen würde, und um sie eine elliptische Bahn einschlagen zu lassen.

Diese Aussage beinhaltet kaum etwas, das unsere Vorstellungskraft stimuliert. Sie ist zwar interessant, hilft dem Künstler allerdings so gut wie nicht weiter. Fragen wir aber: *Wie* dreht sich die Erde um die Sonne, taucht vor uns augenblicklich eine Welt der Bilder und Qualitäten auf. Wir haben Bilder von Tag und Nacht oder den Ablauf eines Jahres vor Augen, von Drehungen und Neigungen etc. Alle diese Bilder haben eine Kraft, die anregend auf den Künstler wirkt. *Wie* es geschieht spricht Aktion und Qualität, die mit dem Wollen und Fühlen korrespondieren, unmittelbar an.

Wir können uns der Frage nach dem *Wie* im Zusammenhang mit dem Schauspiel über den Aspekt der *Qualität* nähern. Die Qualität einer Bewegung macht diese einzigartig. Denn eben weil es sich um eine Bewegung handelt, spricht sie den Schauspieler direkt an. Wenn du etwas mit *größter Sorgfalt* in die Hand nehmen sollst, und sei es auch nur eine Zeitung, dann wird in dir eine Fürsorglichkeit für dieses Objekt geweckt werden, die dir etwas über die Situation des Objektes und über die Gefühle, die du ihm gegenüber aufbringst, mitteilt. Nimmst du die Zeitung *schnell und grob* in die Hand, wird etwas anderes in dir wach werden, und eine andere Situation und entsprechend andere Gefühle werden dir vermittelt. Wenn wir fest daran glauben, dass wir spielen, weil wir Schauspieler sind, dann werden wir für so gut wie jede Qualität empfänglich. Vor allem für die der Bewegung.

In Michael Cechovs Buch Werkgeheimnisse der Schauspielkunst zielt die allererste Übung darauf ab, dass du spürst, einen Körper zu haben und dass dieser Körper sich bewegt. Darauf folgen Übungen zu den verschiedenen Bewegungsarten. Cechov bietet vier unterschiedliche Bewegungsqualitäten an, und jede dieser Qualitäten entspricht einem Archetyp. Das Geniale dabei ist, dass du, wenn du an einer dieser Qualitäten arbeitest, automatisch an vielen verschiedenen Qualitäten arbeitest.

Cechov hat die Qualitäten folgendermaßen benannt: Formen, Fließen, Fliegen und Strahlen. Sie entsprechen den vier Elementen Erde, Wasser, Luft und Feuer. Cechovs Übungen dazu sind sehr direkt: Mache Bewegungen mit dieser oder jener Qualität. Dadurch ist es möglich, augenblicklich ein neues Gespür für Bewegungen zu bekommen, welches wiederum das des Schauspielers in Alarmbereitschaft versetzt, damit er bewusst und wie zum ersten Mal wahrnehmen kann, wie sich diese spezielle Art der Bewegung anfühlt.

Formende Bewegungen (Erde) widersetzen sich dem Raum, so als würdest du dich durch einen Raum aus matschigem Lehm bewegen. Wie Bildhauer, die den ganzen Körper einsetzen, formst, meißelst und stößt du dir deinen Weg durch den (Erd-)Raum. Die Bewegung wird automatisch schwer und langsam, kraftvoll und bestimmt, exakt und sparsam. Der Wille tritt zum Vorschein, und die Idee der Form wird körperlich.

Fließende Bewegungen (Wasser) sind räumlich nicht begrenzt, werden allerdings vom Raum geleitet. Der Raum fließt wie ein Fluss. Man wechselt nahtlos von einer Sache zur anderen, ohne eine Entscheidung zu treffen – einfach nur, um im Fluss zu bleiben. Das kann schnell oder langsam geschehen, schwer oder leicht. Wenn du dich auf diese Weise bewegst, wirst du Leichtigkeit und Charme, Freude, Genuss und Gewissheit finden. Ebenso kannst du durch diese Art der Bewegung Hilflosigkeit erfahren.

Fliegende Bewegungen (Luft) sind fast schon vorüber, noch bevor wir erleben, dass sie stattgefunden haben. Schon sind sie in den

Raum geeilt, ohne zurückzukehren. Der Raum bewegt sich schnell – fliegt rasend schnell vorüber, nimmt alle Form mit sich, wenn er hier oder dort entlangfliegt, nach oben, unten, zur Seite, überallhin. Panik und Verwirrung, Chaos, selbst eine übernatürliche Verbindung oder Erkenntnis haben ihren Ursprung im Fliegen.

Strahlende Bewegungen (Feuer) ziehen Aufmerksamkeit auf sich wie ein Lichtkegel in der Nacht. Diese Bewegungen erleuchten das Dunkel des Raumes. Sie ermöglichen es uns, in Kontakt mit Dingen außerhalb unserer selbst zu treten. Wir können uns bewegen und dabei die Welt erleuchten. Diese Bewegung ist voller Verständnis und Mitgefühl. Sie ist stets attraktiv und erfüllt uns gleichzeitig mit einer Kraft, die weder hart noch brutal ist. Die Bewegungen senden über die Grenzen des Körpers hinweg energetische Strahlen aus. Sie haben ein Ziel und sind von größter Klarheit.

Damit wären die kennzeichnenden Eigenschaften der Archetypen beschrieben, durch welche wir diese besser voneinander abgrenzen können. Natürlich ist noch vieles mehr möglich. Erde ist sehr viel mehr als nur matschiger Lehm; genauso gut ist sie Sand oder Kiesel oder Stein. Jedes Bild liefert eine jeweils neue Erfahrung einer damit verbundenen Bewegung. Mischen wir die Erde mit ein wenig Luft, dann wird es leichter, sich durch den Raum zu bewegen. Oder wir bleiben stehen und bahnen uns unseren Weg durch Stein hindurch. Erde kann auch mit Wasser vermischt werden. Dann erhalten wir Schlamm oder fruchtbares Land. Der Schlamm kann einfrieren oder durch Feuer zu einem harten, spröden Medium gebrannt werden, durch das wir uns hindurchbewegen können.

Wasser fließt, doch Gegenstände treiben darin träge aufwärts, bleiben auf der Wasseroberfläche liegen, gestützt und beeinflusst vom Wesen des Flusses. Wasser kann sich ebenso zu einer Flut erheben oder wieder verebben. Kleine Flüsse können durch Regen zu reißenden Strömen anschwellen. Wasser kann aufbauend oder zerstörend sein. Gewaltige Wellen können Dinge davontragen, sie an- oder wegspülen. Oder sie schlagen laut und krachend auf den Strand. Es gibt Strömungen, Strudel etc. Wasser kann die Konsistenz verschiedener Flüssigkeiten haben und entsprechend wie Blut, Öl, Honig etc. fließen.

Feuer verbraucht Brennstoff und erzeugt Licht, Hitze und Rauch. Es kann wüten oder explodieren, tanzen, züngeln, spucken und sprühen. Es ist zerstörerisch und hilfreich, schreckt ab und lockt an. Feuer kann sich verbreiten, verglühen und wieder aufflackern. Es kann lange und unbemerkt glimmen. Es kann aufleuchten. Es kann den Weg erleuchten und in der Nacht wärmen. Es bewirkt, dass man entweder davor wegrennt oder näher herantritt. Feuer ist anziehend und fesselnd, romantisch oder verheerend.

Das Element Luft ist schnell und fein. Es ist die Heimat der Drachen und Vögel und des Nebels. Das Tempo ist sehr flott, leicht und luftig. Eine Aktion geschieht so schnell wie der Schrei einer Krähe, direkt oder gedankenlos, ewig. Den kühlen Wind und die milde Brise findet man hier: Böen und Stürme, Hauche und Wirbelwinde, Aufwinde und Gase.

Diese Elemente sind Bausteine des Universums. Wir können sie benutzen, um uns unser eigenes Universum aufzubauen. Sie sind die Bausteine unsere Kunst und geben Beziehungen, Handlungen und den Darstellungsarten unserer Charaktere Form. Qualität macht es möglich, dass sie auf Situationen treffen und Bilder mit der Realität des Handelns verbinden.

2.7 Der künstlerische Rahmen: bewusste Bewegung

Für gewöhnlich führen wir im Alltag Bewegungen nicht bewusst aus. Wir benutzen sie, um unser tägliches Leben zu bewältigen. Unsere Bewegungen sind eher funktionell als ausdrucksstark; wir verlieren das Bewusstsein für sie. Als Schauspieler müssen wir eine Verbindung zwischen Bewegung und Ausdruck und zwischen Bewegung und Leben herstellen. Der künstlerische Rahmen ist ein Mittel, mit dem wir im Unterricht, manchmal auch während der Proben arbeiten, nicht aber während der Aufführung, da er zu viel Konzentration erfordert und unseren Ausdruck künstlich erscheinen ließe.

Wir erwerben Wissen und Fertigkeiten, indem wir den künstlerischen Rahmen benutzen. Jede folgenreiche Handlung besteht aus drei Teilen: der Vorbereitung, der Handlung selbst und der Aufrechterhaltung der Handlung. Diese drei Teile bilden gemeinsam den künstlerischen Rahmen. Während der Übungen ist es entscheidend, dass wir ihn benutzen. Das ist sehr einfach, und die Anstrengung, ihn zu kreieren, lohnt sich. In Bezug auf Bewegung heißt das, die Bewegung enthält drei Teile. Die Vorbereitung besteht aus dem Einsatz des energetischen Körpers, die Handlung selbst aus der physisch ausgeführten Bewegung, und die Aufrechterhaltung aus der ausgestrahlten Bewegung. Die Bewegung auszustrahlen bedeutet, dass wir, solange es uns möglich ist, die Bewegung aufrechterhalten. Wieder ist es der energetische Körper, der über die Grenzen des physischen Körpers hinaus Strahlen entsendet. Diese Übung führt zu einer absichtlichen Bewegung im Körper. Sie macht vieles möglich und ist außerdem sehr angenehm.

Übung 8 Der künstlerische Rahmen

Um den künstlerischen Rahmen zu erfahren, kehren wir zu Übung 1 zurück. Dabei wurde das meiste des künstlerischen Rahmens bereits verwendet. Stehe aufrecht und sei präsent, indem du deine Füße auf dem Boden spürst. Du wirst einen Arm heben und ihn nach oben strecken, bis er in den Himmel zeigt. Hebe den inneren Arm des energetischen Körpers (Vorbereitung). Dann erlaube deinem körperlichen Arm, der vorbereitenden Bewegung zu folgen (Handlung). Bist du am Ende der Bewegung angelangt, nämlich dann, wenn der Arm nicht höher ausgestreckt werden kann und du in den Himmel zeigst, führst du die Streckung weiterhin mit dem inneren Arm des energetischen Körpers aus, so lange es möglich ist (Aufrechterhaltung). Das ist der künstlerische Rahmen. Seine Ausführung verdeutlicht dir die Bewegung. Und er trainiert den energetischen Körper, damit dieser bewusst eingesetzt werden kann. Wenn der energetische Körper weiß, wie die Bewegung ausgeführt wird, ist es möglich, die Bewegung zu erfahren, ohne den physischen Körper zu bewegen. Das ist notwendig für die erfolgreiche Ausführung der psychologischen Geste.

2.8 Handlung: die psychologische Geste

Vielleicht war Stanislawskis wichtigster Beitrag zur Schauspielkunst seine Idee von ihrem Ziel und die von den Handlungseinheiten. Sie bietet eine Möglichkeit, der Arbeit eine Form zu geben, und sie hilft dem Schauspieler dabei, die Kraft seiner Darstellung über längere Zeit aufrechtzuerhalten. Sie ist ein solides Fundament, klar und energetisch. Diese Art der dramatischen Aktion ermöglicht es dem Schauspieler, seinen Text zu sprechen und mit anderen auf eine Weise zu interagieren, die notwendigerweise mit der Story oder dem Konflikt einhergeht. Sonst wäre das Stück des Autors wohl kaum mehr als abgelesene Worte. Zu wissen, wie wir in der Szene handeln, ist das wirkliche Anliegen eines jeden Schauspielers. Wir können es mit Worten definieren, mit Verben, starken Verben. Und wir können diese Verben in unseren Köpfen behalten und uns von ihnen durch das Bühnenstück führen lassen.

Wir können diese Verben ebenso in archetypische Handlungsaussagen übersetzen und dadurch Gesten entdecken, die zu unseren Wegweisern werden. Wenn der Schauspieler im Körper ist, erfährt er diese Gesten (Formen) direkt als Wissen bzw. als körperliche Verbindung zur Handlung. Sie können Impulse hervorrufen, um der Handlung Genüge zu tun. Die Impulse strömen durch den Körper und werden als ein konkretes *Gebot zu handeln* wahrnehmbar. Man muss sich von nichts überzeugen, man unterliegt nicht dem Zwang, etwas zu überdenken, denn der Intellekt bleibt völlig außen vor. Das innere Erleben ist der Funke, der das Leben auf der Bühne entfacht.

Handlung erreicht man über die Region, in welcher der Wille verortet ist, und die hat ihren Sitz im unteren Bereich des Körpers. Bedauerlicherweise werden Schauspielschüler häufig über den Intellekt daran geführt, der in einer sehr viel höheren Region des Körpers angesiedelt ist. Dieses Denken verursacht mitunter Schwierigkeiten und Stagnation, und man gerät ins Schwimmen. Handlung ist nicht das Denken der Figur, es ist ihr Wille, der Gestalt annimmt. Bei einer Handlung geht es immer ganz klar ums Tun und nicht ums Denken.

Was tue ich? Als Schauspieler müssen wir uns unweigerlich dieser Frage stellen; sie führt uns zur Form.

Was ich tue, ist sehr spezifisch; je spezifischer, desto besser. Doch die Geste, nach der ich für meine Handlung suche, ist dann für mich lebendig, wenn ich das Wesen dieser Handlung entdeckt habe. Wenn ich zum Beispiel will, dass innerhalb einer Szene meine Handlung darin besteht, einen anderen zu verführen, dann muss ich eine Geste finden, in der es einzig um Verführung geht. Indem ich danach suche, werde ich feststellen, dass die Geste der Verführung etwas ist, was mich in mich selbst hineinzieht. Ich verführe, damit ich die Geste besitze. Besitze ich sie, dann habe ich sie mir auch genommen. Das ist im Wesentlichen das, was geschieht, dieses Geschäft des Nehmens auf eine bestimmte Art, die Verführung. Sich etwas zu nehmen kann als eine archetypische Handlung gesehen werden, die verschiedene kleinere Handlungen des Verführens, Spionierens, Plünderns, Ergreifens, Tötens etc. beinhaltet.

Da wir etwas über das Ziel gelernt haben, sollten wir es auf folgende Weise betrachten: Was will ich? Das hilft uns beim intellektuellen Findungsprozess. Für einen Schauspieler, der Richard III. spielt, könnte das heißen: „Ich will König werden." Das ist in Ordnung, denn es hat etwas im Schauspieler angestoßen. Am Ende wird schließlich die Frage wichtiger sein: „*Wie* werde ich König?" Dabei geht es allerdings nicht mehr so sehr um den Wunsch, etwas zu sein, als vielmehr darum, etwas zu tun. Richard wird König, indem er mordet, raubt, verführt und Macht erlangt. Die ganze Zeit über ist er damit beschäftigt, sich etwas *zu nehmen*; entweder von dieser oder jener Form oder dieser oder jener Qualität. Wenn der Schauspieler die Geste für die archetypische Handlungsaussage „Ich nehme" findet und damit in vielfältiger Weise arbeitet, wird er dadurch weiterkommen. Die Einfachheit der Wahl hilft dem Schauspieler, die Bandbreite und die vielfältigen Potenziale, die in ihr stecken, zu erkunden. Und diese Erkundung erfolgt über Qualität: Nimmt man sich etwas langsam und heimtückisch, dann ist es anders, als würde man es ganz offensiv tun. Das wiederum unterscheidet sich von der Art des würdevollen Nehmens aufgrund menschlicher Größe. Fügt man der Geste diese Qualitäten hinzu, entsteht der spezifische Moment des Nehmens, während der Schauspieler lediglich eine simple Geste ausführt. Es existieren keine inneren Überlegungen oder Zweifel in der Art von „Bin ich auf dem richtigen Weg oder nicht". Die Geste löst innerhalb des Schauspielers einen stetigen Strom des Nehmens aus. Ströme des Nehmens erzeugen Impulse, welche die Handlung verwirklichen. Der Körper wird auf unerwartete und neue Weise lebendig, und der Schauspieler lässt uns teilhaben, weil er uns fasziniert. Das ist die wahre Begabung des darstellenden Künstlers: den Zustand der Faszination für das Publikum aufrechtzuerhalten. Solange der Schauspieler faszinierend ist, wird er den Zuschauer vollkommen fesseln. Wir, die wir im Theater arbeiten, sind fasziniert von der Kraft eines Shakespeares, doch seltener von der des Schauspielers. Natürlich hoffen wir als Schauspieler, diese Faszination für immer zu behalten, doch häufig ist es das Stück, das uns packt – die Sprache, die Struktur, die Drehungen und Wendungen des Plots, die Form, die Haltung des Autors. Vom Schauspieler werden wir oft im Stich gelassen, denn in vielen Fällen kommt er nicht weiter als über den Text hinaus, weil er im Kopf bleibt und nicht im Körper ist.

Betrachten wir eine Handlung aus einem archetypischen Blickwinkel heraus, werden wir nicht sehr viele unterschiedliche archetypische Handlungen finden. Alles beginnt mit einem Wunsch und wird zu etwas Direkterem und Aktiveren weitergeleitet. „Ich will" ist bereits eine archetypische Handlungsaussage. Eine Geste drückt dies klar und deutlich aus, eine einfache und schöne Geste, die in unserem Inneren einen Willensstrom auslöst; möglicherweise ist es sogar die allererste Geste, mit der wir als Menschen der Welt draußen begegnen. Es ist die des Kindes, das allein ist und nach seiner Mutter ruft, und zwar nicht mit Worten, sondern mit seinem Körper. Diese Geste sagt: „Ich will getröstet werden, ich will essen, ich will dich." Wenn du dies liest, dann siehst du diese Geste möglicherweise vor dir. Denn wir alle kennen sie und haben sie ausgeführt. Und wenn du diese Geste genau in diesem Moment ausführst, kannst du die Willensströme spüren, die durch deinen Körper fließen. Sie aktiviert dein Handeln.

Viele Dinge wollen wir, viele nicht. Die Dinge, die wir nicht wollen, lehnen wir bewusst ab. Und schon sind wir bei einer anderen archetypischen Aussage: „Ich lehne ab." Sie ist ebenfalls schlicht, handlungsbezogen und aufrüttelnd. Lassen wir uns wieder von dem Kind leiten, das nicht spricht. Wir sehen das gesättigte Kind vor uns, das sich unwohl fühlt und eine ablehnende Geste macht. Das Kind verdeutlicht uns das deswegen am klarsten, weil es keine Worte, sondern lediglich eine Geste benötigt, um die einfachsten Dinge zu kommunizieren. Wenn wir anspruchsvoller werden, heißt das nicht, dass unsere einfachen Bedürfnisse und Wünsche verschwinden. Sie bleiben im Körper, und wir sind auf ebenso direkte wie unbewusste Weise mit ihnen verbunden. Als Erwachsene haben wird Beschreibungen und Konzepte, Ideen und Beweise dafür, „warum etwas so oder so ist". Doch letztlich verwechseln wir viele Dinge, da wir uns immer wieder an die Namen erinnern müssen, die wir ihnen gegeben haben. Kehren wir zum Archetypischen zurück, werden die Dinge plötzlich leichter, ohne indes an Bedeutung zu verlieren.

Es gibt Zeiten, in denen wir nicht überzeugt sind oder uns nicht überzeugen lassen wollen. Wir halten an unseren Meinungen und Standpunkten fest, und nichts in der Welt kann daran etwas verändern. „Ich vertrete meinen Standpunkt" führt uns zu einer verfeinerten Geste, die uns mit unseren Meinungen verwurzelt. Wir fordern uns gegenseitig dazu auf, die Dinge zu ändern, auch wenn wir wissen, dass dies unmöglich ist.

Manchmal, nach einer heftigen Auseinandersetzung oder einem Streit, wenn man nicht mehr länger an einem Standpunkt festhalten kann und argumentativ geschlagen oder überzeugt wurde, ist es notwendig nachzugeben. Die gesamte Skala von absoluter Unterwürfigkeit bis zu übertriebener Arroganz oder zögerlicher Nachgiebigkeit kann dann bedient werden. Eine weitere archetypische Geste leitet sich hier aus „Ich gebe nach" ab.

Unsere Großzügigkeit ist eine große Kraft. Es fällt uns nicht leicht, jemanden leiden zu sehen, selbst wenn es nur ein schwaches Leiden ist. Wir tun, was wir können, um dieser Person zu helfen. Wir scherzen mit ihr, beten für sie, ermutigen oder küssen sie, bauen sie auf oder fordern sie auf, sich selbst zu helfen. Alle diese Handlungen und noch viel mehr stecken in der archetypischen Aussage „Ich gebe".

Diese Arbeit begeistert mich seit Längerem, und ich habe innerhalb meiner sehr intensiven Auseinandersetzungen mit ihr Folgendes entdeckt: Es gibt sechs Handlungsaussagen. Diese Aussagen können als archetypisch bezeichnet werden und enthalten alle weiteren Handlungen oder Ziele: „Ich will" – „Ich lehne ab", „Ich gebe" – „Ich nehme", „Ich behaupte meinen Standpunkt" – „Ich gebe nach". So sehr ich mich auch bemüht habe, darüber hinaus konnte ich keine weiteren Aussagen entdecken. Ich denke, diese sechs sind absolut ausreichend. Da es sich um Archetypen handelt, beinhalten sie noch vieles anderes. Qualitäten gibt es praktisch unendlich viele, und Qualität wird aus der archetypischen Aussage immer eine spezielle Aussage machen. Küssen und Schlagen, scheinbar gegensätzliche Handlungen, sind beide gebend. Die eine ist zärtlich und sanft, die andere brutal und hart. Die speziellen Gesten mögen ebenfalls unterschiedlich sein, doch im Kern zeigen sie, dass etwas von mir an den anderen weitergegeben wird.

Auch hier ist es wieder sehr wichtig, je nach Handlung so spezifisch wie möglich zu sein. Es ist nicht einfach damit getan zu sagen: „Ich gebe", wenn ich vorhabe, jemanden aufzumuntern. Zunächst einmal muss die Entscheidung getroffen werden: Ja, ich muntere dich auf. Die nächste Frage ist: Wie kann ich das tun? Wenn ich laut darüber nachdenke, wie ich den anderen aufmuntern kann, und währenddessen zur Unterstützung meine Hände benutze, werde ich merken, dass ich unbewusst damit beginne, gebende Gesten auszuführen. Jetzt weiß ich, wie ich es tun kann, und ich entdecke die psychologische Geste des Gebens, die von leichter Qualität und nach oben gerichtet ist. Mein Geist ist zufrieden, also muss ich auch nicht länger darüber nachdenken. Besser noch, die gebende Geste weckt Impulse im Körper. Diese Impulse helfen mir, den anderen aus seinem Tief herauszuholen bzw. ihn aufzumuntern.

Im Schauspieltraining arbeiten wir mit fünf Gesten für die archetypischen Aussagen, die sich für Trainingszwecke hervorragend eignen: Stoßen, Ziehen, Heben, Werfen und Reißen sind die Mittel, mit deren Hilfe wir die sechs Aussagen einer Handlung begreifen.

Sie werden in sechs Richtungen ausgeübt: vorwärts, rückwärts, aufwärts, abwärts, nach links, nach rechts. Jede dieser Richtungen liefert eine andere Information. Und wie bereits erwähnt, gibt es unzählige Qualitäten, mit denen man arbeiten kann. Qualitäten sind lediglich Umstandswörter. Natürlich kann das zu Beginn kompliziert werden. Daher sollten Schauspielschüler mit Qualitäten arbeiten, die man sich leicht als Bewegungen vorstellen kann. Absolut empfehlenswert sind Wörter wie liebevoll, langsam, leicht, schwer, ruhig, vorsichtig, unvorsichtig, heimtückisch oder faul. Zu Beginn ist es besser, auf emotionale Umstandswörter zu verzichten, da Schauspieler Gefahr laufen, sich selbst zu täuschen. Beispielsweise glauben sie dann, sich auf eine wütende Art zu bewegen, obwohl sie vielmehr wütend werden und sich danach zu bewegen beginnen. Während im ersten Fall viel künstlerisches Potenzial liegt, birgt letzterer nicht zuletzt ein Risiko für die anderen Schauspieler auf der Bühne.

Übung 9 Die psychologische Geste und das Ziel

Sage „Ich will", und wiederhole die beiden Wörter solange, bis du spürst, dass sich in dir eine Geste formt. Dann höre auf, es zu sagen, und beginne, die Geste auszuführen. Mache sie groß, setze den ganzen Körper ein und führe sie so bewusst wie möglich aus. Du musst dir wirklich im Klaren darüber sein, dass du es tust. Fühle, was in dir vorgeht, während du die Geste ausführst, vor allem dann, wenn du in die Ausstrahlung gehst. Die Geste weckt einen *Strom des Verlangens* in dir. Nimm die Impulse wahr, die durch diesen Strom erzeugt werden. Benutze nun den künstlerischen Rahmen, damit du lernst, die Geste ohne den physischen Körper auszuführen. Der künstlerische Rahmen ist an diesem Punkt von unschätzbarem Wert, denn er wird dir die echte Bedeutung deiner Geste liefern. Wenn du ihn jetzt benutzt, wirst du die Geste später, wenn du sie benötigst, auf die Bühne bringen. Er hilft dir dabei, aus der Geste eine innere zu machen. Er wird aus der Geste eines der „immateriellen" Ausdrucksmittel machen.

Wiederhole diesen Ablauf mit den restlichen fünf archetypischen Handlungsaussagen. Sprich die Worte, bis du spürst, wie sich in dir eine Geste formt. Höre auf, die Worte zu sprechen, führe die Geste mit dem physischen Körper aus. Du möchtest eine Geste, die mit dem ganzen Körper ausgeführt wird. Die Geste sollte sehr viel Raum einnehmen. An ihr ist absolut nichts Banales. Diese Gesten sind sehr einfach, und gerade weil sie es sind, sind sie effektiv. Du wirst es fühlen, wenn du die Worte sprichst. Die Geste wird deine Willenskraft aktivieren. Benutze den künstlerischen Rahmen. „Schaue zurück". Mache dir klar, was du erfahren hast. Bekräftige alles durch ein „Zurückschauen".

2.9 Der stärkste Punkt: eine innere Bewegung aufrechterhalten

Jede Handlung beinhaltet einen Moment, den wir als Höhepunkt bezeichnen können. Dieser tritt ein, wenn wir aus der Handlung die größtmögliche Zufriedenheit beziehen. Wenn ich jemandem wirklich eine Ohrfeige geben will, werde ich dafür eine ziemlich große Geste wählen. Bei ihrer Ausführung wäre der Moment größter Zufriedenheit jener, in dem meine Hand das Gesicht berührt. Das können wir als Höhepunkt, oder besser: als stärksten Punkt, bezeichnen.

Arbeiten wir mit dem energetischen Körper, sind wir in der Lage, ein fiktives Zeit-Raum-Kontinuum zu betreten, in dem wir eine kleine Bewegung über einen langen Zeitraum andauern lassen, also aufrechterhalten können. Im Fall der Ohrfeige ginge es darum, den Moment aufrechtzuerhalten, in dem meine Hand das Gesicht berührt. *Dieser Moment dauert an.* Nicht im Sinne einer Endlosschleife, sondern er ist immer wieder neu und frisch. Das ist der stärkste Punkt, den ich aufrechterhalten kann. Obwohl wir eine ausladende Bewegung gemacht haben, ist es am Ende nur ein sehr kleiner Teil, den wir davon benötigen. Wenn wir eine weite Geste ausführen und dabei den ganzen Körper einsetzen, machen wir uns körperlich mit ihr vertraut. Sie durchdringt uns so vollständig, dass wir immer wieder angespornt werden. Es gibt keinen Grund, weshalb wir uns verloren fühlen sollten, wenn wir diese innere Geste wieder und wieder ausführen. Stattdessen werden wir, während wir die Geste immer weiter entdecken und erforschen, den stärksten Punkt finden, also die Stelle innerhalb der Geste, an der wir merken, dass wir den größten Stimulus erhalten. Es ist sehr viel einfacher das zu machen, als darüber zu reden. Wenn du bereits in der Lage bist, die Geste innerlich auszuführen, dann kannst du den stärksten Punkt aufrechterhalten. Diese Art der bewussten Anstrengung muss erforscht und später im Probenprozess verwendet werden. Der Körper wird sich dann an alles erinnern und während der Aufführung in der Lage sein, es mühelos auszuführen.

Übung 10 Den stärksten Punkt aufrechterhalten

Schaffe eine psychologische Geste, mit der du die archetypische Aussage „Ich nehme" ausdrückst. Arbeite mit ihr, indem du den ganzen Körper einsetzt. Spüre die Zufriedenheit über die Ströme des Nehmens, die die Geste in deinem Inneren auslöst. Nimm den künstlerischen Rahmen hinzu, damit dein energetischer Körper mit der Geste vertraut wird und weiß, wie er sie ohne den physischen Körper ausführen kann. Versuche, die Geste innerlich so lange wie möglich aufrechtzuerhalten, folge den Impulsen etc. Bist du zufrieden mit der Geste – d. h. sie hat die Kraft, dich zu berühren –, dann kannst du damit beginnen, den stärksten Punkt zu finden. Führe danach die Geste wieder mit deinem physischen Körper aus. Sei so aufmerksam wie möglich, während du die Geste ausführst, da du auf den Moment wartest, in dem dir die Geste den größtmöglichen Kick bzw. Anstoß gibt. Achte darauf, an welcher Stelle im Körper sich der stärkste Punkt befindet. Nun nimm wieder den künstlerischen Rahmen zu Hilfe, damit du den stärksten Punkt auf den energetischen Körper übertragen kannst. Jetzt benutzt du ausschließlich den energetischen Körper und tauchst in den Moment ein; lasse ihn andauern. Du musst ihn nicht ständig wiederholen, sondern diesen Moment einfach nur als etwas *erfahren*, das fortwährend geschieht. In diesem Augenblick bemühst du dich, etwas aufrechtzuerhalten. Das Geschehen ist nicht fassbar, aber dennoch sehr leicht umzusetzen. Es handelt sich um eines der *immateriellen Mittel*; du kannst nicht mit dem Finger darauf zeigen, aber du wirst ganz klar etwas erfahren. Es kann während einer gesamten Szene geschehen, während eines Monologes oder auch nur während eines kurzen Moments, je nachdem, wann du es benötigst.

2.10 Empfindung: Schweben, Balancieren, Fallen

Jeder von uns hat schon einmal ins Feuer gefasst und sich verbrannt. Also müssen wir auch nicht lange darüber nachdenken, wie wir uns verhalten werden, wenn es uns passiert. Sämtliche Erfahrungen, die wir jemals gemacht haben, wurden von unserem Körper wahrgenommen und gespürt. Der Körper hat darauf reagiert und die Erfahrung außerdem aufgezeichnet. Wenn wir die Erfahrung in Form einer körperlichen Wahrnehmung machen wollen und nicht als Erinnerung an eine bestimmte Handlung, werden wir entdecken, dass diese Empfindungen miteinander in Verbindung stehen. Unser Bewusstsein hat alle unsere Sorgen vergessen, nicht aber unsere Körper. In ihm sind sie als Empfindungen lebendig. Die Einzelheiten vergangener Ereignisse sind für uns daher auch nicht länger wichtig. Stattdessen wird uns klar, dass die Reaktion auf ein Ereignis in uns zu finden ist. Ein Ereignis kann erneut empfunden werden. Auslöser dafür sind die inneren Bewegungen, die wir gemacht haben, als wir etwas zum ersten Mal erlebt haben. Wir entdecken außerdem, dass die Empfindungen, die zu einer besonderen Reaktion geführt haben, in uns in einem „Labor des Unterbewusstseins", wie Cechov es genannt hat, aufgehoben sind. Jegliche Freude, Angst, Eifersucht, jegliches Bedauern, sämtliche Sorgen und Hoffnungen liegen dort und werden vom Körper erkannt. Sie haben sich an jenem Ort angehäuft, jedes davon in seinem eigenen Haus, und jedes Haus ist als Archetyp in uns. Ich, der Schauspieler, kann sie hervorrufen.

Interessant an Michael Cechovs Untersuchungen ist, dass sie ausnahmslos eine begrenzte Auswahl an Möglichkeiten liefern. Doch wir beginnen bald zu verstehen, dass diese begrenzte Auswahl, wenn wir sie gewissenhaft verwenden, eine Vielzahl an neuen Möglichkeiten hervorbringt. Ein klares Beispiel für das, was ich hier bespreche, sind eben jene Empfindungen. Kurz vor seinem Tod experimentierte Cechov mit den Empfindungen als Archetypen. Er entdeckte, dass es drei grundlegende archetypische Empfindungen gibt. Die erste Empfindung, *Schweben*, beinhaltet sämtliche positiven Gefühle, die wir vielleicht erlebt haben. Diese körperliche Empfindung entspricht im Wesentlichen unserer Fähigkeit, uns aufwärts zu bewegen. Sprachlich gibt es dafür mehr als nur ein Idiom, doch an dieser Stelle genügt eines. Wir sagen, unser Geist erhebe sich. Empfindungen wie Freude, Stolz, Liebe, Freiheit, Hoffnung etc. sind aufwärtsgerichtet, und wir erleben sie als etwas, das nach oben schwebt. Die zweite Empfindung, *Fallen*, beinhaltet alle negativen Gefühle, die wir vielleicht erlebt haben. Wir sagen beispielsweise, unsere Stimmung sei im Keller, wir stürzen jemanden in Verzweiflung etc. Empfindungen wie Sorge, Zweifel, Konfusion, Panik, Verzweiflung sind abwärtsgerichtet, und wir erleben sie als eine Art Fall. Die dritte archetypische Empfindung, *Balancieren* bzw. die Suche nach Gleichgewicht, beinhaltet die vorübergehenden Empfindungen von Einsicht und Enthüllung. Diese Momente der Balance erleben wir, wenn wir unsere ganze Kraft zusammennehmen, um mit den Füßen auf dem Boden zu bleiben, um quasi nicht davonzuschweben oder zu fallen. Es ist so leicht zu fallen, und so leicht zu schweben, doch es erfordert viel mehr Arbeit, das Gleichgewicht zu halten und wach zu bleiben. Die begleitenden Empfindungen sind Ruhe, Gefasstheit, Kraft, Besonnenheit etc.

Natürlich können wir nicht wortwörtlich wegtreiben. Die Schwerkraft lässt es nicht zu, und wir fallen auch nicht andauernd hin, um wieder aufzustehen. Eigentlich befinden wir uns in einer Balance der körperlichen Benommenheit. Die Handlungen des Schwebens und Fallens können als rein psychologische Gegebenheiten betrachtet und auf das körperliche Verständnis oder, eben in diesem Fall, die physischen Empfindungen übertragen werden. Sie werden zu dynamischen Realitäten, mit denen der Schauspieler sich beschäftigen muss. Der Körper fühlt die Empfindungen. Innerhalb des Körpers korrespondieren sie mit inneren Bewegungen oder Bewegungsimpulsen. Turner und Akrobaten lernen, elegant und mühelos zu fallen, ohne in Panik zu geraten; das ist ihr Job, und für ihre Fähigkeit bekommen sie von uns Applaus. Doch eine normale Person, die leicht fällt oder nur stolpert, wird sofort in Panik ausbrechen, die im Magen spürbar ist. Erinnere dich einfach daran, wie du einmal einen Stuhl, auf den du dich setzen wolltest, unter dir wähntest, dann aber gemerkt hast, dass du dich beim Abstand um ein paar Zentimeter verschätzt hast. Das anschließende Gefühl, das sich im Magen breitmacht, genügt, um einen kleinen Angstschrei auszustoßen oder nach Luft zu schnappen. Das wiederum führt dazu, dass man erleichtert auflacht, sobald man mit seinem Hinterteil die Sitzfläche berührt und das Gleichgewicht wiederhergestellt ist. Dieser Fall von wenigen Zentimetern ist eine dynamische Erfahrung; tatsächlich ist es ein reales Ereignis, das für den Schauspieler sehr hilfreich sein kann. Ein weiteres Beispiel ist der Schreckmoment, wenn wir aus einem Traum erwachen, in dem wir gefallen sind. Das ist eine ziemlich gewöhnliche Angelegenheit, nichtsdestotrotz aber sehr menschlich. Sie endet, wenn das Gleichgewicht wiederhergestellt ist.

Die Arbeit besteht darin: Wie kann ich psychologisch bedingtes Fallen aufrechterhalten? Wie kann ich wirkliche Panik aufrechterhalten bei dem Versuch, das Gleichgewicht herzustellen? Michael Cechov kommt diesbezüglich immer wieder auf die Vorstellungskraft zurück. Um also das Fallen aufrechtzuhalten, müssen wir es sozusagen als imaginiertes Fallen betrachten. Das Fallen beginnt in der Vorstellung, wird aber tatsächlich gefühlt und ist erst dann beendet, wenn der Schauspieler es beendet. Nicht das Fallen an sich interessiert uns, sondern die *Handlung des Fallens*. Wenn der menschliche Körper fällt, wird er dabei von einer Empfindung begleitet. Cechov sagte, dass Empfindungen der Schlüssel zu Gefühlen wären. Das ist ein klarer Prozess. Als Schauspieler wissen wir, dass wir nicht auf die Emotionen einwirken können, denn dann würden wir riskieren, lediglich angespannt zu sein. Wir hoffen das Beste und vertrauen auf Inspiration. Wir kommunizieren über unsere Gefühle; Cechov sagte, Gefühle seien die Sprache des Schauspielers.

Schauspieler glauben häufig, dass sie, wenn sie an etwas Trauriges denken, auch traurig werden. Tatsächlich passiert es uns Menschen aber, dass wir an etwas Trauriges denken, weil wir traurig sind. Der Grund dafür ist, dass unsere Körper sowie die Empfindung der Trauer im Körper unsere Gedanken traurig werden lassen. Wir bemerken nicht die Traurigkeit in den Händen, Schultern und Beinen und dass unsere Bewegungen schwer und unsere Empfindungen abwärtsgerichtet sind. Diese abwärtsgerichteten Bewegungen können wir mithilfe unserer Vorstellung wiederherstellen. Sobald sich eine Empfindung einstellt, setzt der natürliche Strom der Ereignisse ungehindert ein, sodass die Empfindung das Gefühl weckt und dieses Gefühl uns zur Emotion führt, die am Ende vom Zuschauer als äußere Darstellung gesehen wird.

Entsprechend trifft bei aufwärtsgerichteten Bewegungen und ihren begleitenden Empfindungen das Gegenteil zu. In unserer Einbildung ist es möglich zu schweben, das Schweben aufrechtzuerhalten und zu spüren, wie der Körper sich aufwärtsbewegt, bzw. wie sich Teile davon aufwärtsbewegen. Die Empfindungen, die daraus resultieren, sind Freude, Vergnügen, Triumph oder Freiheit.

Die Empfindung des Balancierens ist etwas schwerer fassbar, denn wir gehen davon aus, ständig ausgeglichen zu sein, und erleben die Empfindung, das Gleichgewicht zu halten, nur, um zu verhindern, dass wir fallen. Im Training bringen wir uns selbst immer wieder an den Punkt, an dem wir kurz davor sind zu fallen, um dann fast wie Drahtseilartisten die Kraft aufzubringen, das Gleichgewicht zu halten und nicht in den Tod zu stürzen. Das ist eine gewaltige Empfindung, ein Moment von Enthüllung und Stärke. Durch Übung können wir diese Empfindung aufrechterhalten, und wir können das Gefühl hinauszögern und es benutzen, wenn wir es brauchen. Diese drei grundlegenden Empfindungen funktionieren auf der vertikalen Linie.

Die horizontale Linie mit den beiden Richtungen vorwärts und rückwärts ist ebenso mächtig. Die Empfindung der Angst ist eine rückwärtsgerichtete Bewegung, ein Rückzugs- oder Flugmechanismus, der ziemlich leicht eingesetzt werden kann und einen seltsamen Effekt des Zweifels, der Scheu, Sorge, Abscheu etc. erzeugt.

Die sich vorwärtsbewegende Empfindung ist die eines sehr aktiven und starken Willens, des Vertrauens, der Hoffnung, Sicherheit, Entschlossenheit etc.

Die rein linke Richtung und die rein rechte Richtung sind von einer sehr subtilen, psychologischen Bedeutung. Wenn wir sie aber so betrachten, als würden sie simultan funktionieren, geschieht etwas wirklich Interessantes. Wir können erfahren, wie wir selbst entweder wachsen oder uns zusammenziehen. In der Ausdehnung und Kontraktion stecken unzählige Möglichkeiten, sie gehören zur Basis von Cechovs Schauspieltechnik. Man kann aus diesen Prinzipien Gesten formen oder sie als Empfindungen sowie als innere Bewegungen erfahren.

Cechovs Technik will dem Schauspieler ein objektives Verständnis der Conditio humana, des Menschseins, vermitteln. Die Dinge, um die es geht, sind universell menschlich, sie gehören zu jedem von uns; sobald wir mit ihnen in Kontakt treten, fühlen wir uns mit ihnen verbunden, denn wir erkennen sie. Doch noch viel wichtiger ist, dass der Zuschauer, wenn er dem mit körperlichen Empfindungen arbeitenden Schauspieler zusieht, mit Anteilnahme auf ihn reagiert. Die Zuschauer sagen, dass eine Vorstellung bewegend gewesen sei, weil sich tatsächlich etwas in ihnen bewegt. Würden sie genauer darüber nachdenken, was geschehen ist, dann würden sie merken, dass in dem Idiom, das sie benutzt haben, schlichtweg Wahrheit steckt.

Übung 11 Eine Empfindung als innere Bewegung in eine Richtung erfahren

Diese Übung gehört zu den wenigen in diesem Buch, die direkt von Michael Cechov stammen. Cechov sagt, die Empfindung sei der einfachste und klarste Weg, um Zugang zu unseren Gefühlen zu bekommen, die wir benötigen, um uns auszudrücken. Indem wir die Empfindung ansprechen, was eine rein physische Angelegenheit ist, stehen wir grundsätzlich immer auf der richtigen Seite, da wir uns ausschließlich an unserem Körper orientieren. Sage dir: „Ich will die Empfindung einer Niederlage erfahren." Vertraue deinem Körper, er kennt diese Empfindung. Jedes Mal, wenn du dich in deinem Leben besiegt gefühlt hast, war dein Körper bei dir, und er hat diese Empfindung der Niederlage aufgezeichnet. Wenn du dir selbst die Zeit und den Raum gibst, diese Empfindung zu spüren, nachdem du sie abgerufen hast, wirst du sie auch erfahren. Gemeint ist damit ganz einfach die Fähigkeit, auf eine Bewegung zu hören und darauf zu achten, welche Richtung sie einschlägt. Du wirst die Empfindung der Niederlage als innere Bewegung wahrnehmen, die abwärtsgerichtet ist. Sie zieht dich sozusagen herunter. Das ist die körperliche Empfindung, und die weckt nun in dir ein *Gefühl*, und dieses *Gefühl* findet seinen Weg zur *Emotion*. Die Emotion ist der äußere *Ausdruck*, den das Publikum sieht. Es ist wirklich großartig, dass du eine Empfindung erzeugen kannst, allein dadurch, dass du sie herbefiehlst. Selbst wenn sie nicht an bestimmte Umstände oder irgendein *Warum* gekoppelt ist. Wenn du sensibel für die Bewegungen deines Körpers bleibst, kannst du die Empfindung spüren, aus dem einfachen Grund, weil du nach ihr fragst. Du kannst diese simple Anweisung „Ich will dieses oder jenes empfinden" wiederholen und verschiedene Empfindungen ausprobieren. Der Körper kennt sie alle. Ein paar Beispiele: Du willst die Empfindung erfahren von Liebe, Angst, Scham, Macht, Triumph, Freiheit, Sorge, Freude, im Mondlicht stehen, Zweifel, Neid, Trauer, Vergnügen. Du willst die *körperliche Empfindung* erfahren. Habe keine Angst vor dem emotionalen Aspekt. Wenn die Emotion zutage tritt, dann folge ihr, aber bleibe in der Empfindung. Die Empfindungen sind stark und werden dich lenken. Besonders interessant ist, dass das hier Beschriebene irgendwie abstrakt klingt und keine Rechtfertigung, Hinterfragung, Grund oder besondere Situation bemüht. Es ist deine Entscheidung als Schauspieler, dir all dies zu nehmen und es zu benutzen. Wenn du von den imaginären Situationen des Stückes umgeben bist, in denen die *Figur* involviert ist, dann wird die *Figur* die Empfindung erhalten. In diesem spezifischen Moment wird es die richtige sein. Es sind ganz einfach Funken, die die notwendigen Emotionen entzünden. Für dich als Schauspieler sollten äußere Umstände ausreichen, damit du Feuer fängst. Tun sie es aber nicht, dann findest du das, wonach du suchst, auf diesem Weg.

2.11 Charakterisierung: Stock, Ball, Schleier

Damit etwas Gutes entstehen kann, ist es das Beste, man hat eine solide Grundlage, auf der man aufbauen kann. Es ist ganz einfach, ein Stück zum ersten Mal zu lesen und direkt danach eine Entscheidung zu fällen. Wenn wir das tun, sind wir bereits dabei, die Dinge zu ergründen. Noch ist es absolut nicht notwendig, irgendetwas zu analysieren. Eine Idee und ein Bild können uns bereits aus der Perspektive der Figur in das Stück mit hineinnehmen. Das ist ein erster kühner Schritt, um das Geheimnis des Stückes zu ergründen. Nehmen wir zum Beispiel Hamlet. Kaum dass wir das Stück gelesen haben, erscheint er uns als Denker. Seine Gedanken quälen seine Seele, und in der Anstrengung zu handeln ist der wesentliche Konflikt begründet, mit dem er zu kämpfen hat. Das ergibt auf einfache Weise Sinn und ist absolut nachvollziehbar. Mit so einem Anfang können wir uns anfreunden. Das Bild von Hamlet als Mensch ist vollständig, und wir haben einen Behälter, in den wir das Stück hineintun können. Der Blick auf Hamlet als erstens denkende, zweitens fühlende und drittens handelnde Figur führt uns zu Bildern, die in uns wirkliche Kreativität wachrufen. Wir können ihn einen Denker nennen, denn das ist die erste der drei Funktionen, die er für sich beansprucht. Das ist eine wichtige Unterscheidung und Beschreibung auf unserer Suche nach der Figur.

2.12 Denken

Denken als Funktion bewegt sich mit einer bestimmten Qualität. Es wirkt direkt und erreicht sein Ziel, indem es Unwesentliches durchstößt, Wahres vom Falschen trennt sowie das, was funktioniert, von dem, was nicht funktioniert etc., ganz ähnlich einem Pfeil, der durch die Luft fliegt. Der Pfeil ist deshalb eine treffende Metapher, da er die Struktur eines Stabes besitzt. Denken ist ein linearer Prozess, und der Stab ist ein Bild, das für uns voller Möglichkeiten steckt. Wenden wir es auf den Körper an, geschieht psychologisch augenblicklich etwas ziemlich Interessantes mit uns.

Übung 12 Einverleiben eines Bildes – ein Stab

Stelle dir einen Stab vor. Nun stelle dir vor, dein ganzer Körper sei ein Stab, und dieser Stab könne sich bewegen. Zu Beginn musst du tatsächlich ein Stab werden; vergiss, dass du ein Mensch bist, auch wenn das seltsam klingt. Der erste Schritt besteht darin, den gesamten Körper zu erforschen. Du vermittelst deinem Körper das Wissen, wie er sich als Stab bewegen muss. Du wirst feststellen, dass deine Bewegungen sehr steif und starr sind. Versuche, so ausladende Bewegungen wie möglich zu machen, nimm dir so viel Raum wie möglich. Fahre damit eine Weile fort, bis du spürst, dass du das Bild tatsächlich vollständig aufgenommen hast und der Körper es versteht. Sobald das geschehen ist, können die starren Bewegungen nach außen hin weicher werden; es ist an der Zeit, die Konzentration von außen nach innen zu lenken. Streife die Steifheit von deinem äußeren Körper ab, aber fahre fort, dich mit deinem energetischen Körper wie ein Stab zu bewegen. Probiere unterschiedliche reale und praktikable Handlungen aus und achte währenddessen darauf, was psychologisch mit dir geschieht. Frage dich, ob du dich für gewöhnlich ebenfalls auf diese Art und Weise erfährst, und dann versuche so genau wie möglich herauszufinden, was du erlebst. Wenn du diese Übung richtig ausführst, wirst du feststellen, dass sich eine Verschiebung des Seins einstellt. Das ist keine Figur per se, die zutage tritt; aber du hast die Tür zu dem geöffnet, was man als „Haus des Stabes" bezeichnen kann. Fahre damit fort, normale Bewegungen zu machen. Gehe, sitze, stehe, lege dich hin, nimm dir einen Gegenstand und beschäftige dich damit, gib ihn einem anderen, betrachte verschiedene Dinge, berühre Gegenstände etc. Vielleicht bemerkst du, dass sich an einer bestimmten Stelle deines Körpers Energie ansammelt. Verglichen mit deinem normalen Selbst wirst du dich jetzt hoffentlich anders fühlen, denn du bewegst dich sehr bewusst, und das ist etwas, das wir normalerweise nicht tun. Sich bewusst zu bewegen ist sehr wichtig dabei. Das Bild liefert dem Körper die Informationen, die er vollständig aufnimmt. Das geht schnell und ist einfach.

Jetzt, da du das Haus des Stabes errichtet und betreten hast, ist es dir auch möglich, dich in den verschiedenen Zimmern umzusehen. Du kannst sehr spezifisch werden, was die Qualität oder den Typ des Stabes betrifft, den du dir einverleiben willst. Nehmen wir an, der Stab sei ein Zahnstocher. Das ist eine sehr spezielle Art von Stab. Er ist an beiden Enden zugespitzt, sehr dünn und sehr zerbrechlich. Man kann damit stechen und stochern, aber er wird immer dünn bleiben und leicht zu brechen sein. Mit der Wahl des Zahnstochers richtest du deine Aufmerksamkeit wieder auf die innere Bewegung. Du wirst feststellen, dass sie viel spezifischer ist und einer Figur dadurch näherkommt. Trotzdem steckt noch keine vollständige Figur in deinem Körper. Andere Zimmer des Hauses könnten zum Beispiel ein Baseballschläger, erlesene Essstäbchen, ein Polizeiknüppel, Eisenrohr, Bleistift, Ast, Schwert, eine Hutnadel etc. sein. Jeder Gegenstand, der starr ist und sich auf eine steife und unbiegsame Art bewegt, könnte in dieses „Haus" gehören.

Welcher Typ Stab zu Hamlet passt bzw. wie du dir Hamlet und die passenden Qualitäten vorstellst, entscheidest natürlich du. Wenn du diese neue Weise, dich zu bewegen und zu verhalten, in die Proben einfließen lässt, wirst du Entscheidungen treffen, die deiner Intuition, Vorstellungs- und Assoziationskraft entspringen, die also eben nicht aus dem rationalen Verstand heraus entstehen. Mit einem sehr einfachen Bild wird es möglich anzufangen, ohne in Planung gegangen zu sein. Du wirst auf vieles stoßen, das du für deine Figur verwenden kannst, und wenn du mit den Proben fortfährst, werden sich dir andere, verfeinerte Bilder anbieten. Es ist fast so, als wärst du ein Magnet, und diese erste, einfache Arbeit wird von reicheren und anspruchsvolleren Dingen überdeckt werden.

2.13 Wollen

Wenn du an einer Figur arbeitest, die kein Denker, sondern ein Macher und Willensmensch ist (nehmen wir beispielsweise Romeo, dessen erster Impuls ist, etwas zu tun), dann musst du ein anderes Haus betreten. Wenn wir für die drei Funktionen für Romeo eine angemessene Reihenfolge erstellen, dann würde er erstens handeln, dann Gefühle entwickeln und zuletzt über seine Gefühle nachdenken. Das Bild, das hier erforscht werden soll, ist das des Balls. Der Ball, der rollt und hüpft und ständig in Bewegung bleiben würde, wenn er es könnte, ist ein angemessenes Bild für Romeo. Wenn wir uns etwas wie ein Perpetuum mobile vorstellen, gelangen wir zu dem Bild einer Kugel, ähnlich einem Planeten in unserem Sonnensystem.

Übung 13 Einverleibung eines Bildes – ein Ball

Stelle dir einen Ball vor. Dann erforsche deinen gesamten Körper, damit du den Ball vollständig aufnehmen kannst. Es ist nicht notwendig, sich auf den Boden zu legen und umherzurollen, obwohl du das natürlich tun kannst, wenn du das möchtest. Aber versuche lieber, mit dem Zustand des Rollens und dem Gefühl des Rollens und Hüpfens zu arbeiten. Rolle in etwas hinein, hüpfe wieder hinaus, und fahre damit fort, indem du ständig in Bewegung bleibst und etwas tust. Du wirst feststellen, dass deine Bewegungen tatsächlich durchgehend sind. Es ist fast so, als würdest du ständig nach etwas Ausschau halten, um deine Aufmerksamkeit auf aktive und spontane Weise zu beanspruchen. Fahre damit so lange fort, bis du das Gefühl hast, dass dein Körper ein Verständnis für das Wesen des Balls bekommen hat. Nun lenke deine Aufmerksamkeit darauf, dich *innerlich* wie ein Ball zu bewegen. Löse dich von allen abstrakten Bewegungsvorstellungen deines physischen Körpers und bewege dich äußerlich so normal wie möglich. Jetzt bist du ein Mensch, doch gleichzeitig wirst du von der Energie des Rollens und Hüpfens von deinem energetischen Körper weggeleitet. Frage dich, ob das deine gewohnte Art ist, dich selbst zu erfahren. Falls nicht, *was* ist anders? Beginne mit unterschiedlichen Handlungen, wie du es schon beim Stab gemacht hast. Widme dich den Handlungen, wie es deine Figur tun würde. Dabei sollte dir klar sein, dass diese Übung nichts mit der des Stabes gemein hat. Und es ist immer noch keine Figur. Das ist nur der Weg, der dich zu ihr hinführt. Du bist nun im „Haus des Balls". Wenn du diese Möglichkeit, einen neuen Blick auf Dinge zu erhalten, nur übst, dann ist es besonders wichtig, so viele Zimmer wie möglich zu betreten. Einige Räume könnten zum Beispiel ein Pingpongball, Fußball, Beachball oder Medizinball sein. Aber auch ein Ei, eine Billardkugel, ein Basketball, Baseball etc. sind möglich. Diese Gegenstände gehören zum Haus des Balls, weil sie in Dinge hinein- und wieder herausrollen und hüpfen können. Jeder dieser Bälle unterscheidet sich von den anderen, jeder hat eine andere Art, sich zu bewegen, jeder einen anderen Zweck und jeder eine eigene Qualität. Jeder dieser Bälle kann eine unterschiedliche Art des Wollens ausdrücken. Und du als fantasiebegabter Schauspieler wirst erforschen und herausfinden, welcher Ball am besten zu Romeo passt. Wir können Romeo als Macher bezeichnen, denn das ist seine erste Funktion. Doch ist es nicht so, als würde er nur blindem Aktionismus folgen; das Stück lebt von seinen Gefühlen und Gedanken. Es ist eine sehr spezielle Art des Seins, nach der wir hier suchen, und eine, mit der wir unser Alltags-Ich in eine beständige Figur verwandeln können. Romeo ist ein willensstarker Mensch, und der Ball kann dir dabei helfen, ihn mit Willensstärke zu erfüllen.

2.14 Fühlen

Der nächste Typus ist der einer fühlenden Person. Julia kann als eine solche betrachtet werden. Ihre Gefühle bringen sie dazu zu handeln, und ihr Handeln ist schließlich wohlüberlegt. Dieser Figurentyp benötigt ein anderes Bild, auf das man sich konzentrieren kann, und dieses Bild ist das des Schleiers. Dieser Gegenstand benötigt einen Anstoß von außen, um bewegt zu werden. Der Schleier ist ein leichtes, durchsichtiges Stück Stoff, seine Bewegung wird an einer Stelle ausgelöst und der Rest folgt daraufhin. Er ist so lange regungslos, bis ein Wind bläst. Oder er wird hochgenommen und geworfen oder fallen gelassen. Er ist ebenso zart wie fest. Er ist weich, und seine Art, sich zu bewegen, ist fließend und sanft.

Übung 14 Einverleiben eines Bildes – ein Schleier

Wiederhole den Ablauf, indem du den ganzen Körper einsetzt, um dieses neue Objekt zu erforschen. Lasse zu, dass du durch deine Bewegungen zu einem Schleier wirst. Vergiss für eine Weile, dass du ein Mensch bist, und bewege dich als Gegenstand. Achte darauf, wie du dich bewegst, nun, da deine Bewegungen fließend, sanft, leicht, ruhig und schmiegsam sind. Fahre so lange damit fort, bis dein Körper die Informationen von diesem Gegenstand vollständig aufgenommen hat. Nun konzentriere dich auf deinen energetischen Körper, der sich als Schleier bewegt, während dein äußerer, physischer Körper wieder menschlich wird. Äußerlich ist die Bewegung nicht länger seltsam, nichts zieht mehr die Aufmerksamkeit auf sich. Aber innerlich ist das Bild klar vorhanden. Sobald du dies getan hast, beginnst du damit, normale Handlungen auszuführen. Widme dich Gegenständen und deiner Beziehung zu Gegenständen. Erlaube deinem inneren Körper währenddessen, dich zu führen. Stelle dir dieselben Fragen, die du dir während der Übungen mit dem Stab und dem Ball gestellt hast: Erfährst du dich normalerweise auf diese Art und Weise? Wenn nicht, welche neue Erfahrung machst du gerade? Sammelt sich irgendwo in deinem Körper Energie an? Hast du dich verwandelt? Mache dir klar, dass du nun das „Haus des Schleiers" betreten hast und dass dieses Haus sich von dem des Stabes und dem des Balls unterscheidet. Fahre mit der Übung fort, damit du verschiedene Zimmer des Hauses erschaffen und betreten kannst. Genau wie in den anderen beiden Häusern siehst du dich nach passenden Gegenständen um, die mit dem Haus in Verbindung stehen. Die Weise, auf die sich diese Gegenstände bewegen, ist von weicher Qualität, nachgiebig und geschmeidig. Mögliche Gegenstände, die zu diesem Haus gehören, sind ein Wollfaden oder ein Goldfaden, ein Vorhang oder ein Stück antiker Seidenstoff, ein Seil, Ledergürtel, Laken etc.

Wenn du dich auf diese Art bewegst, wirst du ein Verständnis für bestimmte Dinge bekommen. Eine Sache, die dir sofort klar wird, ist, dass Julia sich niemals wie ein Stab bewegen kann. Es ist praktisch unmöglich, sich Julia als Stab vorzustellen. Dafür könnte es sich angenehm für dich anfühlen, sie sich als Schleier bewegen zu lassen. Die Entscheidung, welcher Schleier zu Julia gehört, liegt ganz bei dir.

Der Zweck dieser Übung wird dir klar, wenn du dich psychologisch mit dem Bild, für das du dich entschieden hast, identifizierst. Du wirst feststellen, dass jedes Bild eine Psychologie besitzt und dass jedes Bild dich an einen Ort außerhalb deines alltäglichen Lebens führen kann, dir gleichzeitig aber so vertraut ist, dass sich dir die Welt als Quelle deiner Kreativität öffnen wird.

Diese drei archetypischen Bilder führen uns direkt zu drei Typen. Die drei Typen, die hier beleuchtet werden, sind eindeutig in der Welt des Dramas zu Hause. Der Typus kann die Figuren enthalten, an denen wir arbeiten. Allerdings dürfen wir uns nicht allein mit dem Typus zufriedengeben. Wir müssen in die Tiefe der Dinge aus der Perspektive des Typus eindringen.

2.15 Charakterisierung: der Archetyp, die psychologische Geste

Im Wörterbuch wird „Archetyp“ als Prototyp definiert, als der Typ, von dem aus alle weiteren Typen abgeleitet werden. So gesehen ist er ein umfassendes Bild von etwas. Er beinhaltet auch kleinere Vorstellungen. Nehmen wir zum Beispiel die Vorstellung einer Katze als Archetyp. Es ist leicht für uns zu verstehen, dass ein Löwe, ein Tiger, ein Leopard oder Luchs unterschiedliche Tiere, aber dennoch Katzen sind. Der Archetyp der Katze schließt sie allesamt ein, ohne die Tatsache zu schmälern, dass jede von ihnen eigen ist. Sehen wir uns diese Tiere so genau wie möglich an, wird es uns unsere Arbeit erleichtern, wenn wir sie erst als Katzen und dann als Löwen, Tiger, Leoparden und Luchse betrachten.

Einer der Psychologiepioniere, Carl Gustav Jung, konnte eine Menge sagen über den Einfluss, den Archetypen als kollektive Bilder auf die menschliche Psyche haben. Sein Werk und die Werke seiner Nachfolger sind sehr kompakt und erhellend. Es genügt zu erwähnen, dass diese spezifischen Bilder im Laufe verschiedener Kulturen ihren Platz im Leben der Menschen gefunden haben. Die Bilder sind in uns an einem Ort, den Jung das „kollektive Unbewusste“ genannt hat. Die Kulturgeschichte selbst ist in das kollektive Unbewusste eingeflossen. Es ist ein aktiver Bereich innerhalb der menschlichen Psyche, gleichzeitig ist er für uns bewusst kaum zu kontrollieren.

Die Ideen zum Schauspiel, die Michael Cechov entwickelte, beziehen sich stark auf diesen Gedanken der kollektiven Energien. Durch das Üben und Praktizieren werden wir feststellen, dass wir mit speziellen Reaktionen auf bestimmte Bilder rechnen können. Würde man einen ganzen Raum voller Schauspieler bitten, mit dem physischen Körper eine ausladende Bewegung zu machen, um den Archetyp des Helden klar und prägnant darzustellen, dann würden wir sehen, dass sich nahezu jeder in dieselbe Richtung bewegt. Helden finden wir überall in der Geschichte und in der Literatur, angefangen bei David, der Goliath besiegt, bis hin zu Luke Skywalker, der das gesamte böse Imperium bekämpft. Dieses Bild lebt in uns, und wir reagieren darauf, indem wir den Körper bewegen. Von besonderer Wichtigkeit ist die *Richtung*, in die der Körper gezwungen ist, sich zu bewegen. Zurück in unserem Raum voller Schauspieler, die sich bewegen, werden wir feststellen, dass die Gesten, die die Schauspieler entwickeln, sich voneinander unterscheiden. Das ist das Ergebnis des individuellen Schauspielers, der Bewegungen ausführt; dennoch werden alle diese Bewegungen vorwärts- und aufwärtsgerichtet sein, da es sich hierbei um eine kollektive Rückmeldung auf die Energie dieses Archetyps handelt. Die *Richtung, in welche die Bewegung strebt,* ist die nützliche Information für den Schauspieler, denn er kann auf sie als lebendige Wahrheit vertrauen. Zuerst handelt es sich um einen

Impuls. Wenn du dich in eine Richtung bewegst, erhältst du Informationen, die du nehmen und benutzen kannst. Wenn ich dieser Bewegung als Zuschauer beiwohne, bekomme ich ein Verständnis dafür, was gerade geschieht. Dieses Verständnis äußert sich nicht bewusst, sondern wird gespürt.

Es werden Verbindungen geschlossen mit größeren, transpersonalen Ideen, die das Ausgangsmaterial für unsere Schöpfungen bilden. Die Archetypen repräsentieren die Weise, auf die das Unbewusste mit dem Bewussten kommuniziert, und der Körper ist das Medium dieser Kommunikation. Diesen Prozess können wir auch umkehren: Indem wir eine psychologische Geste ausführen, die mit einem Archetyp korrespondiert, sind wir in der Lage, die Schwingung im Unbewussten zu berühren. Das wiederum führt dazu, dass das Bewusstsein gereizt wird. Im Wesentlichen kennzeichnet das die Schauspieltechnik von Michael Cechov. Cechov drückt es so aus:

> »Alle deine Erfahrungen, Beobachtungen und Gedanken, alles, was dich glücklich und was dich unglücklich macht, deine Liebe und dein Hass, deine Erfolge und deine Misserfolge, alles, was du ins Leben hineingebracht hast an Temperament, Neigungen und Fähigkeiten, dies alles bildet einen Teil deiner unbewussten Tiefe. Und hier, im Unbewussten, von dir vergessen oder überhaupt nie bemerkt, unterliegen deine Erlebnisse einem Prozess der Reinigung, einer Entschlackung von Egoismen. Solchermaßen filtriert und umgeformt werden sie zum Material, aus dem deine schöpferische Individualität, die Psyche, die ‚illusorische Seele' der Bühnenfigur schafft.«
>
> (aus: Werkgeheimnisse der Schauspielkunst, S. 82)

Diese Art der Arbeit an der Bewegung hat einige Vorteile: Sie befähigt den Schauspieler, sehr definierte und klar umrissene Bewegungen auszuführen, die so ästhetisch sind, dass man sie gerne anschaut und ausführt. Außerdem stärkt sie das Gefühl für Form. Vor allen Dingen trainiert sie den Schauspieler, die – wie sie Cechov nannte – innere Geste zu bewegen. Die psychologische Geste muss am Ende eine *innere Geste* werden. Ihren Sitz hat sie im physischen Körper, sie korrespondiert mit dem Archetyp und ist archetypisch von ihrer Form her. Diese Geste wird für das Publikum niemals sichtbar werden. *Sie muss eine innere Geste werden*, ein archetypisches Bild, nach Cechovs Worten „eine Kristallisation der Willenskraft der Figur". Dies ist eine weitere Anwendung der psychologischen Geste. Die psychologische Geste der Handlung sagt: „Jetzt tue ich das." Die Geste des Archetyps sagt: „Ich bin." Die Geste hilft uns, die spezielle Qualität der Willenskraft kennenzulernen. Es ist die Figur, die etwas tut. „Jetzt tue ich das."

Den richtigen Archetyp als Modell für die Figur zu finden, ist sehr einfach. Aristoteles sagte, der Mensch sei die Summe seines Handelns. Lies das Stück und erstelle eine Liste mit den Taten, welche die Figur im Laufe des Stückes vollbringt. Anhand dieser können wir eine Person verstehen. Halte dich einfach an die begrenzte Welt des Stückes, an die Informationen, die dir der Autor liefert. Nenne sie die „Liste der vollbrachten Taten". Hast du diese Liste der Taten erstellt, wirst du in der Lage sein, eine entscheidende Schlussfolgerung über die Figur zu ziehen. Der Archetyp ist der Faden, der jede dieser Taten mit den anderen verbindet.

Allein schon das Bild ist hilfreich, doch du kannst noch tiefer in den Willen eindringen, wenn du eine archetypische Geste ausführst. Wenn du dem Impuls körperlich Rechnung trägst und dem Bild eine Form gibst, dann wirst du es dir einverleiben. Die psychologische Geste ist das Werkzeug, mit dem du diese *Qualität des Willens* in deinem Körper installieren wirst. Der talentierte Schauspieler, der sich auf dieses spezielle Werkzeug konzentriert, beginnt damit, es mit den anderen Werkzeugen, die er im Laufe des Probenprozesses bereits eingesetzt hat, zu verbinden. Es geht um die verwendete Energie, die auf verschiedenen Umlaufbahnen fliegt und jeweils im Einverständnis mit einer Quelle vibriert. Benutzen wir Archetypen als dynamische, schwingende Energien, ist es unsere Aufgabe, in uns selbst den Zustand herzustellen, um sympathetische Vibrationen mit ihnen zu gewinnen. Diese Dinge werden vom Schauspieler tatsächlich empfunden; es ist das Futter für die künstlerische Selbstdarstellung und die Art, wie das vierte Leitprinzip ins Spiel gebracht wird.

Der Schauspieler betritt nicht die Bühne und brüllt den Archetyp heraus; vielmehr ernährt sich die Figur von ihm und reflektiert ihn in seinem ganzen Verhalten. Cechov empfiehlt nicht, den Archetyp mit der Figur gleichzusetzen. Das Bild hat zu viel Kraft; es ist keine klar definierte Figur. Schauspieler, die lediglich Archetypen darbieten, erscheinen stark, bleiben aber beliebig. Sie sind ein wenig unscharf und wir verlieren schnell das Interesse an ihnen, denn es kann sich nichts entfalten. Es wird einfach nur herausgeschleudert. Für einen kurzen Augenblick kann die Wirkung erstaunlich sein, vielleicht ist sie sogar hilfreich in formalistischer oder stilistischer Hinsicht. Doch es ist nicht die Sache selbst, die uns interessiert, sondern die Frage, welcher Typ Willenskraft in ihr steckt. Ob er es nun bewusst oder unbewusst getan hat, auf dieser Grundlage hat der Autor jedenfalls die Figur entwickelt, sie ist die Energie hinter der Summe der Taten der Figur. Das ist eine sehr direkte Art, das Wesen der Figur zu erfassen. Es ist, wie Cechov sagt, „das erste Läuten einer Glocke für die Figur“. Während der Proben wird die Energie des Bildes direkt vom Körper erfahren, denn der Körper entwickelt die psychologische Geste für den Archetyp und erfährt dabei die Schwingungen seiner Energie unmittelbar.

Sich auf den Archetyp einzulassen, gibt der schöpferischen Individualität des Schauspielers etwas, worin sie sich verbeißen kann. Jeder Schauspieler wird auf sein eigenes Bild reagieren, und jeder Schauspieler wird wissen, wann er bei dem Bild, das ihm dient, angekommen ist. Einige klare Informationen werden sich so präsentieren, als wollten sie sagen: „Das ist das Bild, mit dem gearbeitet wird.“ Eine Art Glocke wird in ihm erklingen. Der eigentliche Zweck der Arbeit mit dem Archetyp besteht darin, die ungleichen Elemente, die vor uns liegen, zusammenzufügen. Etwas muss sie zusammenhalten, ein Leitprinzip, ein Gefühl des Ganzen, das es uns ermöglicht zu spielen.

Übung 15 Richtung und psychologische Geste

Um die psychologische Geste zu finden, die den Archetyp ausdrückt, beginne damit, dich entspannt und aufrecht hinzustellen und beide Füße auf dem Boden zu spüren. Nenne leise den Namen des Archetyps, forme die Worte und spreche sie. Richte deine Aufmerksamkeit nach innen, in den Körper hinein. Nachdem du den Namen ausgesprochen hast, wirst du einen Impuls erhalten, dich zu bewegen. Wenn du ihn erwartest, wirst du ihn spüren. Dieser Impuls wird richtungsorientiert sein. Du wirst das Gefühl haben, dich entweder nach oben oder nach unten bewegen zu wollen, vorwärts oder rückwärts, dich ausdehnen oder zusammenziehen zu wollen. Es kann auch sein, dass du unterschiedliche Richtungen kombinieren möchtest, also vorwärts/nach oben, oder vorwärts/nach unten etc. Wenn du dich während der Übung in diese sechs Richtungen orientierst, wirst du verstehen und erfahren, wonach du Ausschau hältst. Probiere dies einige Male aus und benutze dabei verschiedene Archetypen. Stelle dich aufrecht und entspannt hin, sprich den Namen des Archetyps leise aus, warte auf den Impuls, und achte darauf, in welche Richtung dich der Impuls führen will. Hier sind ein paar Beispiele: der König, der Narr, der Verlierer, die Mutter, der Held, der Sklave, der Krieger, das Opfer, Gott, der Teufel, die Hure, der Dieb, die Waise, der Vater, der Spieler, der Einsiedler, der Außenseiter, der Soldat, der Träumer.

Die psychologische Geste ist eine ausladende Bewegung des ganzen Körpers, welche das Wesen des Archetyps ausdrückt. Diese Geste muss bewegen. Denn wenn du weißt, in welche Richtung sich der Archetyp bewegt, kennst du 85 Prozent der Geste. Die verbleibenden 15 Prozent bestehen darin, den Impulsen eine Form zu geben, indem du deine Arme, Hände und Beine, deinen Kopf, die Füße und den Rumpf benutzt. Die Geste ist dir bereits bekannt. Na dann: eins, zwei, drei, los! Führe sie aus. Dadurch wirst du erfahren, ob sie gut oder nützlich für dich ist. Wenn die Geste zu dir spricht und du die Energie des Archetyps spürst, dann hast du eine Geste, die du entwickeln kannst. Falls nicht, verwirf sie und finde eine andere. Wenn du dich dieser Aktivität zuwendest, wirst du sehr schnell den Zugang zu einer Welt voller Empfindungen, Bilder und Impulse erhalten. Du kannst die Geste auf unzählige Arten entwickeln. Du kannst die Qualität der Bewegung verändern und eine differenzierte Erfahrung machen. Du kannst dein Gewicht verlagern, und sie wird wieder anders sein. Jede noch so kleine Veränderung, die du der Geste hinzufügst, wird dir eine andere Nuance des Archetyps geben. Es ist möglich, durch die Entwicklung der Geste eine sehr spezielle Qualität des Willens zu entdecken.

2.16 Charakterisierung: das imaginäre Zentrum

Wenn wir denken, benutzen wir unser Gehirn, ohne Zweifel. Das Denken findet innerhalb des Körpers in einer sehr bestimmten Region statt: Wir können sagen, dass der Kopf das Zentrum des Denkens ist. Hier rechnen, planen, träumen, überlegen, bestimmen, analysieren, begründen, grübeln, erfinden, akzeptieren und verneinen wir. All das sind aktive Prozesse, die im Kopf stattfinden, und wenn wir glauben, dass Hamlet ein Kopfmensch ist, dann würde daraus folgen, dass er zunächst im Kopf aktiv ist. Man kann sagen, dass Hamlets Leben dort sein Zentrum hat, und dass er von dort aus mit allem anderen weitermacht.

Julia als fühlende Person führt ihr Leben von einem anderen Ort aus: Obwohl es eine sehr poetische Vorstellung ist, akzeptiert doch jeder von uns, dass das Herz der Sitz der Gefühle ist. Herzen brechen und heilen wieder, sie schwingen sich auf und sinken, sie können warm oder kalt sein, vor Angst oder vor lauter Freude schnell klopfen. Einem offenen Herzen begegnet man gerne. Der Umgang mit einem verschlossenen Herzen ist immer sehr schwierig. Man könnte sagen, das Herz, das seinen Sitz in der Brust hat, ist das Zentrum unserer Gefühle. Dort beginnt Julias Leben und von dort aus wird sie alle weiteren Schritte unternehmen.

Unsere Willenskraft, die weiter unten im Körper lokalisiert ist, ist das Ergebnis unserer Wünsche und unseres Verlangens. Unsere Eingeweide, die Leistenregion und die Oberschenkel werden durch unser Verlangen entzündet. Man könnte sagen, das Becken ist das Zentrum des Willens. Dort beginnt Romeos Leben, und von dort aus wird Romeo alle weiteren Schritte unternehmen.

Wenn wir uns das körperliche Leben von Menschen ansehen, werden uns diese Dinge auffallen. Allein schon eine Person dabei zu beobachten, wie sie geht, macht es uns leicht herauszufinden, wo der Sitz ihres Zentrums ist. Dieses Zentrum ist deshalb ein Zentrum, weil alles von ihm ausgeht und dorthin wieder zurückkehrt. Es scheint, als hielte das Zentrum auf angenehme und bequeme Weise den Organismus für den Typus zusammen.

Wir kennen den Typus bereits, denn der Autor hat ihn uns nähergebracht, indem er ihn auf sehr spezielle Art beschrieben hat. Wir haben den Typus erforscht, indem wir uns mit unserem physischen Körper ein passendes Bild einverleibt haben. Nun können wir die Welt der Figur erfahren und uns stetig auf den Weg zu etwas sehr Speziellem machen, das vom Typus zusammengehalten wird. Das imaginäre Zentrum ist etwas, das uns dabei hilft. Damit können wir die präzise Stelle im Körper lokalisieren, von der aus wir uns bewegen werden.

Dies ist eine weitere Variable, die wir für den Archetyp in die psychologische Geste einbringen können. Sich von einem Zentrum aus zu bewegen, hat einen großen Einfluss darauf, wie wir den Körper bewegen werden. Es ist ein Entwicklungsbaustein der psychologischen Geste für den Archetyp. Das imaginäre Zentrum ist außerdem ein effektives Werkzeug an sich, um die Figur zu definieren. Es ist ein sicherer und vertrauensvoller Weg zur Verwandlung.

Übung 16 Bewegung vom imaginären Zentrum aus

Stehe fest mit beiden Füßen auf dem Boden. Hebe einen Arm, als würdest du zum Abschied winken. Führe diese Bewegung bewusst aus, sei dir im Klaren darüber, dass du den Arm hebst, und erfahre die Bewegung so, als wäre es das allererste Mal. Dadurch weißt du, was du gerade tust bzw. was nötig ist, um den Arm zu heben. Vertraute Bewegungen wie diese führen wir in der Regel unbewusst aus. Doch wenn wir wissen, wie es ist, sich zu bewegen, können wir uns auf ganz besondere Weise bewegen und erhalten durch unsere Bewegungen neue, bereichernde Erfahrungen. Achte darauf, dass diese Armbewegung ihren Ausgang in der Schulter bzw. im Oberarm nimmt und von dort aus fortgeführt und beendet wird.

Nun stelle dir vor, dein Arm sei direkt mit deinem Kopf verbunden, und es sei möglich, den Arm vom Kopf aus zu bewegen. Natürlich ist der Arm nicht wirklich mit dem Kopf verbunden. Wenn du deinen Körper als Einheit begreifst, als ein unglaubliches Ganzes, bei dem sämtliche Teile mit allen anderen verbunden sind, dann wirst du dazu in der Lage sein. Diese Verbindung ist sehr imaginativ und energetisch. Sie ist nicht muskulär. Sobald wir sie ausprobieren, wird uns klar, dass wir den Arm vom Kopf aus bewegen können. Achte darauf, wie sich deine Wahrnehmung der Abschiedsgeste von der sonstigen, herkömmlichen Wahrnehmung verschoben hat. Versuche es auch mit dem anderen Arm, probiere dann verschiedene Bewegungen aus wie zum Beispiel laufen, sitzen, einen Gegenstand berühren oder sogar sprechen. Gestatte dir, alles zu tun, als wären die Finger, das Gesäß, die Füße oder die Stimme direkt mit deinem Kopf verbunden.

Nun versuche, zum Abschied zu winken, als wäre der Arm direkt mit der Brust verbunden. Mit ziemlicher Sicherheit wirst du feststellen, dass du die Bewegung anders ausführst als im vorherigen Fall, bei dem er mit dem Kopf verbunden war. Probiere viele, unterschiedliche Dinge aus, beginne deine Bewegung bewusst von der Brust als Zentrum aus. Führe ruhig wieder die gleichen Tätigkeiten aus wie jene, als du vom Kopf ausgegangen bist, um zu sehen, wo die Unterschiede im Zusammenhang mit deiner Selbstwahrnehmung liegen.

Sobald du die Differenz wirklich fühlen kannst, wiederholst du die Tätigkeiten, doch dieses Mal gehen die Bewegungen von deinem Becken aus, und alle Körperteile, vom Finger bis zu deinen Lippen, sind direkt mit dem Becken verbunden.

Sich von einem Zentrum aus zu bewegen, erzeugt einen kontinuierlichen Seinszustand. Jede Handlung beginnt, in Einklang mit dem Zentrum zu sein. Dadurch sind wir in der Lage, unseren Weg zu einer bestimmten Art des Verhaltens zu finden, und wir können stets wieder zu demselben Seinsgefühl zurückkehren, da die Psychologie immer vom Körper reflektiert wird.

Die Aufmerksamkeit auf das imaginäre Zentrum zu richten ist ein sehr klarer Weg, um die physischen Eigenschaften der Figur zu definieren. Die Fähigkeit, sich vom Kopf, der Brust oder dem Becken aus zu bewegen, ist erst der Anfang. An diesem Punkt geschieht alles noch rein mechanisch. Sobald wir aber anfangen, mit Bildern zu arbeiten, beginnt der wahre Verwandlungsprozess.

Übung 17 Die Bestimmung des imaginären Zentrums durch ein Bild

Du bist nun in der Lage, dich von einem Zentrum aus zu bewegen und kannst damit beginnen, mit verschiedenen Bildern innerhalb des Zentrums herumzuexperimentieren. Stelle dir vor, in deiner Brust sei eine Sonne, deren Wärme und Kraft du spüren kannst. Beides strahlt von der Brust aus hoch in den Kopf und hinunter in den Rumpf, von dort aus in die Beine und Füße und durch die Schultern und Arme in die Fingerspitzen. Die Sonne in deiner Brust bildet dein Zentrum und berührt jeden Teil von dir. Dieses wie auch jedes andere Bild, das du auswählst, um es dort zu platzieren, wird eine Art Energieverschiebung verursachen. Vielleicht wird sich dein Atem anders anfühlen oder die Art, wie du Kontakt mit dem Boden aufnimmst. Achte einfach auf die Verlagerung. Nun hebe, wie in der vorangegangen Übung, den Arm, um zu winken. Aber erlaube der Sonne, die in deiner Brust ist, den Arm für dich zu bewegen. Überlasse dich diesem Vorgang vollständig und vertraue darauf, dass die Sonne deinen Arm bewegen kann und wird. Probiere andere, einfache Bewegungen aus, doch lasse die Sonne die Arbeit für dich machen. Etwas, und das mag dich überraschen, wird zu dir kommen. Freiheit und Vergnügen stellen sich ein, wenn du dich dem Bild völlig ergibst. Wir geben die Verantwortung an etwas ab, das nicht unserem normalen Selbst entspricht, und wir öffnen uns dadurch für die herrliche Möglichkeit der Verwandlung. Führe nun komplexere Tätigkeiten wie Laufen, Reden, Sitzen, Stehen, Rennen etc. aus. Immer wird es die Sonne sein, die sie verrichtet.

Die Übung kann so lange fortgeführt werden, wie du Freude daran hast. Diese Art der Verwandlung ist leicht und frei. Du kannst die Bilder und Orte wechseln. Das imaginäre Zentrum kann überall dort sein, wo du es verorten willst. Tausche das Bild der Sonne mit seinem Gegenstück aus, dem Bild eines Eisblocks. Platziere das Eis in den Kopf und bewege dich, lasse zu, dass das Eis dich bewegt. Dann platziere es in die Brust und danach ins Becken. Das Bild und der Ort wirken zusammen und lassen dich direkt zu einer klaren Psychologie gelangen, ohne dass du im Geringsten über Psychologie nachdenken musst.

Diese Orte des Kopfes, der Brust und des Beckens sind nicht die einzigen, die du wählen kannst. Das imaginäre Zentrum kann überall dort sein, wohin du es verlagerst. Für den Anfang schlage ich aber vor, das Zentrum in den Kopf, die Brust und das Becken zu legen, da dort der offensichtliche Bezug zum Denken, Fühlen und Wollen besteht. Es ist sogar möglich, das Zentrum außerhalb des Körpers zu verorten, kurz oberhalb des Kopfes, hinter dem Rücken oder vor der Brust etc.

2.17 Charakterisierung: der imaginäre Körper

Davon ausgehend, dass Psychologie und Körper eins sind, fällt es uns nicht schwer zu erkennen, dass der Körpertyp eines Menschen einen großen Teil seiner Persönlichkeit bestimmt. Die Form des menschlichen Körpers ist grundsätzlich die gleiche, doch Gewicht, Größe und Proportionen variieren von Mensch zu Mensch. Die Unterschiede helfen uns dabei, aus unserer Persönlichkeit etwas Spezielles zu formen.

Lesen wir die Stücke von George Bernard Shaw, erhalten wir sehr lebendige Bilder von seinen Figuren, da Shaw uns diese äußerst genau beschreibt. Doch lesen wir Shakespeare, bekommen wir wesentlich weniger Vorlagen, also entwickeln wir die Figuren nach unserer eigenen Vorstellung. Cechov schlägt vor, dass wir das Stück lesen und als Erstes versuchen uns vorzustellen, wie die Figuren aussehen und *wie* man das Stück spielen könnte. Wenn wir das Stück in unserer Vorstellung durchgehen, sehen wir die Figuren die Handlungen durchlaufen. Es passiert etwas, wenn wir uns die Figur im Stück als Figur vorstellen, die von uns selbst getrennt ist. Diese einfache Tätigkeit stellt uns eine Fantasie bereit, die weit über die Grenzen unserer Leben hinausgeht. Wir sind in der Lage, uns Dinge vorzustellen, die zu der Figur gehören, die wir aber noch nicht besitzen. Wenn ich die ganze Zeit über nur der bin, der ich bin, werde ich meinen Körper nicht bewusst wahrnehmen. Es scheint, dass ich aufgrund der Form meines Körpers weiß, wer ich bin. Werde ich krank oder erfahre meinen Körper auf ungewöhnliche Weise, dann habe ich das Gefühl, nicht „ich selbst" zu sein. Irgendwie fühle ich mich wie eine andere Person, und das werde ich so lange tun, bis es mir wieder besser geht und ich meinen Körper wieder als selbstverständlich hinnehme. Verändert sich also etwas am Körper, werde ich sofort ein anderes Ich-Erleben bekommen. Für dieses Ich-Erleben wird im Rahmen der Cechov-Technik der Begriff „Psychologie" verwendet. Wechselt man den Körper, verändert sich gleichzeitig die Psychologie.

Den Körper zu wechseln klingt wie ein unmögliches Unterfangen, dabei ist es mühelos und macht großen Spaß. Grundsätzlich arbeiten wir stets mit den gleichen Prinzipien und gleichen Handlungen; wir finden einfach nur immer andere Gestaltungsweisen. Die Prinzipien der Vorstellung, der Energie und der Form gehen in die Gestaltung des imaginären Körpers ein.

Es gibt viele Wege, ein Bild zu erzeugen, aber nur einen Weg, den imaginären Körper zu gestalten. Das ist eine weitere Etappe im Erschaffen eines Gefäßes, in welchem die Willenskraft des Archetyps abgelegt werden kann. Dieses Gefäß hilft dabei, die Kraft des Archetyps auf eine bestimmte Figur hin zu verfeinern. Und zwar, indem es eine gewaltige Wirkung darauf hat, *wie* die psychologische Geste stattfinden wird.

Die Bilder, die du auswählst, sollten der Figur und dem Stück dienen. Wenn du der Vorstellung auf diese Art folgst, bist du zum Beispiel in der Lage, den Buckel zu spüren, der ein Teil des Körpers von Richard III. ist. Du wirst gewissermaßen das Recht erwerben, das Kostüm zu tragen, denn du wirst die *Psychologie* des Mannes mit einem Buckel *verstehen*. Das wird einen tatsächlichen Einfluss darauf haben, *wie* du Lady Anne verführst.

Übung 18 Den Körper verändern – der imaginäre Körper

Stehe aufrecht, beuge den Oberkörper von der Taille aus nach unten und berühre deine Zehenspitzen. Lasse den Oberkörper ein paar Sekunden hängen. Atme gleichmäßig weiter, und entspanne deine Muskeln. Es ist nicht entscheidend, dass du die Zehen berührst; es macht nichts, wenn du es nicht schaffst. Entspanne dich und atme, während dein Oberkörper vornüber hängt. Rolle ihn langsam wieder nach oben, bis du aufrecht stehst. Während du das tust, sage dir, dass du aufgerichtet drei Meter groß sein wirst, eine perfekt proportionierte Person, die sehr groß ist. Beginne damit, durch den Raum zu laufen. Setze dich auf einen Stuhl. Stehe wieder auf. Probiere verschiedene Dinge aus, während du dich die ganze Zeit über als drei Meter groß erlebst. Deinen physischen Körper kannst du nicht auf die Größe strecken, aber du kannst die Energie deines energetischen Körpers in diese Größe verändern.

Nach einer Weile beugst du dich wieder vornüber und entspannst dich. Während du dann den Oberkörper langsam wieder nach oben rollst, sage dir, dass du aufgerichtet einen Meter groß bist. Führe die gleichen Handlungen aus, und achte auf den Unterschied zwischen dem aktuellen Ich-Erleben und jenem, das du vor wenigen Minuten hattest bzw. auf den Unterschied zu deinem herkömmlichen Ich-Erleben.

Es ist möglich, die Größe oder Form eines jeden Körperteils zu wechseln. Jedes Mal geht es dabei um die Umformung des energetischen Körpers. Mit diesem Gedanken im Hinterkopf lässt du deinen Nacken auf die Größe eines Stiernackens anschwellen. Bewege nun den Kopf mit diesem neuen Nacken. Selbst wenn du nur ein einziges Teil veränderst, beginnst du, eine neue Psychologie zu erfahren. Tausche den Nacken gegen den Nacken eines Babys. Spiele mit unterschiedlichen Bildern deiner selbst. Betrachte jemanden, der einen Körper hat, der deinem absolut unähnlich ist. Stelle dir vor, dein Körper sei dieser Körper. Du kannst versuchen, den ganzen Körper zu wechseln, oder du konzentrierst dich auf einzelne Körperteile. Richte den Fokus zum Beispiel auf die Hände, und tausche diese aus. Sobald du die Hände wechselst, musst du sie als Hände benutzen, sodass du *fühlen* kannst, dass du neue Hände hast. Stelle dir vor, deine Hände seien aus feinstem Kristallglas. Es sind Glashände, aber du musst sie bewegen und als Hände benutzen. Krame in deinen Taschen herum, oder knöpfe dein Hemd mit den neuen Händen zu.

Wenn du die Hände der Figur, die du spielst, sehen kannst und auch den Nacken und die Lippen, wirst du innerhalb des Findungsprozesses einer völlig neuen Psychologie sehr weit kommen. Weil wir unsere Hände benutzen müssen, um die Dinge zu tun, die wir tun, und unseren Nacken, um den Kopf zu bewegen, und weil du deine Lippen gebrauchen musst, um zu sprechen, wird eine ganz neue Person entstehen. Es wird immer noch du sein, aber du wirst dich in einem kreativen Zustand befinden. Du wirst in der Lage sein, Dinge zu tun und an Dinge über dich zu glauben, die zu der Figur, die du spielst, passen. Du bist vollkommen frei darin, und es macht enormen Spaß, neue und unterschiedliche Formen anzunehmen.

2.18 Charakterisierung: persönliche Atmosphäre

Wenn du dich an einen alten Freund erinnerst und versuchst, ihn kurz zu beschreiben, dann wird sich deine Erinnerung und auch deine Beschreibung dieser Person um ihre persönliche Atmosphäre drehen. Atmosphäre bezieht sich auf den umgebenden Raum. Im Fall der persönlichen Atmosphäre ist jener Raum gemeint, der eine Person umgibt. Beschrieben werden kann dieser auf unzählige Arten.

Bestimmte Eigenschaften, mit denen man Personen beschreibt, verdeutlichen, wie diese mit der Welt umgehen. Das jahrhundertealte Bild der Person, dessen Glas halb voll ist, oder derjenigen, deren Glas halb leer ist, stellt eine mögliche Art dar, eine persönliche Atmosphäre zu beschreiben. Wir können sie uns als eine Art durchsichtige Blase vorstellen, welche die Person umgibt. Diese Blase können wir füllen, womit wir wollen. Zum Beispiel mit Gelächter, sodass der Raum, der die Person umgibt, Lachen ist. Das heißt nicht notwendigerweise, dass die Person die ganze Zeit über lachen muss, aber sie wird Dinge wohl eher komisch als ernst finden. Für eine andere Person könnte die Blase mit Tränen gefüllt sein. Der Schauspieler, der ein Bild wie dieses heranzieht, hat nicht vor, zu weinen, sondern benutzt einen poetischen und imaginativen Ansatz, um sich der Figur zu nähern. Es ist die Annäherung an eine zu betonende Traurigkeit. Diese Blase, die mit Gelächter oder Tränen gefüllt ist, wirkt wie ein Filter zwischen der Figur und der Welt. Das, was von außen zur Figur gelangt, dringt durch den Filter. Und das, was die Figur der Welt gibt, dringt durch den Filter nach außen. Dieses Werkzeug ist ein weiteres Mittel in Richtung Beständigkeit; es bündelt vieles über die Figur. Es ist großartig, um das vierte Leitprinzip zu aktivieren.

Übung 19 Persönliche Atmosphäre und die vier Geschmacksrichtungen

Oft bezeichnen wir Menschen als bitter, süß oder sauer. Damit meinen wir nicht, dass sie so schmecken, sondern wir sagen etwas Bestimmtes und Eindeutiges über sie aus. Diese Art, verschiedene Menschen wahrzunehmen, wird allgemein verstanden, sie ist eine Vereinbarung, die wir getroffen haben. Das Interessante daran ist, dass diese Leute meistens genau so sind; aufgrund ihrer Atmosphäre, ihrer Blase, ihres Filters.

Stelle dir vor, der Raum, der unmittelbar vor dir liegt, sei mit Süße gefüllt. Wenn du so weit bist und diese Vorstellung annehmen kannst, mache einen Schritt in diesen Raum hinein, und *fühle* die

Süße auf deinem Gesicht und deiner Brust. Nimm sie einfach an, mehr musst du nicht tun. Drehe dich nach rechts, und stelle dir vor, die Süße kommt zu dir. Hebe den rechten Arm und die rechte Hand, um sie in deiner Blase willkommen zu heißen. Mit welcher Geste begrüßt man Süße? Sie hat ihre ganz eigene Qualität. Fühle die Süße auf deiner rechten Hand, dem rechten Arm und der Schulter. Nun sieh nach links und heiße die Süße in deiner Blase willkommen. Welche Qualität hat die Geste, mit der man die Süße begrüßen könnte? Blicke nicht auf, vertraue darauf, dass die Süße über deinem Kopf schwebt. Dort wartet und vibriert sie, und dann fällt sie wie ein süßer Zuckerregen auf deinen Kopf und deine Schultern. *Fühle,* wie die Süße auf deinem Kopf und deinen Schultern landet. Dann trifft sie von hinten auf deinen Nacken, dein Gesäß und deine Waden. Jetzt bist du vollkommen umgeben von Süße. Die Welt wird durch die Süße hindurch zu dir kommen, und du wirst durch die Süße hindurch auf die Welt einwirken. Erlaube dieser persönlichen Atmosphäre, *dich zu spielen.* Fühle dich nicht verpflichtet, unbedingt etwas tun zu müssen oder gar süß zu reagieren. Lasse die Süße einfach nur der Filter zwischen dir und der Welt sein. Wenn du nach einer Weile fühlst, dass du in Verbindung mit der persönlichen Atmosphäre stehst, richtest du deine Aufmerksamkeit auf deine *Zungenspitze.* Versuche nicht, etwas Süßes zu schmecken; darum geht es nicht. Ganz vorne auf der Zungenspitze ist der Bereich, der durch Süße aktiviert wird. Das trifft bei jedem von uns zu. Indem wir uns vorstellen, von einer persönlichen Atmosphäre der Süße umgeben zu sein, locken wir sie an. Richten wir dann unsere Aufmerksamkeit auf die Zungenspitze, „angeln" wir sie uns sozusagen. Die Arbeit mit den vier Geschmacksrichtungen ist eine transpersonale Art, den Schauspieler in dir anzusprechen. Du wirst außerhalb deiner selbst und zu einer Figur hin geführt. Es handelt sich dabei um ein Wissen, das jeder versteht. Du kannst die oben beschriebene Übung auf exakt die gleiche Weise mit den Geschmacksrichtungen bitter, sauer und salzig ausführen. Der letzte Teil der Übung, in dem es um die Zunge geht, ist der einzige, der variiert wird. Bitter wird an den Seiten der Zunge wahrgenommen, sauer auf der Rückseite der Zunge und salzig in der Mitte. Sobald du dir den Geschmack „geangelt" hast, wird der Wechsel nicht mehr schwerfallen. Scheinbar kann er sich um sich selbst kümmern, und er hat die Kraft, alles, was die Figur tut, einzufärben. Folgendes sollte dabei beachtet werden: Nur weil die Figur von Süße umgeben ist, heißt das nicht, dass sie keine anderen Emotionen oder Gefühle erleben kann, auch wenn diese nicht zur Süße passen. Eine Person mit einer süßen persönlichen Atmosphäre kann mürrisch oder wütend oder traurig werden, aber dennoch von einem süßen Filter umgeben sein. Das Gleiche gilt für bitter, sauer und salzig. Du kannst dir vorstellen, wie eine bittere Person lachen würde. Das ist keine eingeschränkte Art, auf Dinge zu schauen, sondern eine imaginative, sehr bereichernde.

2.19 Atmosphäre: den Raum einbeziehen

In unserem Schauspielstudio arbeiten wir mit Raum. Wir beginnen mit der Annahme, dass der Raum ein Medium ist, das verschiedene Ideen oder Bilder fassen kann. Dann geben wir diese Bilder in den Raum und ermöglichen es ihnen, zu uns zurückzukehren. Wir arbeiten immer mit dem Körper, sensibilisieren ihn für den Erhalt von Eindrücken, Impulsen, Empfindungen und Absichten. Wenn die Bilder zu uns zurückkehren, ist es der Körper, der sie empfängt. Der umgebende Raum, der mit einer Vorstellung von etwas Bestimmtem erfüllt ist, sagen wir Nebel, wird an den Körper heranreichen. Der Körper wird ihn empfangen und auf ihn reagieren. Wir arbeiten nicht, damit der Zuschauer den Nebel sieht und sagt: „Oh, ich sehe, die Schauspieler sind in einem mit Nebel erfüllten Zimmer, denn sie husten." Nein. Wir tun das, um eine innere, nuanciertere psychologische Verbindung herzustellen. Wie wird die Psychologie durch den Raum angesprochen? Wir haben alle Arten von Stoffen, Düften, Qualitäten, Hitze und Kälte etc. ausprobiert. Dann sind wir Cechovs Idee der Atmosphäre gefolgt und haben begonnen, den Raum mit Gefühlen, Stimmungen und Farben anzufüllen. Wir haben genossen, was wir entdeckt haben, sind aber schon bald auf Schwierigkeiten gestoßen. Die Atmosphären wirkten verführerisch auf die Schauspieler, und irgendwie wurden diese dazu verleitet, nur Gefühle oder Atmosphäre zu spielen; damit schwand die Faszination an dem, was sie taten. Die Improvisationen und das Textmaterial wurden beliebig und unklar. Es ist ein fataler Fehler, Schauspieler eine Atmosphäre *spielen zu lassen*, weil dadurch die echten Absichten und Handlungen zweitrangig werden. Cechov warnt uns davor. Die *Reaktion* auf die Atmosphäre ist das, was uns interessieren sollte.

Während des Trainings zur Sensibilisierung des Körpers haben wir herausgefunden, dass der Schauspieler in der Lage ist, diese Atmosphären als Raum wahrzunehmen, der sich in Bezug auf den Körper in eine bestimmte Richtung bewegt. Zum Beispiel drückt die Atmosphäre der Katastrophe den Körper nieder, selbst die Luft scheint schwer auf die Schultern und den Kopf zu fallen. Diese Beobachtung ist zu einem verlässlichen Schlüssel geworden, um einen Zugang zu der Arbeit mit Atmosphäre zu erhalten. Nach der Rückkehr zur Szene haben wir den Namen eines Gefühls oder einer Atmosphäre durch die Vorstellung, dass sich der Raum über den Körper bewegen kann, ersetzt. Das war befreiend, und es erleichterte die Arbeit. Die Schauspieler wurden nicht mehr dazu verleitet, eine Katastrophenstimmung zu spielen, sondern sollten einfach nur auf den Raum reagieren, der sie stark niederdrückte. Das ist einfacher, als es klingt. Sowie alles vorbereitet ist, wird es von ganz allein geschehen. Die Bewegung scheint sich tatsächlich unserer Kontrolle zu entziehen, sodass wir nur auf das reagieren müssen, was außerhalb von uns geschieht. Die Verantwortung dafür, eine Katastrophe entstehen zu lassen, wird hinfällig, und die Schauspieler sind frei, um miteinander in Kontakt zu sein und das zu spielen, was erforderlich ist, und das alles, während sie von einem dynamischen und energiegeladenen Raum umgeben sind. Die Bewegung des Raumes wird zu unserer Realität und ist keine vage Vorstellung einer Katastrophe, einschließlich aller Gedanken, die damit zusammenhängen. Denken bremst die Dinge aus, sodass sie nicht wirklich geschehen. Alles was in Verbindung mit Bewegung steht, wird beim Schauspieler grundsätzlich immer als Kraft ankommen.

Übung 20 Von der Atmosphäre gespielt werden

Laufe entschlossen und bestimmt vorwärts. Mache dir bewusst, dass du vorwärtsgehst. Sage dir, dass du vorwärtsgehst, während du es tust. Diese Aussage wird dir dabei helfen, dir die Richtung vollkommen zu vergegenwärtigen. Während du dich bewegst, stellst du dir vor, dass sich der Raum um dich herum ebenfalls bewegt, sich mit dir bewegt. Bleibe nach einigen Augenblicken stehen und beginne, dir vorzustellen, dass der Raum sich weiterbewegt. Er bewegt sich um dich herum, er kommt durch deine Rückseite zu deiner Vorderseite. Konzentriere dich darauf und lasse deinen Körper durchlässig werden. Nun spüre den Raum, der sich durch dich hindurchbewegt. Das ist eine Vorstellung, aber sie ist leicht auszuführen. Erlaube dir, auf die Kraft, die durch dich hindurchdringt, zu reagieren. Führe einfache Handlungen aus und lasse zu, dass der Raum, der durch dich hindurchfährt, dich spielt. So, als wäre dein Körper ein Blasinstrument. Bewegt der Raum sich durch dich hindurch in diese Richtung, erklingt ein bestimmter Ton. Sobald du dazu in der Lage bist, wirst du feststellen, dass es gar nicht so anstrengend ist, diese Vorstellung aufrechtzuerhalten. Nach nur kurzer Zeit scheint es, als würde es von ganz allein geschehen. Die einzige Anstrengung besteht für dich darin, dann aufzuhören, wenn es notwendig ist. Nun bist du in der Lage, darauf zu reagieren. Das wird die Dinge, die du tust und die Art, wie du sie tust, beeinflussen. Dies ist eine Möglichkeit, zu spüren, was um dich herum geschieht. Es ist eine Möglichkeit, eine immaterielle Wirkung zu erzeugen, die die Ereignisse einer Szene umgibt. Dein Fokus liegt darauf, reaktionsbereit zu bleiben. Dann spielst du nichts anderes, als einfach nur in einem Raum zu leben, der dich beeinflusst. Es wird dich nicht ablenken von dem, was du tun musst, es wird dir gestatten, diese Dinge zu tun, aber eben eigens in diesem Raum, der aufgrund der Vorwärtsrichtung dynamisch wird.

Das Gleiche kann man auch rückwärts ausführen. Gehe in einem großen, weiten Raum rückwärts, und sage dir, dass du rückwärtsgehst. Führe diese Handlung sehr bewusst aus. Stelle dir vor, der

Raum um dich herum bewege sich rückwärts mit dir. Wenn dir nach einigen Augenblicken klar ist, dass du dich rückwärts bewegst, hältst du an. Stelle dir vor, dass der Raum sich weiterhin rückwärts bewegt. Der Raum bewegt sich von vorne nach hinten; ganz egal, welchen Weg du einschlägst, er wird immer mit dir auf diese Art in Beziehung stehen. Du musst beständig in der Vorstellung bleiben. Lasse zu, dass der Körper durchlässig wird, damit der Raum sich durch den Körper bewegen kann. Er gelangt durch deine Vorderseite in dich hinein und durch den Rücken hinaus. Du wirst sofort feststellen, dass dieses Erlebnis sich von dem vorangegangenen, in dem der Raum durch deinen Körper von hinten nach vorne gelangte, unterscheidet. Nimm die Vorstellung an, dass dein Körper ein Blasinstrument ist und dass dies der Ton ist, der erklingt, wenn der Raum sich rückwärts bewegt. Achte darauf, wie es sich anfühlt und reagiere darauf. Sollten Bilder und Impulse in dir hochsteigen, folge ihnen. Vielleicht hast du ja das Gefühl, du würdest mitten in einer bestimmten Situation stecken. Spiele mit den Umständen und heiße alles, was zu dir kommt, willkommen.

Die dynamischen Richtungen sind vorwärts und rückwärts, nach oben und nach unten, Ausdehnung und Zusammenziehen. Der Schlüssel liegt im Bewusstsein darüber, was es bedeutet, sich in eine dieser Richtungen zu bewegen. Die Handlung besteht darin, den Raum zu bewegen, der Fokus ist darauf gerichtet, wie man auf die Bewegung des Raumes durch den Körper hindurch reagiert.

Sobald du merkst, dass du die Übung erfolgreich ausführst, kannst du damit beginnen, die Bewegung in einem bestimmten Bereich auszumachen und damit zu spielen. Während der Raum sich rückwärts bewegt, lässt du ihn sich zum Beispiel nur durch deinen Kopf hindurchbewegen. Das ist sehr speziell und besitzt eine ganz eigene Dynamik. Du kannst den Raum auch durch deine Brust oder durch dein Becken hindurchlassen. Diese Variationen können für jede der sechs Richtungen ausprobiert werden.

2.20 Kontinuierliches Spielen

Schauspiel findet statt, weil wir Schauspieler sind. Dies allein ist Grund genug, um zu spielen. Cechov sagte, es sei ein Fehler zu glauben, dass du von dem Tag an, an dem du den Job bekommst, Schauspieler bist, und nach dessen Ende keiner mehr, bis du ein neues Projekt findest. Das ist unproduktiv und reine Zeit- und Energieverschwendung. Wenn du das glaubst, ist das der Tod für dein Talent und deine Fähigkeiten, und die Verbindung zu deiner kreativen Individualität und deinem Talent wird abstumpfen. Theater erfordert ein erhöhtes Maß an Leben, und es ist ausschlaggebend, dass du kontinuierlich trainierst, damit du ein Gespür für dieses erhöhte Maß an Leben entwickelst. Wir müssen die Fähigkeit ausbilden, ohne Rechtfertigung, ohne äußeren Grund und äußere Ursache zu spielen. Unsere Schauspielernatur wird durch die Schauspieltechnik genährt. Es ist möglich, ständig zu spielen, denn daraus beziehen wir großes Vergnügen. Geben und gehen wir diesem Verlangen nach, wird es uns zu neuen Eindrücken, Ansätzen, neuen Entdeckungen und neuen Möglichkeiten führen, unsere Rollen zu verstehen. Diese Fähigkeit, kontinuierlich zu spielen, gibt uns das notwendige Vertrauen in unsere Kreativität. Es geht tatsächlich darum, mit der Schauspieltechnik zu spielen, wann immer es möglich ist. Schauspiel ist im Wesentlichen unsere Fähigkeit, uns selbst einzubringen. Wenn wir diese Fähigkeit nicht weiterentwickeln, dann werden wir die Anteilnahme, die wir für unsere Arbeit benötigen, nicht erfahren. Kontinuierlich zu arbeiten bedeutet, als Schauspieler eine Möglichkeit zu finden, um zu üben. Nimm dir einen Teil der Schauspieltechnik, benutze ihn, spiele mit ihm beispielsweise wenn du läufst, sitzt oder wartest. Sind wir bei der Arbeit, haben wir keinen Grund zu behaupten, uns zu langweilen, denn wir können uns selbst Anregungen geben und unser Bewusstsein stimulieren, indem wir spielen. Selbst wenn wir beim Laufen das Gefühl der Leichtigkeit benutzen, trainieren wir unsere Spielfertigkeit. Diese Tätigkeit führt uns von unserem trägen Bewusstsein weg, hin zu einem Reichtum, der grundsätzlich in uns schlummert. Durch diese Art des Trainings schärfen und benutzen wir unser kreatives Bewusstsein. Sogar während unserer täglichen Besorgungen können wir mit dem imaginären Zentrum oder dem imaginären Körper spielen. Wir können die Welt um uns herum aufnehmen, indem wir uns auf Dinge konzentrieren, die wir sehen, und die „Figur" in den Objekten unserer Welt erfühlen. Die Cechov-Technik ist ein großartiges Hilfsmittel, um kreativen Reichtum zu erlangen, denn wenn wir sie korrekt anwenden, werden wir über die Grenzen unseres normalen Selbst geführt. Wir bringen uns in Kontakt mit kreativen Kräften, die uns jederzeit hilfreich zur Verfügung stehen werden. Alles wird sich ändern, vor allem die Betrachtungsweise der Rolle, an der wir arbeiten werden.

3 Die Prinzipien

Cechov hat uns etwas mitgegeben, das er die „fünf Leitprinzipien" nennt. Diese Leitprinzipien sollen uns durch den Prozess führen, in dem wir uns die Schauspieltechnik aneignen und sie weiterentwickeln. Er will uns sagen, dass wir trainieren müssen, um in den Besitz einer grundlegenden Technik zu kommen, um dann spezifische Techniken für die Arbeit an einer Rolle anzuwenden. Diese fünf Leitprinzipien werden nachfolgend aufgeführt.

Da es sich um keine festgeschriebenen Leitsätze handelt, lassen sich aus ihnen noch weitere Prinzipien ableiten. Ich selbst wende diese Prinzipien an, indem ich die Werkzeuge benutze. Um sie zu beherrschen, habe ich bestimmte Bestandteile der Technik in *dynamische Prinzipien* unterschieden. Diese Prinzipien stellen eine verlässliche Kraft für uns dar. Sie sind Orientierungspunkte, auf die wir uns immer wieder beziehen können. Stützen wir uns auf sie, werden sie uns stützen. Die Prinzipien sind wie Prismen, und das Werkzeug ist wie das Licht, das sich in ihnen bricht. Mit der Farbenvielfalt, die wir erleben, drücken wir uns selbst aus.

3.1 Die Technik (Schauspielerei) ist psycho-physisch

Körper und Psychologie gehören zusammen. Der Körper ist auf eine Weise ausgebildet und trainiert, dass er sensibel für diese Verbindung wird. Bewegung ist nichts Gymnastisches, sondern etwas Psychologisches, da wir durch sie in der Lage sind, Daseinszustände und Seinsbedingungen zu erfahren. Das Ergebnis der Bewegungsübungen ist ein fitter Körper, der uns zugutekommt, den zu erreichen aber nicht unser eigentliches Ziel ist. Der Körper muss wie ein Schwamm sein, der die psychologischen Werte bzw. Qualitäten der Bewegungen aufsaugt. Diese Bewegungen sind wiederholbar und können während der Proben benutzt werden, um Schlüsselmomente der Szene im Körper zu verankern. Die von Cechov entwickelten psycho-physischen Übungen zielen auf die gleichzeitige Entwicklung von Konzentration und Vorstellung ab. Bewusst ausgeführte Bewegungen beinhalten sehr viel mehr als bloß Muskeln und Knochen. Konzentrieren wir uns gewissenhaft, erleben wir die Übungen so, als würden wir uns selbst umerziehen. Wir werden mit den Bewegungen vertraut und in dem Moment, in dem wir sie ausführen, von ihnen durchdrungen.

In unserem alltäglichen Leben nehmen wir diese Bewegungen nicht bewusst wahr, weil wir uns bei dem, was wir tun, für gewöhnlich vom Verstand leiten lassen. Bewusste Bewegungen helfen uns dabei, klare Impulse wahrzunehmen, die uns durch unseren Alltag führen. Wir erkennen sie als das, was sie sind, wo sie sich bewegen, und wie sie sich bewegen. Dadurch lernen wir, wie wir sie abrufen und ihnen folgen können, wenn sie auf natürliche Weise entstehen. Während die Konzentration stärker wird, können wir damit beginnen, uns diese inneren Bewegungen als Ereignis vorzustellen. Wir sind diejenigen, die sie geschehen lassen. Wir entwickeln die Kraft, Dinge in unserem Leben und in unserer Kunst durch die Vorstellung der Bewegung zu verändern. Aktion und Reaktion, Geben und Nehmen, Lachen und Weinen, Leben und Sterben können allesamt als Bewegung betrachtet werden. Und wenn sie uns bewegen, werden sie uns den Antrieb geben zu spielen.

Wenn wir den Impulsen, die in uns entstehen und wieder vergehen, nicht folgen oder uns ihnen widersetzen, werden wir natürlich das Bewusstsein für sie verlieren. Für uns als Schauspielschüler ist es entscheidend, uns wieder vertraut mit ihnen zu machen und schließlich das wiederzubeleben, was wir haben verkümmern lassen. Mit einem beweglichen und geschmeidigen, aufnahmefähigen und ausdrucksstarken Körper werden wir wieder Vergnügen an der Bewegung finden. Und daran, im Besitz einer eigenen, körperlichen Weisheit zu sein, die wir durch unser Denken niemals erreicht hätten.

3.2 Die immateriellen Ausdrucksmittel

Die Schauspieltechnik verspricht uns, dass die effektivsten und stärksten Ausdrucksmittel, die uns zur Verfügung stehen, immateriell sind. Sie sind nur präsent, wenn wir konzentriert sind. Zu diesen immateriellen Ausdrucksmitteln zählen *Atmosphäre*, *Raum*, *Ausstrah-*

lung, Beziehung, innere Bewegung, imaginärer Körper, imaginäres Zentrum. Schwindet die Konzentration, schwinden mit ihr auch die genannten Ausdrucksmittel, denn sie benötigen Konzentration und Vorstellungskraft, um zu existieren. Immateriell sind sie deshalb, weil man nicht mit dem Finger auf sie zeigen kann. Wir erkennen, ob sie präsent sind oder nicht. Sind sie es, dann nehmen wir das entgegen, was zu uns kommt und nutzen es als Ausdrucksmittel.

3.3 Der kreative Geist und der höhere Intellekt

Diesem Werk liegt ein spirituelles Element zugrunde, das nicht unerwähnt bleiben soll. Dabei handelt es sich nicht um ein religiöses Element. Der kreative Geist (die Vorstellungskraft) hebt sich vom Verstand ab. Der kreative Geist, von dem Cechov spricht, wirkt innerhalb des Künstlers, indem er aus *einem Ding* eine Vielzahl von Dingen schafft. Diese Fähigkeit wird anhand der Archetypen und anhand des Wunsches nach Ganzheit verständlich und hängt mit der schnellen, kreativen Funktion der Synthese zusammen. Der kreative Geist ist in der Lage, auf diese Art zu arbeiten, während der rationale Geist zur Analyse greift. Die Analyse untersucht und zerlegt, während die Synthese etwas zusammenfügt und die vielen ungleichen Teile miteinander verbindet, die wir während der Vorbereitung unserer Komposition (der Rolle) entdecken. Die Arbeit ist intuitiv, die Ergebnisse dringen ins Bewusstsein, sodass man sie schließlich erfahren und ausdrücken kann.

3.4 Darum geht es der Technik: Sie erweckt einen kreativen Zustand

Die Schauspieltechnik besteht aus vielen Bestandteilen. Jeder davon muss individuell betrachtet und sorgfältig ausprobiert werden. Der Schauspieler lernt, zwischen diesen Bestandteilen zu unterscheiden. Der kreative Geist verbindet sie miteinander. Jeder Bestandteil eröffnet einen Zugang zur Inspiration. Sind wir konzentriert, können wir einen dieser Bestandteile aktivieren. Da die anderen uns schon vertraut sind, wird dieser weitere bzw. sämtliche Bestandteile aktivieren.

3.5 Künstlerische Freiheit

Die Schauspieltechnik verspricht uns künstlerische Freiheit. Cechov schlägt vor, dieses Prinzip in einen Dialog mit der Technik selbst zu bringen. Das ist der Weg, um zu wissen, wie wir arbeiten müssen. Die Arbeit des Schauspielers besteht aus Proben und der Aufführung. Aber wie geht er daran? Kann er auf eine Methode zurückgreifen, die verschiedene Bestandteile umfasst, ist es notwendig, sich mit der Methode auseinanderzusetzen und herauszufinden, welcher ihrer Teile ihn am stärksten anspricht. Welcher Teil dieser Schauspieltechnik gibt ihm die Freiheit, die er als darstellender Künstler anstrebt?

4 Die dynamischen Prinzipien

4.1 Energie

Nichts ist wirksam ohne Energie. Echte Energie ist unermüdlich. Energie erzeugt neue Energie. Alles, was strahlt, besitzt Energie. Energie ist voller Leben. Energie unterstützt Leben. Energie bewegt Leben. Rohe Energie ist formlos. Gibt man Energie eine Form, wird sie kreativ. Der menschliche Körper ist ein Leitungssystem, durch das Energie fließt. Jeder Teil des menschlichen Körpers hat eine energetische Entsprechung. Die Form der Energie in uns hat die gleiche Form wie unser Körper.

4.2 Vorstellung

William Blake, der Meister der Vorstellungskraft, schrieb: „Was nun bewiesen ist, war einst nur Vorstellung." Für ihn war Vorstellungskraft ein göttliches und wirksames Geschenk an die Menschheit. Sie ist unsere Verbindung zu purer Energie. Beginnen wir als Künstler zu arbeiten, berufen wir uns als erstes auf Vorstellungskraft. Bemühen wir uns, werden wir einen Weg finden, unsere Technik mit dieser wertvollen Aktivität zu verbinden. Sie ist zentral für Michael Cechovs Schauspielansatz. Sie wird immer angesprochen und täglich weiterentwickelt. Sie wird zum Dreh- und Angelpunkt für die Schüler dieser Methode. Als Schauspielschüler wird uns beigebracht, dass wir etwas imaginieren, um die Schwelle zwischen unserer Alltagswelt und der Welt des Künstlers zu überschreiten. Wir lernen buchstäblich, eine andere Welt zu betreten, in der unsere inneren Konzentrations- und Vorstellungskräfte geweckt werden. Nachdem wir diese Schwelle überschritten haben, laufen wir auf eine Weise weiter, die Cechov den „Actors' March", also den „Marsch der Schauspieler" nennt. Diese Übung ist eine Affirmation. Die Worte bestärken unser Bedürfnis, das uns gegebene Instrument möglichst komplett zu benutzen:

> „Ich bin ein kreativer Künstler.
> Ich habe die Fähigkeit zu strahlen.
> Ich strecke die Arme zum Himmel empor und erhebe mich.
> Ich senke die Arme wieder, doch ich steige weiter empor.
> In der Luft um meinen Kopf und meine Schultern herum erfahre ich die Kraft der Gedanken.
> In der Luft um meine Arme und meine Brust herum erfahre ich die Kraft der Gefühle.
> In der Luft um meine Beine und Füße herum erfahre ich die Kraft des Willens.
> Ich bin, wer ich bin.“
>
> (aus: THE ACTOR IS THE THEATRE)

Diese Affirmation unseres Selbst führt uns unmittelbar zu Cechovs Vorstellung vom idealen Schauspieler. Sie gibt uns Bilder vom Schauspieler, der sich bewegt und sich schließlich bewegt, ohne sich zu bewegen. Wir nutzen die körperlichen Funktionen und erkennen, dass alles, was wir als Schauspieler benötigen, bereits in uns ist und nur darauf wartet, erweckt zu werden. Außerdem erkennen wir, dass unsere Umgebung uns alles zur Verfügung stellt, wenn wir bereit dafür sind. Wir sind aufgefordert uns vorzustellen, dass dieses Ideal bereits erreicht ist, denn dann arbeiten wir mit Freude und der Aussicht auf Erfolg darauf hin. Im Prinzip verkörpern wir damit Blakes „Was nun bewiesen ist, war einst nur Vorstellung“.

Der Gebrauch der Vorstellung und des Bildes lässt den Schauspieler eine Freiheit erlangen, die weit über seine Persönlichkeit hinausgeht. Sie ermöglicht es ihm, sich von einer Kraft leiten zu lassen, die sich kontinuierlich ausdehnt. Ins Spiel gebracht wird diese durch Konzentration.

4.3 Konzentration

Konzentration ist die zentrale Aktivität, durch die wir alles, was wertvoll ist, erkennen. Sich zu konzentrieren heißt nicht, besonders angestrengt über etwas nachzudenken. Wenn wir uns konzentrieren, dann übergeben wir uns selbst an ein Objekt oder ein Bild. Sobald wir mit dem Bild eins geworden sind, spüren wir seine Qualität, nehmen seine Persönlichkeit wahr, erhalten Eindrücke und Impulse. Ein Künstler, der konzentriert ist, beeindruckt den Zuschauer sehr. Kunst kann nicht ohne Konzentration entstehen.

Wenn wir etwas betrachten, das uns anzieht, haben wir das Gefühl, uns irgendwie darauf zuzubewegen; es zieht uns tatsächlich zu sich hin. Das ist eine angenehme Empfindung. Konzentration entsteht hier von ganz allein. Sich bewusst zu konzentrieren ist möglich, wenn wir in der Lage sind, uns in alles, was wir möchten, hineinzuversetzen, um eins damit zu werden, und wenn wir innerlich wissen, was dieses Bild oder Objekt ist. Auf diese Weise können wir uns psychologisch mit dem Bild identifizieren.

4.4 Einverleibung

Schauspiel schließt den gesamten Körper ein. Um die Bilder zu erleben und die Objekte, nach denen wir suchen, auszudrücken, müssen wir sie uns einverleiben: Wir müssen sie in den Körper aufnehmen oder sie auf ihn übertragen. Sobald wir uns ein Bild erfolgreich einverleibt haben, benutzen wir unser Instrument, um das auszudrücken, was ausgedrückt werden soll. Einverleibung ist die direkte Konsequenz von Konzentration.

4.5 Ausstrahlung

Die innere Arbeit des Spielens, das Wissen, die Gefühle, die Handlungen, müssen schließlich das Publikum berühren. Was immer in uns existiert, kann mittels einer energetischen Welle ausgestrahlt werden. Ausstrahlung ist eine Aktivität, die den inspirierten Schauspieler begleiten wird. Sie kann ebenfalls das Ergebnis von Willenskraft sein. Ausstrahlung bereitet dem Schauspieler, während er spielt, und dem Publikum, während es an diesem Spiel teilhat, Vergnügen. Sie ist einfach ein Vorgang, bei dem das, was im Körper lebendig ist, über die Grenzen des Körpers hinaus gesendet wird. Sie berührt den Zuschauer, weil sie ihn unmittelbar erreicht.

4.6 Ausdehnung / Zusammenziehen

Zwei dynamische Kräfte, die eine Auswirkung auf die natürliche Welt haben, stellen fundamentale Prinzipien menschlicher Interaktion dar. In unserer Welt sind die Auswirkungen von Ausdehnung und Kontraktion leicht zu erkennen. Betrachten wir die Unterschiede zwischen Sommer und Winter als Gegensätze, werden wir erkennen, dass mit dem Wandel von den Tiefen des Winters zu den Höhen des Sommers ein langsamer und stetiger Ausdehnungsprozess einhergeht, während umgekehrt der Wechsel von Sommer zu Winter ein Rückzugsprozess ist. Alles reagiert darauf, jedes Lebewesen versteht die Dynamik von Wachstum und Rückzug. So auch der Körper und seine Körperteile: Muskeln, Lungen, Augen, Ohren und Blutgefäße dehnen sich aus und ziehen sich wieder zusammen. Unsere Emotionen folgen ebenfalls dem Strom dieser beiden Kräfte. So wie auch die Welt der Gedanken der Offenheit und der Verschlossenheit gegenüber manchen Dingen unterliegt. Das alles klingt einleuchtend und simpel, wenn wir darüber sprechen; doch das komplizierte und komplexe Leben nimmt uns so in Beschlag, dass wir dazu neigen, grundlegende Dinge zu vergessen.

Es ist ausgeschlossen, dass ein Mensch mich von seiner Meinung überzeugen wird, wenn ich diese strikt ablehne. Für diesen Menschen gibt es kein stärkeres Zeichen des Widerstands als die Art, wie ich mich ihm gegenüber verschließe. Mein innerer Rückzug signalisiert ihm, dass er reagieren muss. Entweder äußerlich oder innerlich.

Eine Schauspieltechnik, die auf Körperarbeit aufbaut, kann man nur vermitteln, wenn man dieses Prinzip als künstlerisches versteht. Es muss vom Schauspielschüler so oft wie möglich erkundet, erprobt und angewendet werden. Denn es ist unglaublich nützlich und praktisch.

4.7 Raum ist dynamisch

Ein Raum voller Möglichkeiten ist ein starker Verbündeter des Schauspielers. Cechov erklärt uns, dass der Raum, der uns umgibt, förmlich darauf wartet, von uns in Beschlag genommen zu werden.

Stellen wir uns vor, dass er immer sämiger wird, wird die Bewegung darin langsamer werden. Erfüllen wir ihn mit Wärme, erscheint uns alles näher, denn Körper mögen diese Art der Wärme. Ihn mit Kälte zu erfüllen, erzeugt Distanz sowie eine Form von Klarheit, weil darin die Wirkung eines kühlen Raumes auf einen Körper besteht. Erfülle den Raum mit einem angenehmen Duft, und schon beginnen wir uns zu öffnen. Verpeste ihn, und wir verschließen unsere Sinne. Dabei geht es nicht darum, so zu tun, als ob wir in einem warmen oder kühlen Raum stünden, oder zu zeigen, dass er kalt oder warm ist. Die *Vorstellung* sorgt für die *Atmosphäre* und dafür, dass wir mit unseren Körpern Kälte oder Wärme spüren werden und zulassen, dass wir uns von unserer Reaktion leiten lassen. Der Körper ist durchlässig und verlässlich sowie berechenbar und ausdrucksstark.

Ein Ensemble, das durch die gemeinsame Arbeit einen Raum mit *Atmosphäre* erfüllt, kann unglaublich beeindruckend sein.

4.8 Richtung ist eine Kraft

Bewegung findet im Raum und normalerweise nur in eine Richtung statt. Insgesamt gibt es sechs Richtungen, die wir als wirkliche Kraft wahrnehmen: Ausdehnung und Kontraktion, vorwärts und rückwärts, nach oben und nach unten. Wir erkennen sie sofort und wissen, welche Bedeutung jede Richtung für uns hat. Wir lernen schnell, wie wir sie benutzen können. Diese Richtungen korrespondieren immer mit menschlicher Interaktion. Sie sind mit allen *Empfindungen* und mit allen Handlungen verbunden, in die sich ein Schauspieler einbindet. Aufmerksamkeit für Richtung zu entwickeln ist leicht und wertvoll. Sie gibt der Aufführung Form und unterstützt sie mit Informationen.

4.9 Polarität

Ereignisse, die im Spannungsfeld zweier Pole geschehen, erzeugen eine Schwingung. Durch einen Kontrast können sich Dinge voneinander absetzen und in Beziehung zueinander treten. Ein Werk ohne Kontraste ist langweilig. Die Konturen sind nicht scharf genug, alles wirkt irgendwie gleich. Durch Polarität wird etwas schlagartig interessant. Im Rahmen von Cechovs Schauspieltechnik suchen wir ständig nach Möglichkeiten, um sie zu benutzen. Während der Übungen wird sie häufig erkundet, während Probe und Aufführung prinzipiell berücksichtigt. Anfang und Ende müssen sichtbar in Polarität zueinander stehen. Je mehr Gegensätze wir finden, desto spannender wird unsere Arbeit werden.

4.10 Qualität

Die Frage des Künstlers lautet: wie? Wie interpretieren wir die Rolle oder das Stück? Wie geben wir dem, was wir haben, Sinn und Form? Wie können wir unserem Talent Ausdruck verleihen? Qualität kann ein Ding in viele verschiedene Dinge verwandeln. Sie kann aus einem Tritt einen Kuss machen oder aus einem Verführer einen Mörder. *Wie* es getan wird, ist die Freude an der kreativen Arbeit, das Vergnügen, ein Künstler zu sein. Die Qualität besteht darin, *wie* etwas getan wird. Qualität spricht direkt die Gefühle des Schauspielers an. Wir benutzen häufig Eigenschaftswörter wie zärtlich, sanft, stark, mutig, faul, lebhaft, stolz, schnell, schwer etc., um Figuren zu beschreiben. Dadurch nehmen wir sie wahr, und diese Wörter helfen uns dabei, die wesentlichen Aspekte der Figuren zu erkennen. Außerdem können wir bei der Ausführung unserer sowohl inneren als auch äußeren Bewegungen Qualitäten verwenden; je nachdem, *wie* wir es tun, werden sie etwas Einzigartiges aussagen. Das Spannende an dieser Schauspieltechnik ist, dass wir außerhalb unserer selbst das Ausgangsmaterial für unsere Schöpfungen finden können. Wir lernen, die Qualität der Welt um uns herum auf ebenso praktische wie kreative Weise anzuerkennen. Wir sind in der Lage, die Qualität von Objekten, Bildern und Menschen zu betrachten. Wir können etwas Wahrhaftiges an ihnen finden und ein Gefühl für sie entwickeln, indem wir uns bemühen, ihre Qualität wahrzunehmen und zu schätzen. Durch die *Wie*-Frage drücken wir uns selbst aus, durch die Qualität finden wir Wege, um das zu tun, was wir tun müssen.

4.11 Denken, Fühlen, Wollen

Richten wir unsere Aufmerksamkeit auf die einfachsten Dinge, die das Menschsein ausmachen, werden wir einen Weg finden, als Schauspieler zu arbeiten. Den einfachsten Funktionen kann Komplexeres, Tieferes entspringen. Einfache Vorstellungen eignen sich für unsere Beobachtungen am besten, denn man kann sie verstehen, erfühlen und umsetzen.

Als Lebewesen verfügen wir über drei eindeutige Funktionen, und es ist das Zusammenspiel dieser drei, die ein Leben ausmachen. Wir Menschen sind besonders stolz darauf, denken zu können; das ist unsere Spezialität, und man kann durchaus sagen, Denken ist eine Funktion. Zweitens können wir fühlen, wobei unsere Gefühle oft das Ergebnis unserer Gedanken sind. Und drittens sind wir in der Lage, zu handeln. Unser Tun ist der Ausdruck von Willenskraft. Auch dadurch können Gefühle hervorgerufen werden, die wiederum neue Gedanken auslösen können, welche uns erneut zu mehr Handlungen oder Gefühlen anregen, und so weiter und so fort. Diese Vorstellung schränkt einerseits zwar ein, beinhaltet gleichzeitig aber auch alle Möglichkeiten. Die drei Funktionen sind ganz wunderbare Behälter, in die wir das Material des Stückes verstauen können: die Figuren, die in Beziehungen zueinander stehen, die Worte, die sie sprechen, und die Art und Weise, wie sie die Worte sprechen und verstehen.

Die Gedanken sind weder neu noch kann man sie Michael Cechov zuschreiben; doch Cechov schlug vor, das damit verbundene Bild des Menschen als Leitbild zu verwenden. Er regte sogar an, dass wir das Stück, wenn wir darüber sprechen, wie einen Menschen betrachten und herausfinden sollen, welche Ideen oder Gedanken dahinter stehen. Welche Atmosphären, die man auch als Gefühle bezeichnen könnte, beinhaltet es? Was ist seine Absicht, was sind die konkreten Dinge, die getan und vom Zuschauer gesehen werden?

Das Allererste, was wir wissen sollten, ist: Was ist der Unterschied zwischen einem Gedanken, einem Gefühl und einem Willensimpuls? Gedanken sind etwas Reales, das in einer ganz bestimmten Stelle im Körper lokalisiert ist. Wir denken nicht mit unseren Beinen, denn die wissen bereits, was Beine wissen müssen. Denken ist ein Prozess, bei dem wir uns durch etwas hindurcharbeiten, das wir noch nicht kennen. Würden wir es kennen, dann müssten wir nicht darüber nachdenken. Es würde ganz einfach als Bild in unserem Kopf auftauchen, ein Stuhl zum Beispiel. Das wäre dann kein aktiver Prozess, sondern das Bild wäre einfach da. Ist es allerdings ein wackeliger Stuhl, sind wir vielleicht gezwungen, darüber nachzudenken, warum er wackelt oder wie wir das ändern könnten. Jetzt haben wir etwas, das wir uns durch den Kopf gehen lassen müssen. Vielleicht versuchen wir auch, uns an etwas zu erinnern, oder etwas zu berechnen, oder wir erfinden etwas. Das sind alles ganz unterschiedliche Gedanken, die in unserem Kopf stattfinden.

In der Brust ist das Herz zu Hause, und die Welt der Gefühle ist seit jeher damit verbunden. In jeder Sprache dieser Welt werden Herzen gebrochen oder durch die Liebe geheilt. Wir denken in der Regel nicht mit unserem Herzen, aber wir können es auf der Zunge tragen und mit dem Herzen bei etwas sein. Bewegungen, die ihren Ausgang in der Brust nehmen, ermöglichen es dem Schauspieler, in Kontakt mit seinen Gefühlen oder mit denen seiner Figur zu treten. Außerdem erlauben sie dem Zuschauer, im entsprechenden Augenblick mit Empathie und Mitgefühl zu reagieren.

Die Welt der Lüste und der Sexualität, die im unteren Teil des Körpers verortet ist, kann als Ausgangspunkt für die grundlegenden Ausdrucksweisen des Willens betrachtet werden. Ich will, ich nehme, ich lehne etwas ab: All das hat seinen Ursprung im Becken und in den Beinen. Richtet man seine Aufmerksamkeit auf diese Region des Körpers, regt das zu klaren Handlungen und Taten an.

Diese einfachen Dinge mögen oberflächlich betrachtet primitiv erscheinen. Doch die Schauspieltechnik von Michael Cechov wirkt niemals an der Oberfläche, sondern immer im tiefsten Innern des Schauspielers. Und so nehmen wir Verbindung mit den Impulsen auf, die sich durch die Zentren des Denkens, Fühlens und Wollens bewegen. Wir sagen „Ja" zu dem Universellen und Menschlichen in uns, und wir setzen es ganz bewusst ein.

4.12 Die vier Brüder

Jedes große Kunstwerk weist vier geläufige Merkmale auf; diese sind notwendige Bestandteile, damit die Wahrnehmung von Kunst zufriedenstellend ist. Jeder von ihnen ergänzt und informiert die anderen. Für den Schauspieler, der sie unter die Lupe nimmt und mit ihnen arbeiten muss, sind sie greifbar. Es handelt sich dabei um:

4.13 Ein Gefühl der Leichtigkeit

Das Gefühl der Leichtigkeit kann man durchaus sehen, denn es erscheint, wenn jemand eine Aufgabe oder Tätigkeit mit Leichtigkeit ausführt. Ebenso kann man einen Mangel an Leichtigkeit beobachten. Ist das Gefühl von Leichtigkeit nicht vorhanden, kann dies auf die Zuschauer sogar einen beunruhigenden Effekt haben, vor allem dann, wenn sie bei etwas Riskantem oder Gefährlichem zuschauen. Der Zuschauer will sich schließlich keine Sorgen um die Schauspieler auf der Bühne machen müssen, jedenfalls nicht auf die Weise, wie er sich um die Figuren sorgt. Dass Körper auf der Bühne gefährdet sind, war nicht Teil der Abmachung. Der Schauspieler hingegen nimmt die Leichtigkeit als etwas Inneres wahr, als ein Gefühl. Zu Beginn verspüren wir einen Wunsch danach, später stellt sie sich ein, weil wir es wollen. Wir wissen, dass sie eine Möglichkeit bietet, aus unserer Arbeit etwas Künstlerisches zu machen.

4.14 Ein Gefühl der Form

Alles, was verstanden werden will, verwendet Form. Tatsächlich kann Form als Gefühl erfahren werden, denn der menschliche Körper ist eine Form. Ein Verständnis dafür erhalten wir durch den physischen Körper, dadurch, wie es sich *anfühlt,* im Körper zu sein. Dieses Gefühl, im Körper zu sein, erleben allerdings nur wenige Menschen, außer durch Verletzungen, Krankheiten und Notlagen. Wir lernen, diese menschliche Form zu erspüren und erkennen deren Besonderheiten ebenso wie deren Einheit. Diese Form bewegt andere Formen, und diese Bewegungen haben einen Anfang, eine Mitte und ein Ende. Hier sind noch ein paar andere Formen, die wir berücksichtigen sollten: das Stück, die Szene, der Monolog, die Bühne, das Bühnenbild, die Requisiten, der Sound, unsere Schauspielkollegen etc.

4.15 Ein Gefühl der Schönheit

Das Gefühl der Schönheit zu erleben, ist nicht ganz einfach, denn es ist mit sehr vielen Werten behaftet. Vielleicht betrachtet man es am besten im Sinne von *authentisch*. Cechov sagte, Tiere in der Natur seien schön, ganz einfach weil sie unverstellt sind. Der Schmetterling auf der Blüte oder der Tiger, der die Ratte jagt, üben eine Faszination auf den Betrachter aus. Das Gefühl der Schönheit ist irgendwie trügerisch. Wir werden es nicht finden, wenn wir lediglich versuchen, schön zu sein, denn das erzeugt bloß einen gegenteiligen Effekt. Doch wir können es auf sehr natürliche Weise finden, nämlich wenn wir spielerisch damit umgehen und dabei seine beiden Brüder Leichtigkeit und Form einbeziehen.

Wir sind in der Lage, hässliche Dinge zu tun, allerdings muss diese Arbeit sehr bewusst geschehen. Können wir unsere Arbeit mit einem Gefühl der Schönheit angehen, laufen wir nicht Gefahr, etwas unbewusst Hässliches zu erzeugen. Es wird nichts zur Schau gestellt, ganz im Gegenteil: Die Darstellung wird angemessen, positiv und virtuos sein.

4.16 Ein Gefühl für das Ganze

Als Schauspieler sind wir niemals allein, wir sind immer Teil einer Angelegenheit, die größer ist als wir. Doch wir, die Schauspieler, stellen jeweils eine Einheit dar, und das Ganze sowie jeder einzelne Teil davon bildet ebenfalls eine Einheit. Alles arbeitet als Einheit, jeder Moment ist eine Einheit und weist auf die Geschlossenheit der gesamten Komposition hin. Das gilt sogar für die Zeit: Was am Ende zu sehen ist, muss bereits im Beginn präsent sein, und der Beginn muss im Schluss präsent sein. Jeder Teil für sich genommen reflektiert die Ganzheit.

5 Anwendung

Beim Erlernen dieser Schauspieltechnik geht es um die eigenen Entdeckungen, die eigenen Erfahrungen sowie die eigenen Fehltritte und Erfolge, die man macht. Die Praxis kann uns ablenken. Man kommt leicht vom Weg ab, wenn man sich auf eine Sache konzentriert, es in der Übung aber um etwas anderes geht. Diese Arbeit eröffnet viele Möglichkeiten, und die Schüler müssen lernen, worauf sie ihre Aufmerksamkeit zu richten haben. Der Lehrer muss sie während ihrer Erkundung in die richtige Richtung führen: Wissen wir, wonach wir suchen, werden wir es leichter finden. Sobald sie die Grundlagen sicher beherrschen, können die Schüler spielen und sich entscheiden, was sie sich von der Schauspieltechnik nehmen möchten.

Dieses Kapitel zeigt auf, wie die Schauspieltechnik von Schülern, Lehrern und Regisseuren praktisch angewendet werden kann. Der Stil unterscheidet sich von dem der vorangegangenen Kapitel, denn im Folgenden geht es um meine direkte Arbeit mit Schauspielern, in der ich Anweisungen gebe und Richtungsvorgaben mache. Das Kapitel liest sich anders, und daher sollen diese einleitenden Bemerkungen den Leser darauf hinweisen, dass hier „ein anderer Gang eingelegt" wird. Das meiste von dem, was hier gesagt wird, stammt von mir, darüber hinaus werden aber auch die Fragen und Bemerkungen wiedergegeben, die von den Schauspielern im Laufe der Workshops gestellt und gemacht wurden. Die jeweiligen Stimmen sind unterteilt in meine Stimme und in die der Schüler (S).

5.1 Aufwärmen

Lasst uns einen Kreis bilden und mit einem Ball spielen, damit wir unsere Körper aufwärmen können.

Hier ist der Ball. Stelle dir vor, dass er sich sehr, sehr heiß anfühlt. Wirf den Ball einfach deinem rechten Nachbarn zu – achte darauf, dass dein Partner keine Mühe hat, ihn zu fangen; ziele aufs Herz. Fange den Ball und wirf ihn im Kreis weiter. Mache dir klar, dass du gibst. Beim Schauspiel geht es ums Geben und Nehmen und dieses

Ballspiel ist eine Metapher dafür. Bitte achte darauf, dass du den Ball zuerst in der Hand hältst und dann deinem Partner zuwirfst. Nun nehmen wir einen zweiten Ball hinzu. Mache einfach weiter; wirf den Ball im Kreis immer vom einen zum anderen. Dieser zweite Ball ist ebenfalls heiß. Du musst ihn fangen und ihn dann werfen. Nun nehmen wir noch einen dritten Ball hinzu, werfen ihn allerdings in die entgegengesetzte Richtung. Achte darauf, dass der Ball nicht auf den Boden fällt. Verfolge aufmerksam, was geschieht. Alle drei Bälle bewegen sich schnell.

Halten wir einen Moment lang an.

Unruhe entsteht. Die Leute sind atemlos und angespannt. Bleibe in Kontakt mit dem Boden, fühle, wie deine Füße den Boden berühren, dann wirst du im Hier und Jetzt bleiben und nicht in Panik geraten. Schauspielerei erfordert Präsenz, so, wie auch dieses Ballspiel Präsenz erfordert. Du musst präsent sein, ansonsten bricht das Ballspiel ab. Mit diesem Ballspiel bringen wir den Körper in Schwung, damit er spielen kann.

Das war schon besser.

Nun unterbrichst du wieder. Wer immer gerade den Ball besitzt, hält ihn fest. Lasse zu, dass du auf die Hitze in deiner Hand reagierst – empfange die Hitze einfach und erlaube dir, auf sie anzusprechen. Entspanne deine Muskeln, damit du die Hitze annimmst; Anspannung erzeugt nichts Gutes. Natürlich ist der Ball nicht wirklich heiß, sondern es ist eine imaginierte Hitze. Empfange die imaginierte Hitze. Nun setze das Ballspiel fort.

Wir werden willkürlich beginnen und anhalten, wenn ich es ansage. Wer immer den Ball dann hat: Nimm die Hitze in deiner Hand auf, und erlaube deinem Körper einen Moment lang, das Unbehagen darüber auszudrücken. Dann werde ich „Weiter!" rufen, und du wirst den Ball weiterwerfen. Benutze deinen Körper, ohne dich anzustrengen. Drücke dich mit Leichtigkeit aus. Der Körper ist alles, was du hast. Er ist dein Instrument, wir machen ihn wach.

5.2 Ausdehnung / Zusammenziehen

Benutze deinen physischen Körper. Versuche, so groß wie möglich und danach so klein wie möglich zu werden. Beginne die Bewegung aus einer zusammengerollten Haltung heraus. Dann richte dich zu voller Größe auf, benutze dafür deinen gesamten Körper. Du bewegst dich, also höre auf deinen Körper. Höre darauf, was er dir mitteilt, während du diese ausdehnende Bewegung machst. Atme gleichmäßig weiter, während du die Geste ausführst. Sage dir, dass du dich ausdehnst. Du wächst. Versuche, das zu fühlen. Höre zu, lasse den Körper zu dir sprechen. Nun bewegst du dich auf entgegengesetzte Weise; ziehe dich zusammen und kehre in die Haltung zurück, von der aus du die Ausdehnung begonnen hast.

So groß oder so klein wie möglich zu werden, ist letztlich keine Frage der Position. Es geht um die Reise dorthin. Die eigentliche Dynamik liegt in der *Ausdehnung* oder dem *Zusammenziehen.* Dabei handelt es sich um eine Geste, und Gesten enthalten Bewegung.

Versuche dir bewusst zu machen, dass du ein dreidimensionales Lebewesen bist, und dass du ein Oben, ein Unten, ein Vorne und ein Hinten besitzt … Wir neigen dazu zu vergessen, dass wir eine Rückseite haben, also wirst du vorne größer und offener. Doch schließlich wirst du deinen Rücken zusammenziehen, wodurch sich dort eine Spannung entwickelt. Oder im Nacken, wenn du deinen Kopf zurückwirfst. Geht es darum, größer zu werden, dann solltest du so groß wie möglich werden. Wenn du diesen Vorgang körperlich nicht mehr weiterführen kannst, ohne dass dabei bestimmte Körperteile kleiner werden, ist die Geste beendet.

Achte auf Spannung und Atmung … Dynamische Spannung ist vorhanden, aber keine körperliche. Versuche, mit einem Gefühl der Leichtigkeit zu arbeiten. Was ist mit dir passiert?

Wenn wir darüber reden, wie du dich gefühlt hast, ist alles in Ordnung. Ich konnte sehen, dass jeder von euch etwas Unterschiedliches wahrgenommen hat.

S 1: Zusammengezogen zu sein, fühlte sich an, wie im Winterschlaf zu sein …

S 2: Liebe ist Ausdehnung und Zusammenziehen traurig…
S 3: Einmal habe ich mich lustig und hinterhältig gefühlt, ein anderes Mal habe ich Angst bekommen, als ich mich zusammengezogen habe…
S 4: Ich musste mich nicht dafür entschuldigen, mir so viel Raum genommen zu haben.
S 5: Als ich mich geöffnet habe und meine Brust weit war, habe ich mich nicht mehr sicher gefühlt. Als ich mich zusammengezogen habe, habe ich mich sicherer gefühlt.

Die unterschiedlichen Informationen, die jeder von euch bekommt, entspringen euren unterschiedlichen Gesten bzw. der Qualität, mit der diese ausgeführt wurden.

Die meisten von euch denken zu viel. Hört in eure Körper hinein.

Versuche, dich auszudehnen und zu schrumpfen wie ein Luftballon, dem Luft entweicht. Sorge dafür, dass daraus ein gleichmäßiger Fluss, eine kugelförmige Ausdehnung wird. Gelangst du ans Ende deiner Geste der Ausdehnung, lässt du den energetischen Körper zurück; gehe physisch von ihm fort.

Beim letzten Mal haben wir für unsere Schulterblätter neue Augen entwickelt. Erinnerst du dich? Stelle dir einfach vor, dass diese Augen in deinen Schulterblättern sitzen und du damit „sehen" kannst. Benutze diese neuen Augen, um mit dem in Verbindung zu bleiben, was du im Raum gelassen hast. Blicke mit den neuen Augen in den Schulterblättern auf die Geste, die du hinter dir gelassen hast, nachdem du gegangen bist.

Wiederhole diese Sequenz dreimal. Bleibe in Verbindung mit ihr, besitze sie.

Cechov sagte: „Wiederholung ist eine zunehmende Kraft." – Das, was du aus jeder Wiederholung ziehst, wird wachsen.

Gehe durch den Raum, führe verschiedene Dinge mit der erweiterten Energie aus, die genau in diesem Moment in dir ist. Sage „Ja", selbst zu den kleinsten Dingen, die dir heute geschehen.

Aus dem Ja wird mehr entstehen. Es wird mehr entstehen, wenn du feststellst, was es ist und wie simpel und kraftvoll es ist. Es wird mehr entstehen, wenn du dir der Verbindung zwischen Sein und Bewegen bewusst wirst. Das ist eine *psychologische Geste*; die erste, die wir untersuchen werden. Die psychologische Geste ist dynamisch, weil sie sich bewegt und für dich als Schauspieler daher sehr nützlich ist.

Erinnerst du dich noch an den „künstlerischen Rahmen"? Das ist eine sehr spezielle Art, sich zu bewegen und die psychologische Geste zu erkunden. Der künstlerische Rahmen gliedert eine Bewegung in drei Teile. Er ist eine Lernhilfe; wir benutzen ihn im Unterricht, nicht während einer Aufführung. Er leistet uns Vorschub, ein neues Bewusstsein für Bewegungen zu entwickeln, denn er verlangt von uns, sich bewusst und vollendet zu bewegen:

1. Wir beginnen die Bewegung mit dem energetischen Körper.
2. Als nächstes führt auch der physische Körper die Bewegung aus, bis es ihm nicht mehr möglich ist; an diesem Punkt haben wir das Ende der Geste erreicht.
3. Erhalte die Geste aufrecht, sende sie durch den energetischen Körper in den Raum hinein; das nennt man „die Bewegung ausstrahlen".

Da der energetische Körper die Geste der Ausdehnung ausstrahlt, ist es nun an der Zeit, sich von ihr zu entfernen; du lässt also etwas hinter dir, das sich immer noch bewegt. Du entfernst dich nicht von einer starren Skulptur oder Statue, sondern von einer dynamischen Geste, und blickst mit dem neuen Augenpaar in deinen Schultern auf sie zurück. Besitze die Geste! Anschließend kannst du dir etwas von ihr nehmen. Steigere die *Energie der Ausdehnung*, gehe nicht mit leeren Händen. Nimm sie dir. Mache sie dir zu eigen.

Wenn wir den künstlerischen Rahmen benutzen, trainieren wir das Wissen des energetischen Körpers, wie man die Geste ausführt. Später wirst du dann in der Lage sein, diese Geste als innere Bewegung zu erfahren. Du wirst sie ohne den physischen Körper ausführen können.

Wenn du dich von ihr entfernst, sage „Ich bin". Sprich die Wahrheit dieses Moments aus.

Benutze den künstlerischen Rahmen tatsächlich. Sei dir der drei Teile bewusst. Nun sieh, ob du diese Geste der Ausdehnung auch nur mit dem energetischen Körper ausführen kannst. Lasse es geschehen und schaue, was sich daraus ergibt.

Wie fühlst du dich?
S 1: Aufgeregt.
S 2: Aktiv.
S 3: Glücklich.
S 4: Großzügig.

Da du nun in der Lage bist, die Geste als innere Geste auszuführen, versuche, mit deinem physischen Körper etwas anderes zu tun.

Widme dich ein paar Äußerlichkeiten, während du die innere Geste ausführst.

Schüttele als äußere Handlung jemandem die Hand, während du dich gleichzeitig als innere Handlung ausdehnst.

Was fällt dir auf?

Mit der richtigen Konzentration ist es kein Problem, diese Dinge umzusetzen. Es ist sehr viel einfacher, sie auszuführen, als darüber zu sprechen. Und es lohnt sich eigentlich nicht, darüber zu reden, bevor du es nicht erfahren hast. Es geht einzig und allein um die Erfahrung. Hast du die gemacht, können wir danach über sie sprechen.

Dies ist ein inneres Ereignis, die psychologische Geste. Dieses innere Ereignis wird in einen äußeren Ausdruck übersetzt, das Händeschütteln. Jemandem auf diese Weise die Hand zu schütteln, ist sehr speziell. Es gibt deinem Partner etwas, und es sagt den Zuschauern etwas. Etwas passiert mit deinem Geist, und das äußert sich in der Art, wie du die Hände schüttelst. Arbeite während einer Probe daran. Der Körper erinnert sich an alles; während der Aufführung müssen wir die Übung nicht „tun".

Energie als Form kann man im Raum einen Platz zuweisen. Das ist eine Möglichkeit, mit der psychologischen Geste zu arbeiten. Eine ganz bestimmte Stelle auf der Bühne kann mit einer Geste gefüllt werden, sodass diese Stelle ausstrahlt. Das ist etwas, das dein Körper weiß, denn du hast die Geste erstellt. Wenn du weißt, dass sie auf energetische Art an diese Stelle gegeben wurde, kannst du ihre Kraft empfangen. Du kannst sie genau dort lassen, wo du sie in der Szene benötigst. Dort schwingt sie. Auf eine imaginative Weise ist sie immer noch in Bewegung und steckt daher noch voller Kraft. Du kannst durch sie hindurchgehen und sie immer dann erfahren, wenn du sie benötigst.

S: Was passiert, wenn man die Gesten behält? Dieses Ding hinter mir ist immer weitergewachsen … und wurde immer größer und größer. Ich mag es nicht, zu viel mit mir herumzuschleppen …

Es ist in Ordnung, wenn die Geste dir folgt. Genau das wollen wir. Aber du kannst sie genauso gut sausen lassen. Wenn sie dir zur Last wird, vergiss sie einfach. Ich denke, du wirst herausfinden, dass sie ein Verbündeter ist. Versuche es.

Nun wollen wir an einer *Gegensätzlichkeit* arbeiten. Du lässt drei ausdehnende Gesten im Raum; du weißt, wo du sie hinterlassen hast. Sammele die drei ein. Tritt körperlich in jede von ihnen, dehne sie aus und verwandle sie. Lasse jede von ihnen sich zusammenziehen. Benutze den künstlerischen Rahmen, damit du diese Geste des Zusammenziehens in- und auswendig beherrschst.

Blicke mit deinem neuen Augenpaar zurück, während du diese Kontraktionen im Raum lässt. Sage „Ja" zu dem, was sich in deinem Inneren verändert hat:

- Nimm das, was geschehen ist, an.
- Spiele damit.
- Lebe darin.
- Drücke es aus.

Nun führe die Geste des Zusammenziehens nur mit deinem energetischen Körper aus.

Schüttelt euch die Hände und führe die Geste *innerlich* aus. Sei tatsächlich in der Begegnung, und führe die Geste tatsächlich aus. Beides kann gleichzeitig getan werden. Genau das ist Cechovs Schauspieltechnik: äußerlich in eine Handlung, wie dem Stück, involviert zu sein und zur gleichen Zeit aufgrund einer Geste oder eines Bildes innerlich lebendig zu sein.

Kehre zur ersten Geste der Ausdehnung als innerer Geste zurück. Führe sie in deinem Inneren aus, und folge den Impulsen, die du erhältst.

Sei im Jetzt, nicht in der Erinnerung daran, wie es sich noch vor wenigen Augenblicken angefühlt hat.

Was ist es für dich? Lasse es das sein, was es ist. Begib dich einfach hinein, und genieße die Freiheit.

Beginne damit, zwischen diesen beiden Gesten als inneren Gesten hin- und herzuwechseln.

Spiele mit ihnen.

Folge den Impulsen, die in dir entstehen. Versuche nicht, sie vorherzusagen, sondern folge einfach dem, was in dir geschieht.

Höre in deinen Körper hinein, versuche, das rationale Denken abzuschalten. Es wird dich nur ablenken und mit Zweifel erfüllen.

S: Ich habe auf die Person reagiert, der ich die Hand geschüttelt habe. Als er sich ausgedehnt hat, fand ich es schwierig zu schrumpfen.

Du bist ein netter und sympathischer Mensch, daher folgst du automatisch den Signalen, die an dich gesendet werden, was auch gut ist. Es zeigt, dass du Einfühlungsvermögen besitzst und du in Verbindung mit deinem Partner stehst.

Aber manchmal muss die Figur die Person, die ihr die Hand schüttelt, hassen. Also könnte sie sich während der Begegnung innerlich zurückziehen. Manchmal hassen wir auch den anderen, leugnen es aber, weil wir dieses Gefühl innerhalb des Stückes verbergen müssen. Wir müssen wissen, wonach wir streben, und dann wird es uns leichtfallen, das zu finden.

Eine Schauspieltechnik zu haben heißt, bestimmte Dinge, die erforderlich sind, tun zu können. Wenn uns das nicht durchweg gelingt, ist dieser Beruf nicht der richtige für uns. Es dauerhaft und gut zu tun, erzeugt großes Vergnügen. Für Schauspieler ist das Spielen immer ein großes Vergnügen.

Versuche dir bitte so klar wie möglich zu machen, dass man sowohl „Ja" als auch „Nein" durch Ausdehnung sagen kann, und dass „Ja" und „Nein" ebenfalls durch Zusammenziehen möglich sind. Das ist ein sehr wichtiger Punkt, den man genauer untersuchen muss. Wenn du das verpasst, löst sich die dynamische Kraft der Bewegungen auf und das Ergebnis wird flach und statisch.

Liebe ist Ausdehnung, genauso wie Wut. Es ist ganz einfach ein qualitativer Unterschied.

5.3 Das imaginäre Zentrum

Jeder von uns besitzt ein Zentrum, unsere gesamten Bewegungsimpulse entstehen von einem Zentrum aus. Das Zentrum hat seinen Sitz im Körper, der überall sein kann. Als Schauspieler können wir uns jeden Teil des Körpers als Sitz des Zentrums auswählen.

Beginnen wir mit folgendem Bild:

Stelle dir vor, die Sonne hat ihren Sitz im Zentrum deiner Brust. Du spürst, wie die Sonne von der Brust aus in den Kopf und nach unten in die Beine strahlt. Die Sonne ist ein ideales, wunderbares Bild.

Kratze dich an der Nase, aber überlasse es der Sonne in deiner Brust, die Bewegung des Nasekratzens auszuführen: Der Impuls geht von der Sonne aus. Er strömt durch deinen Arm hindurch in deine Hand hinein. Die Sonne in deiner Brust bewegt sie; die Sonne kratzt an deiner Nase.

Nun strömt der Impuls, ausgehend von der Sonne, weiter in deine Füße hinab. Dadurch bist du in der Lage zu gehen. Widme dich verschiedenen Dingen, probiere sie aus. Überlasse es der Sonne, all das zu tun, für das du dich entscheidest. Spiele.

Genieße die Freiheit, die Verantwortung für die simplen Dinge, die du tust, abzugeben. Die Sonne führt sie aus.

Platziere die Sonne im Kopf.

Spürst du, wie sich die Energie verlagert? Warte auf diesen Moment.

Kratze dir, ausgehend von der Sonne in deinem Kopf, die Nase. Überlasse es der Sonne; du hast Wichtigeres zu tun, als dir Sorgen darüber zu machen, dir die Nase zu kratzen.

Spiele wieder, probiere aus. Entdecke die Unterschiede, die durch die Verlagerung des Zentrums entstehen.

Platziere die Sonne im Becken.

Kratze dich an der Nase, aber lasse es die Sonne im Beckenboden tun. Spiele wieder, und achte auf die Unterschiede.

Lasse uns nun die gleichen Erkundungen mit Eis anstellen – dem polaren Gegensatz zu unserem Originalbild. Es ist, als wäre die Figur mit einem Eisblock im Becken oder in der Brust oder im Kopf zur Welt gekommen. Überlasse dich diesem Bild. Nimm an, was immer zu dir kommt. Höre darauf. Wir streben eine psychologische Veränderung an. Deshalb ist es sinnlos, sich so zu verhalten, als sei es kalt. Das ist nicht das, wonach wir streben.

Erleben wir uns selbst als verwandelt, haben wir die gewünschte Verbindung zum Bild hergestellt. Wir verändern die Psychologie mithilfe unserer Vorstellungen. Das mag irrig klingen, aber Cechov sagte: „Wir wissen, dass wir in die richtige Richtung arbeiten, wenn wir von den Dingen, auf die wir uns fokussieren, außerhalb unserer selbst getragen werden." Die Vorstellung führt uns aus uns selbst heraus. Sie löst die eingeschränkte Vorstellung, die wir von unserem Selbst und unseren Fähigkeiten haben, auf, und erhöht unsere Möglichkeit und Kraft, uns selbst auszudrücken.

„Schaue zurück". Frage dich: „Was für eine Person war das?"

S: Mit dem Eis in meiner Brust hatte ich das Gefühl, von jedermann abgetrennt zu sein. Also ich meine damit, es war eine Figur, die abgetrennt war. Ich meine nicht, dass ich keinen Kontakt herstellen konnte, sondern ich wollte keinen Kontakt haben. Ich habe keinen anderen Menschen gebraucht.

Du musst dich bewegen, um herauszufinden, wie du dich verhältst. Verhalten entsteht nicht, indem man herumsitzt und Dinge fühlt. Das führt bloß zu einer Lähmung, durch die du in der Welt der Gefühle stecken bleibst. Wie wirst du mit diesem Gefühl für dich selbst, das vom Eisblock in deiner Brust herrührt, interagieren? Interessant; du hast nun für dich eine Art innere Hürde errichtet. Selbst wenn du dich in einem Konflikt befindest, musst du mit der Welt klarkommen.

Bewege dich in einem neuen Tempo – starkes Staccato. Du wirst alles bekommen, was du brauchst. Du spürst die Notwendigkeit für den Tempowechsel. Bleibe mit deinem Zentrum in Verbindung. Du wirst den Grund für den Tempowechsel erfahren.

Ändere das Zentrum. Verlagere das Eis in deinen Kopf. Nimm mit ihm Verbindung auf, platziere es dort. Spüre die Verlagerung.

Führe einfache Gesten aus, die allmählich zu komplizierteren werden. Wenn du dich dem überlässt, wirst du dadurch erfahren, was zu tun ist.

Erlaube dir, freier zu werden.

Bleibst du dieselbe Person, wenn du das Zentrum verlagerst? Was erlebst du? Du veränderst dich und spielst mit dem Zentrum. Mache es zum Zentrum deines Seins, zum Zentrum der Figur. Alles, was du tust, nimmt dort seinen Ausgang.

S: Kann man Sonne mit Ausdehnung und Eis mit Rückzug verbinden?

Natürlich, das ist der Grund, warum wir mit diesen besonderen Bildern und schon früher mit Ausdehnung und Zusammenziehen gearbeitet haben; sie bilden ein Prinzip, und vieles baut auf ihnen auf. Die Sonne strahlt nach außen. Sie gibt und nährt. Sie folgt von Natur aus der Ausdehnung. Eis folgt psychologisch gesehen von Natur aus dem Zusammenziehen.

Diese Dinge sind auf sehr einfache und schöne Weise miteinander verbunden.

Alles ist miteinander verbunden. Die Schauspieltechnik bietet multifunktionale und einfache Werkzeuge an, die sich auf dynamische Prinzipien beziehen.

Nun bilden messerscharfe Augen das Zentrum.

Die Augen werden nicht aufgeschnitten; die Augen sind Rasierklingen. Sie steuern jede Bewegung. Die Rasierklingen werden die Bewegungen für dich ausführen.

S 1: Es fühlt sich an wie eine scharfe und kalte Person.

S 2: Berechnend.

S 3: Aggressiv.

S 4: Isoliert.

S 5: Beobachtend.

Das Bild ist eng und verdichtet.

Bleibe bei dieser Stelle, aber ändere das Bild in Kerzenflammen, die in deinen Augen flackern.

S: Ich fühle mich liebenswürdig, sanft.

Die Flammen der Kerze sind sanft, ausladend und allumfassend.

S: Wie gehe ich methodisch vor? Sagen wir, die Figur ist sehr liebenswürdig; sollen die Augen wie Kerzenlicht benutzt werden?

Das ist in Ordnung. Das ist das Zentrum deiner Figur – du hättest diese Augen die gesamte Aufführung über. Ohne sie würdest du deine Figur nicht spüren. Das zu tun, erfordert Mut: Du musst dir sagen:

„In der Probe am heutigen Abend geht es für mich darum, das Zentrum zu finden." Und du musst über den Zeitraum einiger Proben hinweg eine Menge Aufmerksamkeit darauf verwenden. Dann wird es seinen Platz finden, und du musst dich nicht länger darauf konzentrieren. Es wird da sein.

Deine Intelligenz, nicht dein Denken, muss zum Einsatz kommen. Du kannst nicht einfach behaupten, die Figur habe Flammen in ihren Augen, weil es sich im Unterricht gut angefühlt hat. Deine Vorstellungskraft wird dir das Bild liefern. Doch vorerst benutze dieses eine, und finde heraus, welche Bedeutung es heute für dich hat.

S: Kann das Bild sich verändern?

Ja, das wirst du feststellen, wenn du in der Probe mit verschiedenen Bildern spielst. Es ist möglich, die Qualität deines Zentrums zu verändern. Konzentriere dich einfach, und alles wird von dieser Stelle aus geschehen. Die Figur wird dir die Qualität des Bildes zeigen: spröde, weich, scharf, trocken, feucht etc.

S: Kann das imaginäre Zentrum wechseln?

Wenn du es ständig von einer Stelle zur anderen bewegst, ist es kein Zentrum mehr. Dennoch kannst du alles tun, was du tun möchtest, alles, was dir dabei hilft, deine Darstellung zu erarbeiten.

Wenn du zu viel über diese Dinge nachdenkst, führt das zu Schwierigkeiten. Der rationale Teil des Gehirns, den Cechov den „kleinen Intellekt" nennt, sagt: „Das ist nicht möglich. Ich werde es nicht zulassen, dass all diese Dinge geschehen." Wenn du versuchst, Gründe dafür zu finden, ist das tödlich. Mithilfe deiner Vorstellungskraft musst du sehen, auf welche bestimmte Art sich die Figur bewegt. Du kannst bestimmen: „Hey, er sieht so aus, als habe er eine zerbrochene Glasflasche im Becken." Es geht nicht darum, dass du den Schmerz darstellst. Es geht darum, dass du mit einer zerbrochenen Glasflasche geboren wurdest. Es handelt sich um dein Leben. Du musst es zumindest versuchen, denn deine Vorstellungskraft hat dir das Bild gegeben, dem du vertrauen und dich überlassen musst. Du kannst ein Bild jederzeit verwerfen, wenn es sich nicht richtig anfühlt. Die Arbeit mit der Vorstellungskraft ist eine freie, und wenn dir ein bestimmtes Bild nicht dienlich ist, kann es einfach durch ein anderes ersetzt werden. Setzt du allerdings ausschließlich deinen Verstand und dein Denken ein, ist es sehr schwierig, deine Funde zu verwerfen; dein Verstand wird nämlich jede Menge Mittel und Wege finden, um dir weiszumachen, dass er dir dienen soll. Arbeitet man als Regisseur mit Schauspielern zusammen, die sich an Ideen festgebissen haben, welche der Produktion nicht nützlich sind, nimmt das viel Zeit und Energie in Anspruch. Glaube mir, es ist ungeheuer anstrengend, sich während des Spielens von Gedanken leiten zu lassen. Denken, so wundervoll dieser Vorgang auch ist, ist als Aktivität sehr eingegrenzt, denn Denken muss Dinge eingrenzen. Vorstellungskraft hingegen ist weit und ausladend, sie will vieles einschließen.

Das Schwierigste am Spielen ist zu wissen, was notwendig ist.

Wir erlernen Techniken, um die notwendigen Dinge zu erlangen. Doch wir als Schauspieler müssen *wissen*, was für die Szene, das Stück, die Figur notwendig ist. Als Schauspieler kannst du ausdrücken, was immer du willst, aber du musst in der Lage sein zu erkennen, was es ist, das du ausdrücken möchtest.

Im Textbuch steht, was notwendig ist. An diesem oder jenem Punkt im Stück müssen wir weinen, dann lachen etc. Das ist notwendig. Dahin müssen wir kommen, doch dazwischen müssen wir immer wieder „ins Reine kommen". Am besten ist es, wenn du mit einfachen Ideen arbeitest. Ein gewissenhafter Umgang mit der Schauspieltechnik wird den Rhythmus verkomplizieren, dich zu komplexen Kompositionen führen.

5.4 Denken, Fühlen, Wollen

Spielen wir heute Abend ein weiteres Ballspiel. Jeder von uns hat einen Ball, und wir werden unsere Bälle alle gleichzeitig werfen. Jeder von uns hat eine bestimmte Person, der er den Ball zuwirft, und jeder wird ebenfalls den Ball einer bestimmten Person auffangen. Das heißt, der Ball, den ich fange, kommt immer von derselben Person, und meinen Ball werfe ich immer derselben Person zu. Es ist eine Dreiecksverbindung. Die Verantwortung hat immer der Werfer. Ziele auf das Herz, damit der Fänger immer weiß, wo der Ball hingeworfen wird. Jeder ist ein Werfer, also trägt auch jeder die Verantwortung.

Versuche, die ganze Zeit über sämtliche Bälle im Spiel zu behalten. Die Bälle, die auf den Boden fallen, müssen aufgehoben und wieder ins Spiel gebracht werden. Behalte das während des Spiels im Hinterkopf. Wir werden ununterbrochen werfen und fangen. Sehen wir mal, wie lange es uns gelingen wird.

Das war gut; am Anfang ein bisschen anstrengend, aber dann haben wir ein Gespür dafür bekommen und konnten das Werfen aufrechterhalten.

Fühlst du dich der Gruppe und deinem Körper gegenüber nun wacher? Gut.

Hast du irgendwelche Stöcke, Bälle und Schleier draußen in der Welt bemerkt? Sobald du diese Dinge in deinem täglichen Leben wahrnimmst, ist die Methode für dich zugänglich und anwendbar. Die Sache mit dem Stab, dem Ball und dem Schleier ist etwas ziemlich Reales. Das wirst du bemerken, wenn du dich danach auf die Suche machst. Hast du es in dir selbst gefunden? Versuche, dir darüber bewusst zu werden. Du solltest in der Lage sein, zwischen deinen eigenen Qualitäten und den Qualitäten deiner Figur zu unterscheiden.

S: Ich vermute, ich bin ich doch eher ein Gefühlsmensch. Als ich erst einmal darüber nachgedacht habe, durch die Welt zu gehen… (deutet auf den Kopf).

Kein Denker? Es ist in Ordnung, ein Denker zu sein. Dann ist es eben so. Das heißt nicht, dass du nichts fühlst. Genauso wie eine Person, bei der wie bei Romeo das Denken nur an letzter Stelle steht, kein Narr ist. Es ist einfach so.

Entscheidend ist zu wissen, welcher Typ du selbst bist. Für einige Teile der Figur kannst du direkt von dir selbst ausgehen, für die anderen musst du die Technik benutzen.

Wir reden nun über dein Leben. Darüber, was du im Leben bist, nicht während deiner Arbeit. Schauen wir uns etwas an, was du bereits kennst, um zu sehen, ob du etwas Neues darin entdeckst. Verhalte dich so, als würdest du diese Information nicht kennen, obwohl sie dir natürlich ganz offensichtlich vertraut ist.

Fühle, dass du einen Kopf besitzt. Versuche, die Form des Kopfes zu fühlen. Er ist rund und gleicht keinem anderen Teil deines Körpers. Dieser runde Kopf ist der Ort, an dem du denkst. Doch vorerst versuchst du einfach nur, dir vorzustellen, dass du einen Kopf hast. Verbunden mit diesem Kopf ist eine vertikale Linie, die wir Hals nennen. Versuche bitte zu fühlen, dass du einen Hals hast; lasse deinen Hals den Hals fühlen. Mit dem Hals kannst du den Kopf bewegen. Bitte bewege den Kopf, indem du den Hals benutzt. Es ist möglich, etwas auszusagen, indem man den Kopf bewegt, und zwar etwas, das du nicht durch Hand- oder Fußbewegungen aussagen kannst.

In Ordnung? Nun bewegst du den Kopf und sagst etwas Bestimmtes, während du das tust. Wiederhole es wieder und wieder, damit du begreifst, was du sagst. Führe diese Bewegung sehr schnell aus, und damit meine ich wirklich schnell, im starken Staccato. Schnell, dann hältst du an.

Sagst du noch das Gleiche, das du vor wenigen Augenblicken gesagt hast? Probiere es mit einem Gefühl der Leichtigkeit aus. Während du die Bewegung schneller ausführst, merkst du, dass es schwieriger wird. Sage dir, dass du die schnelle Bewegung mit einem Gefühl der Leichtigkeit verrichtest. Versuche, die Bewegung bewusst mit einem Leichtigkeitsgefühl wahrzunehmen. Nun führst du sie sehr langsam aus. Legato, langsam und ohne Unterbrechungen. Achte darauf, dass es nun leichter wird, die Bewegung zu machen. Sagst du noch das Gleiche?

Verbunden mit dem Hals ist eine horizontale Linie, die wir Schultern nennen. Versuche bitte zu fühlen, dass du Schultern hast und dass dieser Teil von dir eine horizontale Linie ist. Es gibt Dinge, die du mit deinen Schultern aussagen kannst, nicht aber mit deinem Kopf. Bewege die Schultern und sage etwas Bestimmtes mit der Bewegung aus. Nun führe die gleiche Bewegung sehr schnell aus. Sage dir wieder, dass du diese Bewegung mit einem Gefühl der Leichtigkeit machen willst… Versuche, Spaß daran zu haben, dass du dich ebenso leicht wie schnell bewegen kannst. Was sagst du mit dieser Bewegung aus?

Nun führe die Bewegung besonders langsam aus. Achte darauf, ob sich das, was du gesagt hast, verändert hat.

Verbunden mit den Schultern sind zwei vertikale Linien, die wir Arme nennen. Versuche, diese Arme zu fühlen. Du kannst sie bewegen und währenddessen etwas sehr Bestimmtes aussagen, das du mit den Beinen nicht aussagen kannst. Wiederhole die Bewegung, und sei dir im Klaren darüber, was du mit den Armen aussagst. Führe die Bewegung nun mit einem Gefühl der Leichtigkeit sehr schnell aus … Was hat sich für dich verändert? Nun langsam. Lasse deinen Körper zu dir sprechen; höre, was für dich verfügbar ist.

Verbunden mit diesen beiden vertikalen Linien ist das, was wir Hände nennen. Betrachte deine Hände, bewundere sie. Betrachte dann deine Hände in deiner Vorstellung und versuche zu fühlen, dass du zwei von diesen großartigen Dingern hast, die wir Hände nennen. Du kannst deine Hände bewegen und damit etwas sehr Bestimmtes aussagen, das du mit deinen Knien nicht aussagen kannst. Mache eine einfache Bewegung mit deinen Händen, die etwas aussagt. Dann wechsle vom normalen Tempo über staccato zu legato … Spiele. Höre, welches Wissen dir dein Körper mitgibt … Fühle das Wunder, Hände zu besitzen und benutzen zu können.

Ebenfalls verbunden mit Schultern und Hals ist etwas sehr Massives, das zylinderförmig verläuft und das wir Rumpf nennen. Darin sind unsere lebenswichtigen Organe enthalten, nicht zuletzt das Herz, das vom Brustkorb geschützt wird. Versuche, diesen Teil von dir zu fühlen. Du kannst dieses massive Etwas bewegen und damit etwas sehr Bestimmtes aussagen. Du kannst damit etwas äußern und kleine Bewegungen ausführen. Oder du kannst sehr ausladende Bewegungen machen, die Einsatz erfordern. Mache eine Bewegung, die etwas Bestimmtes sagt und ausdrückt. Wechsele das Tempo, sei dir im Klaren darüber, dass du einen Körper hast und dass dein Rumpf in diesem Moment spricht.

Verbunden mit dem Rumpf ist eine weitere horizontale Linie. Diese Linie nennen wir Becken. Fühle, dass du ein Becken hast, richte deine gesamte Aufmerksamkeit darauf, und schon wirst du feststellen, welche Art von Kraft sich dort befindet. Spüre, wie sich dieser Teil deines Körpers vom Rumpf absondert und sich auf völlig eigene Art bewegen kann. Du kannst diesen Teil unabhängig bewegen, und du kannst etwas sehr Bestimmtes mit deinem Becken aussagen. Führe die Bewegung klar und einfach aus, dadurch wird etwas Schönes entstehen, gerade weil es so einfach ist… Wunderbar! Jetzt wechsle das Tempo und spiele wieder. Fühle, wie es ist, ein Becken zu haben.

Verbunden mit dem Becken sind zwei vertikale, lange Linien, die wir Beine nennen. Spüre diese beiden starken und beweglichen Teile deines Körpers. Fühle, wie du von ihnen getragen und aufrecht gehalten wirst. Fühle, wie einfach es ist, sie zu bewegen. Benutze deine Beine und sage mit ihnen etwas aus. Wiederhole das. Jetzt mit einem Gefühl der Leichtigkeit; mache die Bewegung sehr schnell und fahre wie gehabt fort. Spiele mit der Bewegung… Entdecke etwas Neues daran, wie es ist, Beine zu haben.

Verbunden mit den Beinen sind diese Wunderwerke, die wir Füße nennen. Fühle, dass du Füße hast, wie du durch die beiden mit der Erde verbunden wirst, wie die Erde Kontakt mit deinen Füßen aufnimmt. Erfahre deine Füße als Teil deines Körpers, der von deinem Kopf und deinem Nacken weit entfernt ist. Benutze deine Füße, indem du umhergehst, und spüre während des Gehens, wie du vom Boden abhebst, wie die Schwerkraft dich wieder zurücksinken lässt und wie du erneut einem Bewegungsimpuls nachgibst. Du kannst aufhören, umherzulaufen, und deine Füße oder auch nur einen Fuß benutzen, um damit etwas auszusagen. Etwas, das du mit deinem Kopf nicht sagen könntest. Spiele mit den beiden Tempi, wechsle zwischen ihnen, und entdecke etwas Neues an deinen Füßen.

Gehe nun durch den Raum und nimm dich dabei in deiner Ganzheit wahr, mit der menschlichen Form deines Körpers, zu dem all diese Körperteile gehören. Spüre, wie diese Körperteile im Zusammenspiel als Einheit funktionieren. Mache eine ausladende Geste, indem du deinen gesamten Körper einsetzt. Sämtliche Teile bewegen sich wie eine zusammengesetzte Einheit.

Gut. Die Geste ist vom Körper durchdrungen. Probiere es jetzt mit einem Gefühl der Leichtigkeit, damit es eine freie, große und mühelose Geste ist. Strahle die Geste aus. Nun benutze verschiedene Tempi. Spüre, dass deine Bewegungen miteinander harmonieren.

Überrasche dich selbst. Höre auf deinen Körper.

Was bedeutet es, das zu tun? Führe die Geste aus, und während sie ausstrahlt, sprich diesen kleinen Satz: „Ich habe einen Körper, und mein Körper ist ausdrucksstark."

Wiederhole den Satz, auch wenn du glaubst, dass du ihn schon kennst. Die Worte werden das Gefühl, das aus der Geste kommt, stärken, ganz gleich, um welches es sich dabei handelt.

Nun wollen wir ein bisschen darüber reden.

Sieh mal, was gerade passiert ist, als ich das gesagt habe. Hast du gemerkt, dass sich unsere Haltungen verändert haben? Wie jeder von uns eine Art „Zuhörerpose" angenommen hat? Wie wir uns gewohnheitsmäßig hingestellt haben?

Nein? Im Allgemeinen bemerken wir das auch nicht. Diese gewohnheitsmäßigen Haltungen nehmen wir unbewusst ein und leugnen damit, dass wir einen Körper haben. Für gewöhnlich sind diese Haltungen recht zusammengezogen und häufig angespannt. Wir bemerken nicht einmal, wie sehr. Durch diese Anspannung entweicht Energie, und wir verlieren augenblicklich das Gespür dafür, einen Körper zu besitzen. Wir werden zu „Köpfen", um darüber nachzudenken, was gerade gesagt wurde. Noch vor wenigen Augenblicken warst du in deinem Körper und im Raum völlig präsent, hast Energie ausgestrahlt und dich selbst als zusammengesetzte Einheit erlebt. Auf einmal sind wir ein Haufen „Köpfe".

Ich versuche nicht, dir das zu nehmen; du kannst jede Haltung einnehmen, die dir gefällt. Aber Gewohnheiten wie diese rauben dir dein physisches Bewusstsein.

Ich schlage vor, dass wir, solange wir gemeinsam in diesem Raum sind, alle fünf Minuten, oder wann immer es dir einfällt, Folgendes tun: eine alberne oder lächerliche, sanfte und mühelose, aber keinesfalls eine angespannte Pose einnehmen. Es ist ein nettes, kleines Spiel, das wir heute Abend gemeinsam spielen werden. Betrachte es als eine Erinnerungshilfe, die dich darauf hinweist, dass du einen Körper besitzt. Hast du die sanfte und alberne Pose eingenommen, sagst du laut: „Ich habe einen Körper." Meinetwegen kannst du das mitten in einer Übung tun, oder danach, wenn ich etwas sage. Selbst während einer Improvisation ist das in Ordnung. Jeder von uns wird Verständnis dafür haben, und wir werden uns gegenseitig in unserem neuen, physischen Bewusstsein bestärken. Versuche nicht, die gleiche Pose zu wiederholen, denn dann wird sie wieder zur Gewohnheit. Versuchen wir also, bei ihr zu bleiben und sie doch jedes Mal zu wechseln. Wir arbeiten an Figuren, was uns den starken Wunsch abverlangt, unser Gespür für unseren Körper zu verändern.

Hier sind einige Informationen, die vielleicht interessant sein könnten. Sie sind nicht Cechov-spezifisch, helfen aber dabei, das imaginäre Zentrum zu finden:

- Die oberste Stelle des Kopfes ist der denkende Teil des Denk-Zentrums.
- Der Kiefer ist der wollende Teil des Denk-Zentrums.
- Die Augen sind der fühlende Teil des Denk-Zentrums.
- Hand – denkend
- Finger – denkend
- Handmitte – fühlend
- Handballen – wollend
- Unterarm – fühlend
- Bizeps – wollend
- Ellbogen – wollend

5.5 „Gier unter Ulmen"

Was, glaubst du, sind Eben und Abbie für Typen? Es gibt drei Figuren in diesem Drama – was hältst du davon, wenn wir jeder von ihnen eine maßgebliche Funktion (Denken, Fühlen, Wollen) zuweisen? Obwohl keiner von euch an der Cabot-Figur arbeiten wird, lohnt es sich dennoch herauszufinden, wie er neben den anderen Figuren am besten in das *Ganze* passt. Du musst in der Lage sein, auf das Ganze zu blicken. Sobald du ein *Gespür für das Ganze* hast, kannst du dich den Einzelheiten widmen und sie, falls notwendig, auseinandernehmen. Doch du musst das Ganze kennen, um es wieder zusammenzusetzen. Es ist wie bei einem Puzzle, bei dem du dir zuerst das Bild auf der Schachtel ansiehst, um das gesamte Bild zu erfassen.

S: Ich denke, dass Cabot ein wollender Typ ist, denn er hat alles in seinem Leben erreicht: Er hat die Farm und Geld. Darauf hat er hingearbeitet, und das gibt er auch jedem zu verstehen.

Das klingt einfach und einleuchtend. Ich stimme zu, er ist ein wollender Typ. Und schon wissen wir etwas über die Figur und wie sie im Ganzen funktioniert. Was ist mit Eben? Welcher Typ ist er?

S: Er ist Abbie und seinem Vater gegenüber unglaublich stur. Ich denke, er ist ein wollender Typ. Ist es möglich, dass zwei Figuren des wollenden Typs im selben Stück vorkommen?

Ja, du kannst mehrere wollende Typen nehmen, wenn sie notwendig sind, um die Geschichte zu erzählen. Aber woher, glaubst du, kommt diese Sturheit? Was ist der Grund dafür? Gleich zu Beginn des Stückes können wir es sehen.

S: Er muss ein fühlender Typ sein. Er fühlt sich von Abbies Anwesenheit betrogen und hasst den alten Mann sehr. Seine Mutter liebt er über alles. Das erfahren wir sofort. Mir scheint, das sind sehr starke Gefühle.

Ich stimme dir zu. Für mich ist er auch ein fühlender Typ. Vergiss nicht, um ein Mensch zu sein, müssen alle drei Funktionen in Betrieb sein. Uns interessiert die Reihenfolge, in der sie wirken. Ohne analytisch werden zu müssen, begreifen wir, dass Eben von seinen Gefühlen gesteuert wird; danach handelt er, und dann erst denkt er nach. Das ist enorm und kann, wenn diese Information richtig angewendet wird, dem Schauspieler, der Eben spielt, viele Türen öffnen. Sie kann Probleme beseitigen und eine Quelle echter Kreativität sein.

Und was ist mit Abbie, was für ein Typ ist sie?

S: Müsste sie nicht eigentlich ein denkender Typ sein, weil die anderen beiden ein wollender und ein fühlender Typ sind? Müssen wir nicht automatisch einen denkenden Typen aus ihr machen?

Nein, du entscheidest dich für das, was für die Geschichte am besten ist.

Aber lasst mich eines sagen: Eugene O'Neill ist zweifellos ein großer Dramatiker. Bei großen Schriftstellern ist es oft so, dass wir jene nette, kleine Anordnung in ihren Stücken finden. Ob das nun bewusst oder unbewusst geschieht, spielt dabei keine Rolle; diese Art der Offenlegung findet man häufig in ihren Werken. Gemeint ist damit das

Zusammenspiel der drei Funktionen, das ein Leben bzw. ein Drama ausmacht. Daher ist es nützlich, danach zu suchen und darauf zu achten, wann es vorkommt. Diese ganze Angelegenheit von Denken, Fühlen und Wollen schafft wunderbare Behälter für unsere Arbeit.

Und Abbie? Ist sie eine denkende, eine fühlende oder eine wollende Figur?

S: Sie kommt und will die Farm, scheinbar geht es ihr darum, auf Biegen und Brechen die Farm zu bekommen. Sie heiratet Cabot, sie zieht ein, sie übernimmt die Pflichten einer Hausfrau und Mutter, sie bearbeitet Eben. Für mich ist sie ein wollender Typ.

Wenn sich uns diese Figur offenbart, erzählt sie uns eine Geschichte über ihre Vergangenheit, ihre Träume, über das, was sie über andere denkt und über sich selbst. Allmählich verstehen wir, dass sie einen Plan hat, um dieses Haus in ihren Besitz zu nehmen. Sie hat darüber nachgedacht, Cabot zu heiraten; das war kein spontaner Entschluss. Du kannst ihr die ganze Zeit über dabei zuschauen, wie sie über eine Möglichkeit nachgrübelt, an Eben heranzukommen. Sie versteht ihn, denn sie denkt über ihn nach. Sie sagt ihm, er werde ihr unterlegen sein, lange, bevor es so ist. Sie malt sich aus, wie es ihrem Plan nach geschieht. Findest du nicht auch, dass sie ein denkender Typ ist … oder?

Das ist also die Anordnung der drei Figuren in diesem Drama. Sie wird uns auf unserer physischen Reise zum Verständnis dieser drei Figuren hilfreich sein.

Benutze nun Stab, Ball und Schleier, um diese Figuren zu erkunden. Wir werden einen Stab für Abbie und einen Schleier für Eben benutzen. Was für eine Art von Schleier könnte es sein?

Erinnerst du dich noch an die Bewegung des Schleiers? Sie ist sanft und fließend wie bei einer Wasserpflanze. Du hast unglaublich viele Möglichkeiten, mit denen du arbeiten kannst. Da wir das Stück gelesen haben, wissen wir, dass Eben gesellschaftlich ungeschickt und ein Bauernjunge ist. Sein Vater beschwert sich darüber, wie weich er im Vergleich zu ihm ist; dennoch ist er zäh genug, um dieses schwere Stück Land zu bearbeiten. Nimm sämtliche Angaben, die du beim Lesen des Stückes erhalten hast, und versuche, sie zu nutzen, um das Bild eines ganz bestimmten Schleiers zu erhalten, der zu Eben gehört.

Die Frauen sollten das Gleiche für Abbie tun. Finde den Stab, mit dem Abbie physisch am besten erfasst werden kann. Die Bewegung ist linear und ein bisschen steif oder stockend. Das ist allerdings nur die vorbereitende Arbeit an der Figur, es ist noch nicht die endgültige Figur, nur der Typ … Der besondere Stab oder Schleier wird dir helfen, ihr näherzukommen.

Konzentriere dich auf das Bild, dann kannst du es dir einverleiben. Du musst es in deinen Körper aufnehmen.

Die Schritte des Prozesses, wie Michael Cechov ihn sieht, sind: Vorstellung – Konzentration – Einverleibung – Strahlung – Inspiration.

Wir stehen am Anfang der Arbeit und schon bist du vertraut mit deinen Fragen und Antworten. Du bewegst dich und versuchst, mit deinem Körper diese einfachen Dinge zu finden. Das macht dich aktiv und aufnahmefähig. Die Arbeit tritt auf dich zu, du bist mit physischen Erkundungen beschäftigt.

Psychologie und Körper sind miteinander verflochten. Wenn du dich auf diese Art bewegst, wirst du vieles entdecken und dir vieles aneignen.

Die Wärme, die in der Arbeit steckt, stärkt deinen Wunsch zu spielen, denn sie entstammt deiner schöpferischen Individualität. Wenn du dir das Bild einverleibst, dann lebst du wirklich mit ihm in deinem Körper.

Du möchtest dir sagen können: „Das Bild besitzt mich." Du musst dich dem Bild überlassen, deinen energetischen Körper tatsächlich auf das Bild zubewegen. Dann wird es dich befreien und überraschen und sich dir mitteilen.

5.6 Handlung, psychologische Geste

Sprich folgenden Satz: „Trink das Wasser, es ist gut." Sprich ihn mehrere Male, damit du die wirkliche Bedeutung der Worte verstehst.

Nun mache eine ausladende Geste, welche die essenzielle Aussage der Worte zum Ausdruck bringt. Eine Bewegung, keine Pantomime. Versuche, die Essenz der Idee, das Gefühl fürs Ganze zu finden. Da es eine sehr simple Sache ist, sollte dir das leichtfallen.

Frage dich, ob die Bewegung tatsächlich das Ganze ausdrückt. Tut sie das nicht, hast du die Möglichkeit, die Geste zu wechseln.

Verwende den künstlerischen Rahmen, und beginne mit dem energetischen Körper. Dann nimmt der physische Körper die Bewegung auf; lasse den energetischen Körper die Geste über die Grenzen des physischen Körpers hinaus ausführen. Sobald sie ausgestrahlt wird, sprich den Satz: „Trink das Wasser, es ist gut."

S: Ich fühle mich voller Energie, wenn ich das tue. So als wäre ich tatsächlich mit etwas verbunden.

Die Energieströme hinter dieser Arbeit sind notwendig. Die Geste eröffnet uns einen Zugang zu ihnen.

S: Ich bin mir nicht sicher, ob meine Geste zu wortgetreu ist.

Fühlst du dich von der Geste bestärkt?

S: Ja.

Dann ist sie fürs Erste auch gut. Später wirst du eine bessere finden.

Jetzt führe die Geste nur mit dem energetischen Körper aus. Führe sie aus, erhalte sie aufrecht, sprich, wenn du spürst, dass du sprechen musst.

Du musst es dem energetischen Körper überlassen, die Geste vorzubereiten und sie auszuführen, bevor es der physische Körper tut. Du trainierst deinen energetischen Körper, um die Geste zu kennen. Wir benutzen den physischen Körper, um sie zu finden, den energetischen Körper, um sie uns anzueignen. Nachdem wir das getan haben, ist der energetische Körper in der Lage, sie auszuführen und zu benutzen.

Was tust du, wenn du die Geste ausführst? Wie fühlst du dich dabei?

S 1: Bietend.

S 2: Umarmend.

S 3: Gebend.

S 4: Demonstrierend.

S 5: Ich sage: „Vertrau mir."

Was tust du, wenn du jemanden bittest, dir zu vertrauen?

S: Ich geben ihm ein Stück von mir.

Siehst du, wir sind dabei, den Archetyp zu finden. Wir gelangen über einen anderen Weg zu ihm – durch die Hintertür. Dabei handelt es sich nicht um den Archetyp der Figur, sondern um den der Handlung. Schauspieler nennen das oft das Ziel.

Das Geben ist eine der archetypischen Handlungsaussagen. „Ich gebe“ ist die Aussage.

Du kannst jemandem eine Ohrfeige oder einen Kuss auf die Lippen geben. Die einfache Zeile „Ich gebe“ ist die Handlunglinie. Sie ist eine von sechs archetypischen Handlungen.

Die Geste ist eine Bewegung, führe sie so aktiv wie möglich aus. Setze deinen gesamten Körper so gut es geht ein. Fühlst du, wie die Ströme des Gebens in dir wirken?

S: Ich fühle etwas, weiß aber nicht, was es ist.

Dann folge den Impulsen, die aus dieser Bewegung kommen.

Wenn du die Geste mit dem physischen Körper erarbeitest, erlaube dem energetischen Körper auszustrahlen, bevor du sprichst.

Die psychologische Geste ist eine Art Frage, die Antwort liegt in der Ausstrahlung – wenn der energetische Körper die Geste ausstrahlt. Wir erzeugen eine energetische Welle, um auf dem Text surfen zu können.

Wenn du die Geste ausschließlich mit dem energetischen Körper, als innere Geste, ausführst, dann kannst du den Text sprechen, während du sie durchführst, da du mit Energie arbeitest und eine energetische Welle ausstrahlst.

Nenne eine beliebige Handlung, und du wirst sie in einer dieser sechs Handlungen wiederfinden.

Alle Handlungen sind auf gewisse Weise miteinander verbunden: Ich gebe, ich nehme, ich will, ich lehne ab, ich gebe nach, ich behaupte mich.

Was machest du, wenn du das tust – wenn du gibst? Wenn wir uns mit Handlung beschäftigen, wollen wir etwas benutzen, das uns anspricht.

S: Ich hatte das Gefühl, ich pfeif auf sie: „Ich pfeif auf dich.“

Das ist eine Form des Gebens.

Zu Beginn musst du also herausfinden, was du mit der anderen Person anstellst – wenn du auf sie pfeifst, dann erkennst du, was es heißt, auf jemanden zu pfeifen – und es wird eine der sechs archetypischen Handlungen sein. In diesem Fall ist es ganz eindeutig Geben. Siehst du das?

Wenn du direkt zum Archetyp übergehst, dann wird es unbesonnen, intellektuell, trocken, allgemein. Finde die präzise Handlung, und sie wird dich zum Archetyp und zur richtigen Geste führen.

Schauen wir uns einen Moment lang Folgendes an und versuchen wir, den Archetyp einer bestimmten Geste herauszufinden. Nenne eine Handlung:

- Spionieren = Ich nehme
- Flirten = Ich gebe oder auch Ich nehme
- Herausfordern = Ich gebe
- Töten = Ich gebe oder Ich nehme – abhängig von dem, was geschieht
- Erlösen = Ich hebe / Ich gebe
- Streiten = Ich behaupte mich
- Trösten = Ich gebe
- Flehen = Ich will

Cechov hat uns fünf archetypische Gesten an die Hand gegeben, um damit die Welt der Handlung untersuchen zu können: Schieben – Ziehen – Heben – Werfen – Reißen.

Es ist die *Qualität* der Geste, welche die Genauigkeit der Handlung ausmacht.

Sei in der Geste, und folge den Impulsen, die sie entsendet – erhalte die Geste eine Weile lang aufrecht, und werde dann nach außen hin lebendig, indem du den Impulsen der inneren Bewegung folgst.

S: Jede Rückmeldung ist auf spezielle Weise unterschiedlich – ziehe ich vom Becken aus, ist das anders, als wenn ich vom Kopf aus ziehe. Ist das ein Schema?

Es ist ein um Mittel herauszufinden, was notwendig ist. Zu wissen, was notwendig ist, das ist der schwierige Teil – wenn du das gefunden hast, dann hast du die Werkzeuge, um es zu bekommen.

S: Ich muss prahlen und weiß nicht, was ich tun soll.

Was tut einer, der prahlt?

S: Soll ich dafür zuerst die Handlung oder die Geste finden?

Das ist das Gleiche. Am Ende muss es eine innere Geste geworden sein. Du musst die Geste innerlich ausführen.

S: Also ist das auch das Zentrum – man kann es genauso gut in das Zentrum stellen?

Ja, das kannst du. Warum versuchst du es nicht?

Womit prahlst du?

S: Damit, dass ich sehr wenig hatte und nun vieles besitze – dass ich gewinne.

Prahlen ist ebenfalls Geben. Kannst du das nachvollziehen?

Dehne dich in diese Geste aus. Dehne dich zu „Ich gebe“ aus.

Du musst alles als Bewegung ansehen. Was ist zum Beispiel die Bewegung der Liebe? Das ist Geben und Ausdehnung.

Die Geste ist immer zum geliebten Menschen hin gerichtet. Ich bewege mich stets auf den geliebten Menschen zu, sende sozusagen von Herzen. Jeder Liebende schickt sein Herz an den anderen, und sie treffen sich in der Mitte, finden sich eigentlich außerhalb ihrer selbst. Ist es wirklich Liebe, dann vertraust du darauf, dass sie zurückkommt. Das alles ist Bewegung.

Die Erde ist in Bewegung, die Luft, das Wasser, und folgt dabei bestimmten Regeln. Als Lebewesen dieser Erde sind wir den Gesetzen der Bewegung unterworfen.

S: Ich denke, sie verführt ihn in dieser langen Rede über das Herz.

Verführung. Welche Geste ist das?

S: Ziehen? Nehmen!

Genau, es ist ein ständiges Ziehen auf eine geheimnisvolle, sinnliche und verspielte Weise.

Stoßen und Ziehen sind sehr nützlich und grundlegend.

Darin fühlen wir sofort ein „Ja“ und „Nein“. Es ist möglich, die gesamte Szene mit „Ja“ und „Nein“ zu improvisieren.

Die Arbeitsschritte der Geste:

1. Finde sie mithilfe des physischen Körpers. Entwickle sie so, dass sie etwas in dir anspricht. Angesprochen werden sollte das, wonach du suchst.

2. Führe nun mit dem energetischen Körper die Geste aus, und folge ihr mit dem physischen Körper. Wenn du physisch das Ende der Geste erreicht hast, erhältst du sie aufrecht, indem du sie mit dem energetischen Körper ausstrahlst. Das ist der künstlerische Rahmen.

3. Versuche nach einer Weile, die Geste ausschließlich mit dem energetischen Körper auszuführen. Folge den Impulsen oder speziellen Energieströmen, die sich in dir bewegen. Dein Körper ist lebendig, wenn du gibst oder nimmst bzw. bei allem, was du tust.

4. Finde die Qualität. Die Qualität der Bewegung wird dich zur spezifischen Handlung führen.

Benutze die Geste, die du für „Ich nehme" entwickelt hast, und führe sie behutsam aus. Wenn wir mit Qualität arbeiten, müssen wir es 100-prozentig tun. 100 Prozent unserer Bemühung stecken darin, die Geste *behutsam* auszuführen. Das ist sehr einnehmend, sieh, wohin es dich führt. Du kennst die Geste und kannst dich jetzt auf die Qualität bzw. das *Wie* der Ausführung konzentrieren. Nun ist es eine sehr spezielle Geste, die in dir eine sehr spezielle Energie weckt, der man leicht folgen kann. Also folge ihr, sage „Ja" zu ihr.

S: Wenn ich die Geste behutsam ausführe, werde ich mir dessen, was mich umgibt, ganz besonders bewusst, und spüre, dass ich möglicherweise nicht sicher war.

Meinst du dich damit, oder meinst du die Figur, die sich nicht sicher fühlt? Ich meine, war diese Erfahrung angenehm oder nicht?

S: Sie war sehr angenehm und einladend. Ich konnte damit arbeiten.

Das klingt gut, es klingt nach etwas Künstlerischem. Genau darauf sind wir aus. Wir wollen Freude am Spielen finden, um aus dem Spiel ein äußerst kreatives Ereignis zu machen.

Probiere Folgendes aus:

- Die Geste von „Ich nehme"
- Eine behutsame Geste des Nehmens
- Eine behutsame Geste des Nehmens vom Kopf aus (Zentrum des Denkens)
- Eine innere Geste: Mache eine kleine, äußere Bewegung, die der inneren Bewegung entspringt.

- Führe die gleiche Geste aus, ausgehend von der Brust (Zentrum der Gefühle).
- Führe die gleiche Geste aus, ausgehend vom Becken (Zentrum des Willens).
- Nun wechsle die Qualität von behutsam zu nachlässig.
- Führe die Geste nachlässig aus, ausgehend vom Zentrum des Denkens.

Nun führe eine *innere Geste* aus. Was ist der Impuls? Folge ihm, es ist an dir, ihn anzunehmen und zu benutzen. Tue dies 100-prozentig nachlässig.

Jede Handlung beinhaltet einen Moment, den man als Höhepunkt bezeichnen kann.

Den können wir den „stärksten Punkt“ nennen.

Führe die Geste nun besonders aufmerksam aus. In welchem Moment erfährst du den Höhepunkt, den du der Geste entnimmst? In welchem Moment erhältst du die meiste Energie, den größten Kick? Das kann für jeden von euch ein anderer Punkt sein. Sei aufmerksam, und versuche, ihn zu finden.

Arbeiten wir mit dem energetischen Körper, sind wir in der Lage, einen nicht-realen Raum-Zeit-Bereich zu betreten. Dadurch schaffen wir es, eine winzige Bewegung eine ganze Zeit lang aufrechtzuerhalten.

Wenn du die gesamte Geste betrachtest, hat sie einen Anfang, eine Mitte und ein Ende. Weil sie endet, ist es schwierig, sie aufrechtzuerhalten. Du fühlst dich genötigt, sie ständig zu wiederholen. Dann reicht sie allerdings nicht aus, um dich dauerhaft anzuregen. Wenn du aber den stärksten Punkt findest und darin verweilst, wirst du dort Vitalität und Kreativität finden.

Es ist möglich, zehn Minuten mit sehr wenigen Bewegungen zu verbringen. Erlaube dir, äußerlich etwas zu tun, das der inneren Geste entspringt. Sprich erst, wenn du dich dazu genötigt fühlst.

Folge den Impulsen, damit das innere Ereignis in eine äußere Darstellung übersetzt wird. *Halte* den Höhepunkt *nicht fest*. Mache eine durchgängige Bewegung, aber innerhalb eines kleinen Aktionsradius. Es ist immer noch ein Ereignis. Es existiert in unserer Vorstellung, und deshalb können wir es aufrechterhalten. Es geht nicht darum, es wiederholt zu spielen; es geht darum, darin zu sein.

Machen wir folgende einfache Übung zur Veranschaulichung. Balle beide Hände zu Fäusten und presse diese Fäuste immer stärker zusammen. Achte darauf, was sich in dir währenddessen verändert.

Wenn du die Fäuste weiterhin presst, verspannst du, alles stirbt ab. Das ist interessant und sollte dir etwas darüber mitteilen, was es heißt, Anspannung zu vermeiden. Dein Körper wird nicht auf energetische Weise für dich arbeiten, wenn du angespannt bist. Du wirst keine Impulse erhalten, weil es für diese kein Durchkommen durch die angespannten Muskeln mehr gibt. Nun benutze deine energetischen Hände, balle diese zu Fäusten und presse sie immer fester zusammen. Die äußeren Hände sind entspannt. Sie sind nicht zu Fäusten geballt. Jetzt erhalte eine kleine innere Bewegung aufrecht. Wiederhole diesen Vorgang ein paar Minuten lang. Sage „Ja" zu dem Ergebnis aus der inneren Bewegung, das du erfährst. Solange du mit der Bewegung beschäftigt und frei von Muskelspannung bist, wirst du Informationen, Impulse und Empfindungen erhalten.

Wenn du den Vorgang, eine Faust zu machen, analysierst, wirst du feststellen, dass das eine sehr kleine Bewegung ist. Innerlich kannst du ununterbrochen in dem Moment bleiben. Stimmst du mir zu, dass es sich um eine andauernde Erfahrung handelt? Siehst du, wie einfach das ist? Es ist keine komplizierte Sache und bringt dir doch so viel.

S: Ich habe das Gefühl, explodieren zu wollen. Als wäre ich eine gefährliche Person; jemand, auf den man sich gefasst machen sollte.

Ist dein Körper angespannt? Nein? Gut. Genau dann können wir daran arbeiten, die Geste aufrechtzuerhalten.

Kehren wir nun zurück zu der Geste „Ich nehme". Führe die Geste sinnlich aus, aber werde dabei nicht vollständig „sinnlich". Dann bewege dich. Entdecke Sinnlichkeit in der *Art*, wie du dich bewegst.

Nun finde den *stärksten Punkt*. Mache dir klar, dass du ihn finden wirst, wenn du danach suchst. Sobald du den stärksten Punkt gefunden hast, benutzt du den energetischen Körper, damit du dauerhaft in ihm sein bzw. den stärksten Punkt erfahren kannst. Es ist einfach und machbar, ihn aufrechtzuerhalten. Spüre, wie dich der Wunsch danach, etwas zu nehmen, erfüllt hat. Dann wirst du wissen, wie man etwas nimmt, weil du innerlich schon die ganze Zeit nimmst. Deshalb ist dein Körper sehr lebendig. Du hast deinen Weg zu einem gesteigerten Erleben gefunden. Du bist ausdrucksstark und frei im Umgang mit deinem Körper, nicht starr und plump. Deine Lebendigkeit ist nicht länger eingeschränkt.

Der Körper erinnert sich an alles, und deshalb lohnt es sich, an den Gesten zu arbeiten. Sie werden für dich da sein, wenn du sie brauchst. Der Verstand ist in der Lage zu vergessen, und er ist in der Lage zu lügen. Doch der Körper erinnert sich, und der Körper sagt immer die Wahrheit.

Jede Kleinigkeit, die du der Geste hinzufügst, wird die Mitteilung, die du erhältst, beeinflussen. Egal, ob der Kopf gehoben oder gesenkt ist, die Hände geöffnet oder geschlossen, die Arme über dem Herzen, auf Höhe des Herzens oder unter dem Herzen.

Eben verwendet eine ganze Menge Energie, um Abbie zurückzuweisen. Der Archetyp der Zurückweisung sagt: Ich bin fertig mit etwas, ich wende mich davon ab, ich werde nie wieder darauf zurückblicken, ich lehne es ab.

Einige deiner Gesten sind interessant. Ihr alle müsst sie erkunden. Aber auch wenn sie interessant sind, werden die Gesten dich vielleicht nicht auf die richtige Weise versorgen; du musst ihnen sehr genau zuhören. Was bedeutet es, Kopf und Rücken abzuwenden und sich mit den Händen vor dem Gesicht nach unten zu beugen und dabei mit einer Hand die Sicht auf eine Person / eine Sache zu versperren? Worin unterscheidet sich die gebeugte Haltung von einer aufrechten Haltung, in der man ebenfalls Kopf und Rücken abwendet und die Sicht mit einer Hand versperrt? Ich bin sicher, du wirst einen großen Unterschied zwischen diesen beiden Arten der Ablehnung finden. Welche davon ist für diese Szene angemessen?

Mit der Zeit wird Ebens Widerstand schwächer, doch er hält ihn weiterhin aufrecht, wenn auch etwas weniger vehement. Er glaubt, es tun zu müssen, denn er ist gegen seinen Feind eingeschworen. Aber durch Abbies verschiedene Arten des Gebens, und auch einige wenige des Nehmens, beginnt sie, ihn zu knacken. Lasse die Ströme der Zurückweisung durch deinen Körper wie durch einen Filter strömen, damit etwas geschieht. Diese Erfahrung ist angenehm, versuche dennoch herauszufinden, was sie bedeutet. Lasse deinen Körper herausfinden, was sie bedeutet.

In der zweiten Szene im Salon hat er den Kampf verloren, ein neuer wartet auf ihn. Er hat ihr so vehement widerstanden, dass es ihn, als er sich schließlich in sie verliebt, mit ungeheurer Kraft packt. Sein Widerstand hat in ihm einen Damm errichtet, der in dieser Szene bricht.

Das *Wer* ist die Figur, das *Was* der Wunsch, das *Wie* die Sinnlichkeit.

Versuche, die Bewegung zu sehen, als Kurzfassung, meinetwegen als Tanz; versuche zu verstehen, wie diese Menschen sich miteinander bewegen. Wer übt den Druck aus und wann? Und wer ist derjenige, der zieht? Wie sieht ihr Tanz aus?

5.7 Bewegungsqualitäten

Heute werden wir an der Qualität arbeiten, und das werden wir sehr gezielt und im Grunde genommen auf archetypische Weise tun. Durch sein Buch gab Cechov uns vier unterschiedliche Arten von Bewegungen und Bewegungsuntersuchungen an die Hand. Diese vier Qualitäten sind wunderbar, denn arbeitest du an diesen vier, arbeitest du an unzähligen Arten, dich zu bewegen. Es ist wichtig, jetzt darauf zu achten, denn du musst Qualität in die psychologische Geste, die du ausführst, einbringen. Wie ich bereits beim letzten Mal gesagt habe, bekommst du durch Qualität die spezielle und erforderliche Handlung.

Die vier Qualitäten entsprechen den vier griechischen Elementen: *Erde*, *Wasser*, *Feuer*, *Luft*.

Arbeiten wir uns von der dichtesten zur luftigsten vor. Wir beginnen mit Erde, deren entsprechende Bewegungsqualität Cechov *Form* nannte. Stelle dir vor, du stehst in nassem Lehm. Spüre den Widerstand, wenn du versuchst, dich darin zu bewegen. Cechov benutzt den Begriff „formend", um die Bewegung zu beschreiben, wobei *wie ein Bildhauer* vermutlich passender wäre, denn du wirst dich auf eine Weise bewegen, als würdest du aus der Luft eine Skulptur erstellen.

Die Luft, die dich umgibt, ist der Lehm, den du formen bzw. „bildhauern“ musst. Spüre, dass die Luft sich deinen Bewegungen widersetzt, während du bis zu den Hüften, dann bis zum Rumpf, bis zu deinen Armen und bis zu deinem Hals im Schlamm versinkst. Wenn eine Bewegung endet, beginnt die nächste. Atme, atme, atme. Behalte das Gefühl der Leichtigkeit, während du deine Bewegungen „formst“. Du arbeitest zwar mit Widerstand, doch versuche, währenddessen nicht angespannt zu sein. Möglich ist das, wenn du mit dem Gefühl der Leichtigkeit arbeitest. Du kannst Raum einnehmen. Du kannst dich über die Grenzen deiner Fähigkeiten hinaus bewegen. Jetzt, da du vollkommen im Schlamm steckst, formst du große, geometrische Skulpturen in den Raum. Lasse dich nicht dazu verleiten, nur die Hände zu benutzen. Benutze den ganzen Körper. Du hast einen Hals, und du hast Beine, Füße, Ellbogen etc. Mache dir klar, dass du dich nicht nur langsam, sondern auch gegen einen Widerstand bewegen musst. Wenn du das Gefühl hast, dass dein Körper diese Art der Bewegung tatsächlich versteht, lasse die Bewegungsqualität äußerlich verschwinden, und hebe sie innerlich an. Nun formt dein energetischer Körper. Suche dir einen Stuhl und setzte dich darauf. Der Stuhl ist nicht bequem, versuche also, es dir bequem zu machen, indem du dich auf dem Stuhl bewegst. Forme all diese Bewegungen innerlich, deinen physischen Körper lässt du einfach den inneren Formen folgen. Finde heraus, wie schnell du mit der äußeren Bewegung weitermachen kannst, doch bleibe weiterhin mit den inneren Formen verbunden. Steigere das äußere Tempo, und bleibe in Kontakt mit den inneren Formen. Bleibe einfach einen Moment lang dort sitzen. Schaue auf etwas, zeige darauf und sage „Sieh“. Forme innerlich die Bewegung des Zeigens. Wird sie für dich dadurch wertvoller?

Bei der Schauspieltechnik dreht sich alles um Bewegung. Du wirst dich die ganze Zeit über bewegen. Sieh, welche psychologischen Qualitäten du aus den Bewegungen herausziehen kannst.

Wie fühlt sich das an?

S: Es ist schwer.

Was ist schwer? Den Körper oder den energetischen Körper auf diese Weise zu bewegen?

S: Wie kann ich das verwenden? Ich glaube, ich sehe nicht wirklich den Nutzen darin. Ich glaube nicht, dass ich mich jemals auf diese Weise bewegen würde.

Denke daran, dass wir uns bewegen, um einen psychologischen Nutzen aus der Bewegung zu ziehen. Alles, was du entdeckst, wenn du den Körper in einer speziellen Haltung oder auf bestimmte Weise bewegst, kann erneut innere Bewegungen oder Qualitäten hervorrufen. Ich glaube, es fällt dir schwer, es zu tun, weil du nachdenkst, bevor du handelst. Damit lässt du zu, dass Zweifel und intellektueller Widerstand in dir hochsteigen. Bitte versuche es noch einmal und richte deine gesamte Aufmerksamkeit darauf, wie der Raum deine Bewegungen abwehrt. Spüre die Anstrengung, die dem Körper abverlangt wird, um sich gegen diesen Widerstand zu bewegen. Wir werden später noch Verwendung dafür finden. Jetzt nimm einfach nur wahr, was mit dir, deinem Körper und deiner Psychologie geschieht.

Drehe den Kopf (formen) und sieh jemanden an. Dann drehe ihn wieder und schauen jemanden anderen an.

Versuche zu sprechen. Es ist möglich, die Zeilen zu formen. Nimm einen Monolog, der dir vertraut ist. Du wirst diesen Monolog auf völlig neue Weise sprechen, und mache dir keine Sorgen, wenn es sich merkwürdig anfühlt. Versuche es einfach, und achte darauf, was dabei herauskommt. Es mag nicht der Art entsprechen, auf die du es gerne tätest, aber du kannst, wie gesagt, etwas völlig Neues an dem Text entdecken, das dir sonst nie in den Sinn gekommen wäre. Es ist nur ein spielerisches Experiment. Stelle dir vor, die Worte kommen aus deinem Mund als geformte Worte … Sie haben eine Gestalt und Substanz im Raum. Es ist beinahe so, als könntest du sehen, wie die Worte bereits geformt aus deinem Mund kommen.

Wie war das, so zu sprechen?

S: Interessant. Aber als ich die Worte geformt habe, hatte ich das Gefühl, auf sie fixiert zu sein und den Zusammenhang zu verlieren.

Kannst du das wiederholen? Ich habe nicht verstanden, was du gesagt hast.

S: Als ich die Worte geformt habe, hatte ich das Gefühl, auf sie fixiert zu sein und den Zusammenhang zu verlieren.

Es tut mir leid, aber ich verstehe dich nicht. Was hast du gesagt?
S: Ich sagte, als ich die Worte geformt habe, hatte ich das Gefühl, auf sie fixiert zu sein und den Zusammenhang zu verlieren.

Bitte?
S: Ich habe den Zusammenhang verloren.

Bitte? Ich habe das nicht verstanden.
S: Ich sagte … etc.

Ich spiele nur mit dir. Haben die anderen gemerkt, wie sie begonnen hat, mit mir zu sprechen? Wie sie die Worte gedehnt hat, um klarer zu werden? Im wörtlichen Sinne war das, was sie gesagt hat, auf Widerstand gestoßen (ich habe sie nicht verstanden), also hat sie natürlich angefangen, die Worte zu formen, damit sie deutlicher wurden und ich sie verstehen konnte.

Bitte denke in diesem Moment nicht zu lange über diese Dinge nach, dafür wird später Zeit sein. Versuche, sie in ihrer Einfachheit anzunehmen und entdecke, was sie bedeuten könnten.

Ich habe dich einfach dahin geführt, die Dinge auf natürliche Weise zu verwenden, hast du das bemerkt? Es ergibt auf ganz einfache Weise Sinn, oder? Und es ist möglich, es zu tun, es tatsächlich zu tun. Dadurch erhältst du ein wunderbares Hilfsmittel, mit dem du dich selbst ausdrücken kannst. Es ist einfach, aber nicht primitiv. Es ist eine elegante Art, an Form zu arbeiten und etwas Ordnung in die Arbeit zu bekommen.

Sprich noch einmal, und forme die Zeilen.

Ich werde in die Hände klatschen, und du wirst ganz normal weitersprechen. Ich klatsche noch einmal, und dann formst du wieder die Worte.

Was ist gerade passiert?
S: Es war direkt und auf den Punkt. Als würde man dem anderen die Worte in den Kopf schießen.

Ich forme die Worte, also werden sie klar sein.

Wir müssen Gebrauch davon machen. Es geht immer um die Arbeit als Schauspieler. Um die andere Person, die durch das, was wir sagen oder tun, beeinflusst wird. Darum, wie speziell wir sein müssen.

Mache diese Bewegung mit dem Kopf (eine Drehung von rechts nach links). Nun höre auf, den Kopf zu bewegen, aber bewege den Kopf des energetischen Körpers … Der „innere Kopf“ stößt auf Widerstand.

Was fühlst du, geht in dir vor? Übersetze das innere Ereignis in einen äußeren Ausdruck.

S: Die Handlung teilt der Story etwas mit. Die Beziehungen haben sich verändert.

Gehe umher, damit du ein Gespür für den Widerstand beim Formen bekommst. Es ist nicht notwendig, dass du langsam läufst. Gehe so schnell du kannst bei dem Widerstand.

Du musst nicht langsam formen. Die innere Bewegung formt, die äußere Bewegung ist schnell.

Was passiert dann?

Diese Übung eignet sich hervorragend für die Arbeit beim Film. Führe einfach nur diese innere Sache aus, und die Kamera wird die innere Qualität festhalten.

Kommen wir nun zu einer anderen Qualität. Wir werden sie „Fließen“ nennen. Sie ist mit dem Element Wasser verbunden. Während du auf dem Stuhl sitzt, stellst du dir vor, du säßest auf einem großen Stein in der Mitte eines Flusses. Der Stein bricht die Strömung des Flusses, doch der Fluss fließt beidseitig an dir vorbei. Nun tauche eine Hand in die Strömung und fühle, dass sie deinen Arm ergreift. Dann vergiss das wieder.

Lasse deine Hand in der Strömung und fühle, wie diese die Hand ergreift. Schließlich wirst du vom Stuhl aufstehen und von der Strömung des Flusses mitgenommen werden. Jetzt befindest du dich in einem strömenden Fluss und kannst nicht aufhören, dich zu bewegen, denn die Strömung reißt dich mit. Achte darauf, dass deine Bewegungen keinen Anfang, keine Mitte, kein Ende haben; erlebe, wie die Bewegungen ineinanderfließen … Stopp. Spüre die Energie, die um dich herum fließt … Nun sitzt du auf dem Stuhl, kannst aber nicht ruhig sitzen bleiben, weil es unbequem ist. Versuche es dir auf diesem Stuhl bequem zu machen, indem du dich bewegst; da du fließt, kannst du auch nicht aufhören, dich zu bewegen … Du kannst stehen oder sitzen, aber etwas bleibt immer in Bewegung. Vielleicht sind es auch nur deine Daumen, die sich drehen oder kratzen oder deine Hosentaschen durchwühlen etc.

Mache so kleine Bewegungen wie möglich; etwas muss immer in Bewegung bleiben. Vermeide unbedingt, in den Zustand der Bewegungslosigkeit zu geraten; bewege nur die Augen, stehe auf, bleibe in der fließenden Ruhelosigkeit.

Vergiss nicht, dass wir hier sind, um die psychologischen Qualitäten aus der Bewegung aufzunehmen und sie später zu benutzen.

Nun wollen wir zu deinem Monolog zurückkehren. Wenn du sprichst, dann ist es, als würdest du die Öffnung eines Wasserspeiers freilegen: Die Worte fließen unaufhörlich aus deinem Mund. Du kannst den Fluss der Worte nicht aufhalten. Das ist kaum vorstellbar, aber doch möglich. Die Worte treten einfach als endloser Strahl aus deinem Mund heraus. Das kann schnell oder langsam geschehen, nur musst du dir im Klaren darüber sein, dass es ein unaufhaltsamer Strom ist.

Wie fühlt sich das an?

S: Das ist viel einfacher als zu formen, aber es ist auch ganz anders. Die Dinge scheinen nicht so wichtig zu sein.

Fließen erzeugt ein Gefühl der Leichtigkeit. Formen erzeugt ein Gefühl von Form.

S: Vor meinem geistigen Auge tauchen Figuren auf. Es ist leichter, leicht zu sein. Ich denke nicht in schauspielerischen Dimensionen … aber das Schauspielerische kommt zu mir. Ich hatte das Gefühl, dass alles, was ich gesagt habe, weniger schrecklich war.

Gut. Fange an, auf eine fließende Art zu sprechen. Wenn ich in die Hände klatsche, wechselst du zum Formen, ich klatsche erneut, du wechselst zum Fließen etc.

S: Das war sehr interessant; der Monolog schien sich nach dem Klatschen ganz natürlich dem Wechsel anzupassen. Wie ist das möglich?

Also das Klatschen erfolgte willkürlich, und deinen Monolog kenne ich nicht. Vielleicht war einiges davon richtig, auch wenn nicht jeder von euch das Gefühl hatte, dass es 100-prozentig richtig war. Es ist einfach nur eine Übung, eine Art, mit dem Text zu spielen und etwas zu entdecken, das wie ein Geschenk zu dir kommt. Es ist nicht immer durchdacht. Zu viel darüber nachzudenken kann müde machen.

Doch setzen wir unseren Weg durch die Elemente fort, und werden wir leichter und leichter. Als Nächstes an der Reihe ist das Element Feuer. Die entsprechende Qualität nannte Cechov „Strahlen". Das bedeutet, in dir entsteht Licht, und du strahlst es bewusst und stetig aus.

Stelle dir vor, oben auf deinem Kopf sei eine Blende, die du öffnen und schließen kannst wie das Auge einer Kamera. Zu Beginn dieser Übung stellst du dir vor, ein leuchtendes Wesen zu sein. In dir ist helles Licht, das nur darauf wartet, aus dir hinauszugelangen. Öffne die Blende auf deinem Oberkopf und spüre, dass das Licht aus dieser Öffnung scheint. Wir fangen am Oberkopf an, damit du gar nicht erst in Versuchung gerätst, das Licht sehen zu wollen, das natürlich nicht wirklich sichtbar ist. Aber du kannst es sicherlich fühlen. Und genau das ist es, was wir wollen, wir wollen es fühlen. Mache dir klar, dass du die Decke beleuchtest. Oder du beugst dich nach vorne, um dir die Schnürsenkel zu binden, und beleuchtest die Person vor dir.

Das verleiht dir ein wunderbares Gefühl von Macht. Stelle dir vor, du seist in einem dunklen Raum und könntest anderen Menschen aufgrund deiner Anwesenheit und deiner Strahlung den Weg zeigen.

Schließe nun die Blende vollständig. Spürst du den Unterschied zwischen offener und geschlossener Blende?

S: Es ist ein riesiger Unterschied, aber ich kann nicht sagen, worin er liegt. Ich habe das Gefühl, sehr präsent, stark und lebendig zu sein, wenn sie geöffnet ist.

Strahlen ist eine sehr angenehme Aktivität. Die Welt wird attraktiver, denn wir leihen ihr unser Licht, und das lässt die Dinge hell und freundlich erscheinen. Das ist wirklich eine Art von Kraft, die wir benutzen können.

Eine Blende können wir überall dort anbringen, wo wir sie wollen. Platziere jeweils eine in den Innenflächen deiner Hände und experimentiere, indem du die Hände öffnest und schließt. Oder du öffnest sie nur zu Hälfte oder nur zu einem Viertel. Versuche, eine Hand geöffnet und die andere geschlossen zu halten etc.

Achte auf die Variablen, vergiss nicht die Blende auf deinem Kopf. Versuche, sie auf deine beiden Füße zu platzieren, damit du beim Umhergehen mit jedem Schritt den Boden beleuchtest. Nun platziere eine Blende auf deinem Steißbein. Insgesamt macht das sechs Blenden, mit denen du spielen kannst.

Öffne alle Blenden gleichzeitig, und schließe sie wieder gleichzeitig. Wie fühlt es sich an, wenn du das tust? Wie verändert sich dadurch deine Psychologie?

Ich möchte, dass du verstehst, dass wir mit dem Wort Psychologie nicht Psychoanalyse meinen. Wir reden nicht über Freud oder irgendetwas Wissenschaftliches. Wir reden lediglich über dein Ich-Gefühl. Das ist tatsächlich so einfach; in dir hat sich etwas verändert, wodurch du dich konsequenterweise verändert hast. Achte einfach auf die Veränderungen.

Da du jetzt ein Gespür hast für deine Fähigkeit, Licht auszustrahlen, versuche, deine Gliedmaßen so zu bewegen, dass du das Licht über eine große Entfernung hinweg ausstrahlst. Das ist eine ungeheuer energiegeladene Bewegung voller Leidenschaft und Hingabe. Du bist mit der Welt um dich herum durch das Licht, das du kontrollierst, verbunden.

Gehe im Raum umher und grüße die anderen. Weiter musst du nichts tun.

Nun lasse uns wieder Licht auf etwas werfen, doch tue es dieses Mal beiläufig, zärtlich und leicht.

Unterscheidet sich diese Art von jener, Licht über eine große Entfernung zu werfen?

Ein weiteres Merkmal von Feuer ist Hitze. Stelle dir vor, dass nicht nur Licht, sondern auch Wärme aus dir nach außen gelangt. Die Wärme geht von deiner Hand aus; du beginnst, die Objekte im Raum zu erwärmen. Das ist nicht sehr schwer, aber du musst die Möglichkeit akzeptieren, nur dann ist es auch möglich.

Etwas Warmes strömt aus dir heraus, und das macht dich für die anderen automatisch anziehend. Gehe zu den Leuten und gib ihnen etwas Wärme ab, denn sie brauchen sie. Gehe zu einem Stuhl und setze dich hin, wärme ihn vorher mit dem Steißbein an. Spüre, wie deine Leichtigkeit und Wärme in den Stuhl und weiter in die Erde strahlen.

Strahle die Wärme im Sitzen aus, verwende sie im Sitzen, und mache dir klar, was du gerade getan hast.

Kehren wir wieder zu deinem Monolog zurück. Jedes Wort ist ein Stückchen Licht, das aus deinem Mund dringt und den Raum zwischen dir und deinen Partnern, zwischen dir und deinem Publikum erleuchtet. Es ist eine strahlende Handlung, keine skulpturbildende wie das Formen.

Durch Romeo wird Julia schön, und durch Julia wird Romeo schön, denn beide bestrahlen den anderen mit ihrer Liebe. Sie erleuchten sich gegenseitig. Sie erleuchten sich und wärmen die Welt und sich selbst:

> „Doch still, was schimmert durch das Fenster dort?
> Es ist der Ost und Julia die Sonne.
> Geh auf, du holde Sonn! Ertöte Lunen,
> Die neidisch ist und schon vor Grame bleich."

Shakespeare sind diese Dinge nicht fremd. Er übergibt sie den Schauspielern, damit diese sie gemeinsam mit den Worten, die sie sprechen, anwenden. Wie war es, den Monolog auf diese Weise zu sprechen?

S: Es fühlte sich groß, mächtig, sogar verletzlich an.

Für mich klingt das nach einer guten Erfahrung. Wie bist du dahin gekommen?

Durch die Arbeit. Die Arbeit bringt dich dorthin. Hast du ein klares Gespür für das Verfahren, das du angewendet hast, um dieses Gefühl zu erlangen?

Ich klatsche: Fange an, den Monolog mit der Qualität des Strahlens zu sprechen, dann wechsle zu Formen oder Fließen. Du entscheidest, wie du sprechen wirst, dann kehrst du wieder zurück zum Strahlen etc. Wechsle die Qualität, wenn ich in die Hände klatsche.

S: Es ist interessant, was man alles machen kann.

Ja, es gibt so vieles, das du mit der Cechov-Technik tun kannst.

Dabei geht es nicht um dein persönliches Leben. Natürlich bist du es, der agiert, und das ist einzigartig und individuell. Es ist der Künstler in dir, der formt, benutzt und ausdrückt.

Wir wissen, dass Liebe Licht und Wärme enthält, aber es ist nicht so, dass du Liebe aussendest. Das könnte schnell sentimental werden.

Es geht darum, Licht und Wärme, die etwas Objektives sind, zu nutzen, um die archetypische Idee von Liebe auszudrücken.

Licht und Hitze könnten sich ebenso gut gewaltiger, in einer Explosion äußern, zum Beispiel als Vulkanausbruch.

Was geschieht, wenn du das Bild eines Vulkans benutzt?

S: Ich fühle mich heiß, ich meine in leidenschaftlicher Hinsicht.

Gut. Nun benutze dieses bezaubernde Bild: Es ist Nacht, und mitten im Wald steht ein Häuschen, in dessen Fenster eine Kerze brennt. Es ist ruhig, mild, warm.

S: Es war, als hätte ich jeden Menschen gerne willkommen geheißen. Es war irgendwie respektvoll.

Es war nicht zu vergleichen mit dem Vulkan, und doch haben dir die gleichen Elemente diesen und jenen Impuls gegeben. Die Bandbreite ist groß, wenn du die Oberfläche durchstößt und mit den Erkundungen beginnst. Es macht Spaß und ist recht einfach auszuführen. Du musst es einfach nur tun, und es wird geschehen. Es ist eine Möglichkeit, zu üben, tue es einfach. Cechov schlägt Folgendes vor, er nennt es „kontinuierliches Spielen": Stelle dir eine Aufgabe, die zwar drei, vier oder fünfzehn Minuten Zeit pro Tag von dir erfordert, aber eine Übungsmöglichkeit liefert. Gehe in die Welt hinaus und lasse dich auf ein Wechselspiel mit ihr ein. Gehe zum Beispiel in ein Geschäft und kaufe ein Brot oder irgendetwas anderes. Wähle eine Qualität, die du erkunden willst. Beginne in dem Moment, in dem du das Haus verlässt, und höre auf, wenn du zurückkehrst.

Nun wollen wir an dem verbleibenden Element Luft arbeiten.

Es ist gewichtslos und dünn, nichts kann darin wirklich Form annehmen. Qualitativ ist Luft sehr weit von dem Element Erde entfernt. Sie ist schnell und leicht. Cechov hat dieser Qualität den Namen „Fliegen" gegeben. Es ist, als würden deine Gesten und Handlungen nicht bei dir bleiben, sondern in den Raum fliegen und verschwinden. Als würde man versuchen, einem Bus, der einem vor der Nase wegfährt, hinterherzufliegen, um ihn noch zu erwischen.

Drehe deinen Kopf sehr schnell nach links, dann nach rechts, nach oben, nach unten, so als würdest du von einer Wespe gequält werde, die dir die ganze Zeit um den Kopf herumschwirrt.

Gehe, als müsstest du über sehr heißen Sand laufen, um auf die andere Seite des Raumes zu gelangen. Dies sind die natürlichen Voraussetzungen fürs Fliegen. Du hast sie bereits ausgeführt; bei ihnen handelt es sich schon um eine Art von Fliegen.

Wenn dir klar geworden ist, dass du fliegst, kannst du die Bewegungen so steuern, dass es nach Panik oder Chaos aussieht. Doch es ist Kunst anstatt Chaos.

Die Dinge fliegen fort von dir. Es ist, als würde man Staub wegpusten. Führe eine entsprechende Bewegung aus. Sie geht, ist fort, und es ist, als hätte sie niemals eine Form gehabt.

„Bitte?" „Wer ist da?"

Stehe ruhig, und stelle dir vor, diese fliegenden Bewegungen zu machen.

Nun wirst du den Monolog fliegen. Los.

Stopp. Das war sehr laut.

Bedeutet schnell und leicht gleich laut? Versuche, mit dem Gefühl der Leichtigkeit zu arbeiten. Sprich die Worte leicht und ein bisschen leiser. Es geht nicht darum zu rufen, sondern die Worte so schnell zu sprechen, dass man sich fragt, ob oder von wem sie wirklich gesprochen wurden. „Habe ich das gesagt?"

Ich werde wieder in die Hände klatschen, und du wirst daraufhin vom Fliegen zu einer der anderen Qualitäten wechseln, für die du dich im Augenblick des Wechsels entscheidest.

Das war verrückt, oder? Wie war es für dich?

S 1: Befreiend.

S 2: Wie früher, wenn man als Kind Superheld gespielt hat.

S 3: Schwierig, mit dem Klatschen mitzuhalten. Es war zu schnell. Ich musste darüber nachdenken, also habe ich es nicht wirklich tun können. Ich habe den Text vergessen.

Siehst du? Es funktioniert nicht, wenn du darüber nachdenkst. Du musst wissen, dass du es tun kannst, dann hast du auch keinen Grund mehr, darüber nachzudenken. Es ist, wie diese Flasche Wasser hier hochzuheben. Ich weiß, dass ich es kann, deshalb ist kein Gedanke mehr erforderlich, nur noch der Wille. Also musst du üben, *wie* du es tust, dann wirst du wissen, dass du es kannst.

Das Spiel mit den Bewegungsqualitäten bricht das Schloss, mit dem du möglicherweise den Text verriegelt hast. Es erlaubt dir, die Energie auf eine bestimmte Art zu kanalisieren, anstatt sie überallhin zu versprühen … Diese vier Elemente sind die Bausteine des Universums … sozusagen die Archetypen des *Wie*.

S: Das scheint etwas zu sein, das tatsächlich die Energie im Raum verändern kann.

Fühlst du das?

Das Prinzip der Qualität steht dir zur Verfügung. Benutze es, um die Bedeutung von dem, was du sagst, zu verändern. Das funktioniert durch ein Gefühl für Form. Jetzt haben wir also das Werkzeug, mit dem wir arbeiten können, wenn wir uns mit dem Text beschäftigen.

Auf der Bühne ist alles, was du tust, bedeutsam. Du musst eine Entscheidung darüber treffen, was du verwerfen bzw. betonen möchtest.

Dieser Ansatz passt sehr gut zu Shakespeare. Dort kommen häufig lange Dialoge und Monologe vor, und wir müssen einen Weg finden, damit sie funktionieren. Alles hier ist ein Kunstwerk.

Diese vier Bewegungsarten haben einen starken Einfluss, und zwar nicht nur auf unsere notwendigen Handlungen, auf die ganze Angelegenheit etc., sondern auch auf unsere psychologischen Gesten. Wir können uns diesen Gesten mit echter, formender Kraft nähern, wenn wir die Qualitäten anwenden. Aber du musst üben, dich mit den vier Qualitäten zu bewegen, und du musst dich damit vertraut machen, wie sie auf dich einwirken und wie sie sich immer wieder verändern.

Auch hier führt uns der Archetyp wieder zum Besonderen.

5.8 Empfindung

Heute werden wir uns mit der *Gefühlswelt* in der Szene beschäftigen. Wir werden über Empfindungen sprechen und sie als Mittel verwenden, um die Gefühle der Figuren zu erfahren.

Jeder kennt diese Erfahrung, und daher lohnt es sich, darüber zu sprechen. Kannst du dich daran erinnern, dass du dich irgendwann einmal auf einen Stuhl setzen wolltest, völlig versunken in die Vorstellung des Sitzens, und in der Annahme, dass der Stuhl eine bestimmte Höhe habe? Eigentlich war er aber ein paar Zentimeter niedriger, als du angenommen hattest. Das ist eine flüchtige Empfindung des Fallens, in deiner Magengrube breitet sich ein beklemmendes Gefühl aus. Zwar nur kurz, aber einprägsam. Dies ist eine der grundlegendsten Empfindungen, der wir uns heute widmen werden: dem Fallen.

Achte darauf, was ich tue. Ich beginne zu fallen, fange mich aber mit meinem Fuß und meinem Bein, bevor es zu spät ist. Trotzdem hast du sehen können, dass ich einen Moment lang gefallen bin. Mein Körper begreift es sofort, und ich spüre eine unangenehme Empfindung, die aufhört, wenn ich mich wieder fange.

Schau her, ich mache es noch einmal. Wie du siehst, beuge ich mich nicht von der Taille aus vor, sondern ich falle, weil ich mich von den Knöcheln aus beuge und den Halt verliere. Aber ich habe die Zeit, mich zu fangen, bevor ich auf den Boden falle. Ich möchte nicht, dass sich jemand wehtut, aber ich möchte, dass jeder von euch erfährt, wie es ist, zu fallen, was das für deinen Körper heißt und was dein Körper deinem Gefühlsleben mitteilt.

S: Ich habe mich sehr unwohl gefühlt, als ich dir zugeschaut habe. Ich hatte das Gefühl, es passiert mir selbst.

Gut. Es ist dir tatsächlich passiert. Ich habe das mit dir gemacht. Jede Art, auf die du es erfahren kannst, ist gut. Aber du willst selbst erfahren können, wie es ist, niederzusinken, herunterzufallen.

Ein Tänzer oder Akrobat lernt zu fallen, ohne sich dabei zu verletzen, sodass die Panikreaktion ausbleibt. Weil uns das klar ist, gehen wir davon aus, dass sie sich nicht verletzen werden. Daher machen wir nicht die gleiche Erfahrung, während wir ihnen beim Fallen zusehen. Ein normaler Mensch gerät bei der leisesten Ahnung zu fallen in Panik.

Falle nach vorne, falle nach hinten, falle zur Seite. Es wird immer anders sein. Tatsächlich wollen wir die Panik wachkitzeln, obwohl sie nur kurz anhält. Das ist natürlich, eine psycho-physische Angelegenheit. Du musst dich selbst fangen, ansonsten wirst du verletzt. Verletze dich bitte nicht.

Jetzt lasse dich auf den Stuhl fallen. Ich werde hier stehen, um zu verhindern, dass er nach hinten kippt, wenn du dich auf ihn fallen lässt. Lasse dich fallen. Es nicht das Gleiche wie Sitzen. Lasse zu, dass du dich auf den Stuhl fallen lässt. Falls du nicht in Panik gerätst, hast du dich nicht fallen gelassen, sondern dich lediglich schwer gemacht... Spürst du das?

S: Ja, das war wirklich beängstigend. Ich möchte es nicht noch einmal tun.

Ja, ich habe gespürt, dass du es gefühlt hast.

Nun lasse dich rückwärts auf den Stuhl fallen. Versuche, es nur mit deinem energetischen Körper zu tun. Es ist eine ungewöhnliche Bitte, aber ich denke, dass du jetzt dazu in der Lage bist, da du deinen energetischen Körper bereits auf andere Arten bewegt hast. Wir müssen unsere energetischen Körper fallen lassen und sie dabei so lange im Zustand des Fallens halten, wie wir es möchten. Weil es nur eine sehr flüchtige Empfindung ist, müssen wir aus diesem kleinen Moment den stärksten Punkt machen. Er ist intensiv, und er ist echt. Das wollen wir aufrechterhalten. Der Anfang ist bereits der stärkste Punkt. Es ist nicht der Moment kurz vor dem wirklichen Fallen, sondern eigentlich der Moment, in dem der energetische Körper zu fallen beginnt. Vielleicht wirst du dich diesem Moment widersetzen, da die Empfindung zu fallen beängstigend ist. Es ist ganz natürlich, sich dagegen zu sträuben, denn es ist eine ursprüngliche Empfindung, und du willst dich schützen. Versuche, die Angst zu überwinden. Du wirst nicht körperlich, sondern „innerlich" fallen.

Lasse deinen energetischen Körper immer weiter fallen.

Wenn du auf diese Weise auf den Stuhl fällst, werden zwei Dinge geschehen:

1. Der Fall wird enden, und die Empfindung wird daraufhin enden.
2. Dein energetischer Körper wird so weit von deinem physischen Körper entfernt sein, dass du den Kontakt zu ihm verlierst und entsprechend nichts geschieht. Du wirst noch einmal beginnen müssen.

Dein energetischer Körper darf nur ein paar Zentimeter von deinem eigenen Körper entfernt sein. Wenn du vom energetischen Körper zu losgelöst, zu weit entfernt bist, hast du ihn verloren.

Beginne mit dem Fallen, falle weiter, gehe zu einem anderen Stuhl, lasse dich vom Fall auf den anderen Stuhl bringen, dann höre auf.

S: Ist es der erste Schock, den man bekommt und an dem man festhält?

Ja, es ist der erste Schock darüber, aber ich rate dir, nicht daran festzuhalten, denn das klingt für mich so, als würde die Bewegung feststecken und angehalten werden. Es muss ein durchgehendes und andauerndes Ereignis sein. Es handelt sich um ein inneres Ereignis, etwas, das jetzt geschieht, und nicht etwas, das bereits geschehen ist und an dem du festhältst: Es ist ein Ereignis. Es handelt sich um eine Bewegungsvorstellung, nicht um eine visuelle Vorstellung. Versuche bitte nicht, dir beim Fallen zuzusehen, sondern spüre, wie du fällst. Der energetische Körper fällt.

Probieren wir etwas, das möglicherweise ein bisschen leichter ist. Nehmen wir die Energie, die sich abwärtsgerichtet bewegt, und platzieren sie in unserer Brust, genau dort, wo dein Herz sitzt. Nehmen wir an, dein inneres Herz oder Energie-Herz fällt. Fange von dort aus an zu fallen, und versuche dann, das Fallen aufrechtzuerhalten. Lasse das Herz nicht auf den Boden fallen. Wenn du das tust, ist die Energie nicht länger mit der Stelle in der Brust, sondern mit den Knien oder Füßen verbunden. Wir wollen aber, dass dieses spezielle Ereignis immer mit dem Herz verbunden ist. Wandere währenddessen umher. Gehe zu einem anderen Stuhl im Raum und setze dich darauf. Wenn du sitzt, kannst du aufhören, das Herz fallen zu lassen.

S: Das war intensiv, aber ich habe mich wie ein Zombie gefühlt, von der Welt völlig abgeschnitten.

Ja, du hast auch wie ein Zombie ausgesehen, während du es getan hast, aber ich konnte sehen, dass du es getan hast. Wichtig in diesem Moment ist, dass du in der Lage warst, es zu tun. Nun musst du „Ja" dazu sagen. Der Zombie-Sache werden wir uns gleich widmen.

S: Es war ein sehr starkes Gefühl des Verlustes bzw. einer Leere, die aus dem Verlust heraus entsteht. Es war sehr verstörend.

Und wie fühlst du dich jetzt, nachdem du damit aufgehört hast?

S: In Ordnung, es ist wieder vorbei. Trotzdem ist etwas Merkwürdiges daran, dass es passiert ist. Ich meine, es scheint irgendwo aus dem Nichts gekommen zu sein.

Nein, es kam vom Fall. Es ist uns tatsächlich passiert. Hier im Probenraum bauen wir diese Empfindung nach. Wir sagen: „Ich habe mich wirklich niedergeschlagen gefühlt.“ Oder: „Er ist in Verzweiflung gefallen.“ Wir benutzen diese Redewendungen. Aber woher stammen sie? Wenn es passiert, dass uns das Herz sinkt, fühlen wir uns für gewöhnlich niedergeschlagen, verstört etc. oder haben ein gebrochenes Herz. Der Geist ist ganz unten oder sinkt, wenn derlei passiert.

Als Schauspieler, der diese Technik benutzt, hast du die Macht, damit anzufangen und aufzuhören, wann immer es notwendig ist. Beendest du es, wird nichts übrig bleiben.

Du musst dich auch nicht außerhalb des Probenraumes an die Zeit erinnern, als du ein Kind warst, dein Hund gestorben ist oder Ähnliches. Du trittst einfach nur in Kontakt mit einer Empfindung, die zu dir kommt, weil du abwärtsgerichtet fällst.

Grundsätzlich sind negative Dinge, Gedanken, Gefühle, oder ein kraftloser Wille für uns abwärtsgerichtet.

Dieses Wissen kannst du nutzen. Richte deine Aufmerksamkeit auf das, was mit dir geschieht.

Beschäftigen wir uns nun mit dem Zombie-Effekt. Konzentration ist ausschlaggebend für diese Arbeit. Aber wir müssen lernen, uns auf eine Sache zu konzentrieren, während wir eine andere tun. Wenn du so stark konzentriert bist, dass du den Kontakt mit der Welt um dich herum verlierst, dann werden dir die ganzen guten Dinge hier gar nichts nützen; dann werden sie zu einem Problem.

Beginne also noch einmal mit dem fallenden Herz und bewege dich im Raum umher. Wenn du auf dem Stuhl sitzt, kannst du aufhören. Doch während du dich im Raum bewegst, achte genau darauf, was und wer um dich herum ist. Suche dir jemanden, und sage ihm Folgendes: „Ich habe einen Körper, und mein Körper ist ausdrucksstark.“ Sprich ohne Umschweife, sage wahrheitsgemäß, wie du dich gerade fühlst. Sei aufmerksam und präsent. Das ist leichter, als du denkst. Vergiss nicht, es geht nicht ums Denken. Alles, was du tust, ist fallen, und die Empfindung des Fallens gibt dir vieles, womit du spielen kannst. Sage „Ja“ zu den kleinsten Regungen, die du in deinem Körper spürst, und du wirst mehr bekommen.

Das Wichtigste, um das es hier geht, ist die Abwärtsrichtung. Wir können ihre besondere Bedeutung verändern, indem dein Herz fällt oder deine Augen oder selbst die Genitalien. Wichtig ist die Abwärtsbewegung. Es ist die Arbeit an der Senkrechten, der tragischen Linie, wenn man so will.

Es ist möglich, nur mit dem Ort und der Energie zu arbeiten. Stelle dir zum Beispiel vor, dass deinen Ellbogen Energie entweicht. Im Prinzip ist das ein jämmerliches Drama; einem menschlichen Wesen weicht seine vitale Energie aus den Ellbogen. Die Versiegelung der alten Ritzen reicht nicht mehr aus, die Energie sickert unten durch, tropft auf den Boden und wird verschwendet.

Was fühlst du jetzt? Ist da etwas?

S: Unglaublich, wie schwach und apathisch ich mich gefühlt habe, nachdem ich zugelassen habe, dass Energie entweicht.

Untersuchungen haben ergeben, dass die Ellbogen mit dem Willen korrespondieren. Daher ist es auch nicht überraschend, dass du dich apathisch fühlst, wenn Energie an dieser Stelle entweicht. Beginnen wir damit, diesen Dingen auf den Grund zu gehen, entdecken wir nuancierte und detaillierte Arten, auf die wir uns ausdrücken können. Unser Verständnis der Momente im Stück oder des gesamten Stückes kann eine poetischere Qualität für uns annehmen. Außerdem ist es eine sehr angenehme Art zu arbeiten und die Dinge näher zu betrachten.

Versuche nun, ausgehend von den Genitalien zu fallen. Wir wissen, dass hier das Zentrum des Willens liegt. Welche Art von Willen wird durch den Fall wachgerufen?

Währenddessen siehst du jemanden an und sagst: „Lass uns gehen."

Was heißt das für dich? Ist das ein normaler Zustand? Inwiefern hast du dich verändert? In welcher Lage könntest du dich gerade befinden?

S: Das war absolut seltsam.

Ich frage mich, ob du etwas differenzierter und konkreter beschreiben könntest, inwiefern es seltsam war. Mir ist klar, dass ich eine seltsame Bitte gestellt habe, aber die Bemerkung, es sei seltsam, sagt wirklich gar nichts aus. „Schaue zurück" – versuche, es herauszuarbeiten, damit deine Antwort spezifischer wird. Das wird dir ebenfalls nützen.

Nur zu sagen, es sei seltsam gewesen, signalisiert eine Form von Ablehnung. Du musst wirklich eintauchen und dir alles genau ansehen. Dann wirst du es begreifen. Sprich wie ein Künstler, wie ein Schauspieler.

S: Es war erbärmlich, diese Unfähigkeit zu spüren, nichts tun zu können. Und es hatte fast etwas Komisches an sich zu sagen „Lass uns gehen", denn ich konnte mich einfach nicht dazu aufraffen, mich zu bewegen. Ich meine, ich hätte mich bewegen können, wenn ich es wirklich gewollt hätte. Aber ich habe eine Figur bzw. einen Moment im Leben einer Figur erfahren, an dem diese einfach nicht weitergehen konnte. Es war spannend, das herauszufinden. Und es war so leicht.

Gut, da spricht der Schauspieler. Vielleicht wirst du im nächsten Monat in eine Situation kommen oder an einer Probe teilnehmen, in der du aufgefordert wirst, genau so einen Zustand zu schildern. Dann wirst du wissen, was du zu tun hast. Wenn es stimmt, wirst du es automatisch wissen. Und solltest du dich entschließen, es zu tun, dann wird es immer lebendig sein, denn es ist präsent und aktiv und keine bloße Erinnerung. Du wirst in der Lage sein, es immer wieder zu tun.

Würdet ihr euch bitte in zwei gleich große Gruppen aufteilen? Diese Gruppe hier wird ausgehend vom Herzen fallen, und die andere wird ihr dabei zusehen. Gut, vielen Dank. Nun, mich hat die Gruppe der Zuschauer interessiert, das Publikum. Meine Frage an euch: Was ist mit euch passiert, während ihr diesen Schauspielern dabei zugesehen haben, wie sie gefallen sind?

S: Man ist mit seinem Herzen bei ihnen.

Weil die Schauspieler es wirklich tun, ist der Fall tatsächlich das, was geschieht. Auch der Zuschauer besitzt einen energetischen Körper, und bei ihm beginnt sich die Energie zu bewegen, wenn sie Zeuge des Falls wird. Die Zuschauer selbst fallen innerlich aufgrund von Sympathie oder Mitgefühl. Hier haben wir die Möglichkeit, über das Rampenlicht hinaus zu wirken, gewissermaßen durch die vierte Wand hindurch das Publikum zu erreichen.

Es ist nicht notwendig, dass du dich an Dinge erinnerst, darum wird sich der Körper kümmern. Die Quelle deines Gefühlslebens wird zu etwas Fassbarem. Das Publikum wird bewegt sein.

Der Trick ist: Versuche nicht, dich traurig zu fühlen. Ich weiß, die Szene schreit danach. Also musst du fallen. In den Proben musst du tatsächlich fallen, so stellst du dich darauf ein. Während der Aufführung weiß dein Körper dann genau, was er tun muss, denn er hat es ja bereits während der Probe getan.

Da du nun in der Lage bist, dem Fall zu folgen und auf ihn zu reagieren, werden wir jetzt etwas anderes versuchen. Sieh, ob es möglich ist, dem Fall zu widerstehen. Das ist etwas sehr Reales. Vermutlich das Realste, das es gibt. Kein Mensch möchte das wirklich fühlen. Nur Schauspieler wollen die größten, intensivsten Dinge fühlen. Normale Menschen werden drogen- oder alkoholabhängig, um nichts zu fühlen. Es ist sonderbar, jemandem zuzuschauen, der alles daran setzt, nichts zu fühlen.

Beginne mit dem Fall, lasse ihn andauern, aber widerstehe ihm. Tue alles Mögliche, nur folge ihm nicht. Aber halte den Fall auch nicht an; es ist notwendig, mit ihm fortzufahren, damit du etwas hast, dem du dich widersetzen kannst. Ich falle. NEIN. Ich falle. NEIN.

Widersetze dich ihm eine Zeit lang und sage dann schließlich „Ja" zum Fall. Lasse dich von ihm dorthin tragen, wohin er dich tragen will.

Ich falle. JA. Ich falle. JA.

S: Als ich mich dem Fall widersetzt und danach losgelassen habe, hat er sich umso mächtiger angefühlt.

Die Einwirkung hat sich derart aufgestaut, dass eine Flut von Gefühlen den Damm durchbrochen hat.

Das Gegenteil von Fallen ist Schweben. Wenn alles aufwärtsgerichtet ist, wird fallen unmöglich. Du kannst nicht fallen, du wirst nicht fallen.

Aufwärts ist, wenn ich aufsteige. Dann ist es unmöglich, auf einem Stuhl zu sitzen. Alles drängt nach oben.

Der energetische Körper schwebt vor dir, lässt sich auf dem Rücken treiben. Er gleitet in der Luft. Es ist ein lächerlich verrücktes Bild, aber wenn du eins wirst mit der Aufwärtsrichtung, wirst du die damit korrespondierende Empfindung spüren. Es geht weiter aufwärts, genauso, wie es abwärts ging, als wir uns mit dem Fallen beschäftigt haben.

Lasse dein Herz hinaufschweben, aber nicht zu hoch, damit es nicht den Kontakt mit dem Herz-Raum im Körper verliert. Es genügt schon, einfach ruhig zu stehen; dann löst du ausreichend Bewegung aus und fühlst dich genau deshalb sehr lebendig.

Stelle dir vor, das innere Gehirn schwebe nach oben. Was passiert, wenn du das tust?

S: Mir wurde ganz schwindelig. Ich fühlte mich albern und habe ohne Grund gelacht. Alle schienen einvernehmlich über irgendetwas Witziges zu lachen.

Achte darauf, wie sehr sich diese Empfindung von der des Fallens unterscheidet. Sie bewegt sich in die entgegengesetzte Richtung und trägt dich von der Verzweiflung des Fallens weit fort.

Nimm nun die Genitalien als Ausgangspunkt fürs Schweben und sage: „Gehen wir."

S: Was für ein Unterschied! Ich konnte es kaum abwarten loszugehen, als ich das gesagt habe. Als würden wir zu einer lang erwarteten Preisverleihung gehen.

Auf diese Art und Weise werden die Dinge ausgewertet. Gegebenheiten sind sehr wichtig für Schauspieler. Das innere Ereignis dieser speziellen Art des Schwebens hat dir einige Gegebenheiten und dadurch die Möglichkeit geliefert, frei zu spielen. Aus dem Grund übst du.

Wir sind Schauspieler, also lassen wir uns von den Gegebenheiten des Stückes beeinflussen. Sind die vorhandenen Gegebenheiten klar, werden sie uns etwas sagen. Wir werden in sie involviert, wobei das Fallen und Schweben uns die Gefühle gibt, die wir konkret benötigen.

Die dritte grundlegende Empfindung ist Balance bzw. das Ausbalancieren und die Aufrechterhaltung des Gleichgewichts. Balancieren bewahrt dich davor zu fallen oder zu schweben. Was musst du tun, um nicht zu fallen? Der Seiltänzer droht zu fallen, aber dann – ha! – fängt er sich wieder. Das ist der Moment, das Gleichgewicht zu halten.

Wie fühlt sich das an?

Was tust du? Was erlebst du? Was macht diese Empfindung mit dir?

S: Ich bleibe am Leben?

Hast du das empfunden? Was braucht man, um am Leben zu bleiben? Das ist der Moment der Offenbarung. Meine gesamten Mittel kommen zum Tragen aufgrund der Tatsache, dass ich bleiben werde. Ich werde nicht fallen. Ich verstehe es jetzt. Ich weiß es.

Sieh, ob du den Moment finden und ihn als etwas Inneres aufrechterhalten kannst.

Der Kopf fällt, fange dich. Halte den Moment, die Empfindung, sich zu fangen, aufrecht.

S: Kann man sagen, dass Balance eine erfolgreiche Empfindung ist?

Ich denke, manchmal ist sie es. Je nachdem, welcher Fall ihr vorausgeht, kann es auch eine schwache Empfindung sein. Ich denke, sie kann ebenso gut eine Pause, eine Unschlüssigkeit, verursachen.

Lerne, die Ergebnisse deiner Experimente auszuwerten. Was davon hat funktioniert, was nicht? Dann wirst du durch die Technik aufregende Fortschritte machen und dich nicht verlieren.

5.9 Fühlen führt zu Handlung

Wenn du am Strand spazieren gehst, findest du dort überall Algen, die an Steinen kleben. Kommt eine Welle, beginnt die Alge, im Wasser zu schweben. Fühle, wie du schwebst, als seist du diese Alge. Geht die Welle zurück, ist nichts mehr da, was dich trägt, und dir bleibt nichts anderes übrig, als zu fallen. Wenn das Wasser wiederkommt, schwebst du wieder hinauf. Du bist oben, wenn du getragen wirst, und unten, nachdem das Wasser wieder zurückgegangen ist. Du gehst nicht unter, sondern fällst, denn dir wird der Rückhalt entzogen. Lerne den Unterschied kennen zwischen untergehen bzw. fallen, unten zu sein und dann emporzusteigen bzw. zu schweben, und dann wieder oben zu sein.

Wenn du etwas fühlst, darfst du es ausdrücken, allerdings nur mit deinem Körper. Es genügt nicht, einfach nur dazustehen und den Text aufzusagen. Fahre damit fort, emporzusteigen oder zu fallen. Du darfst ausdrücken, was in deinem Inneren vorgeht, also tue es auch. Versuche, diese physische Übung mit den Bewegungen deines energetischen Körpers zu verbinden, das Emporschweben oder das tiefe Fallen. Nachdem das Wasser zurückgegangen ist und du gefallen bist, sagst du: „Ich falle." Wenn das Wasser zurückkehrt, um dich zu stützen, und du aufwärts geschwebt bist, sage: „Ich steige empor." Sage es laut, behaupte es, denn es ist so. Sei zu 100 Prozent in das involviert, was du tust.

Nun höre mit dem physischen Körper auf, diesen Vorgang auszuführen und arbeite bloß noch mit dem energetischen Körper.

Ich falle. Ich steige empor.

S: Es gelingt mir nicht, mir vorzustellen, wie das Herz des energetischen Körpers emporsteigt und fällt. Ich weiß nicht, wie ich es tun soll – ich kenne die einzelnen Schritte nicht.

Wie ich bereits sagte, solltest du es als Ereignis erleben; es handelt sich nicht um eine Visualisierung. Es ist eine Verwirklichung, eine Bewegungsvorstellung.

Eine Figur im Sinne eines Bildes zu visualisieren, ist das eine – aber wenn wir spielen, müssen wir uns das Bild einverleiben. Aus dem Grund versuchen wir, den energetischen Körper zu bewegen, damit diese Dinge als Bewegung stattfinden können. Sofern du dir es nicht einverleibst, gibt es sehr wenig, das ausgedrückt werden kann. Wie du es aufnimmst? Du nimmst es in den Körper auf, indem du es tust, es wirklich tust.

S: Ich stelle mir die Energie vor, die ich im Bereich des Herzens fühle – ist es das, womit ich das Fallen auslöse?

Genau. Lasse die Energie abwärtsgerichtet fallen oder aufwärtsgerichtet schweben.

Nun wirst du dich ausdehnen. Sage: „Ich wachse." Wachse tatsächlich.

Sprich die Worte nur, wenn sie stimmen. Wachse weiter.

Nun ziehe dich zusammen. Du musst diese Dinge erst mit dem physischen Körper ausführen, dann nimmst du den künstlerischen Rahmen hinzu, und schließlich benutzt du nur den energetischen Körper. Während du dich physisch zusammenziehst, sagst du: „Ich ziehe mich zusammen." Fühle, welche Bedeutung es für dich hat. Nun kannst du dich selbst ausdrücken, du hast etwas, das ausgedrückt werden kann. Du darfst es aussprechen, denn es geschieht.

Lasse es in den Körper hinein. Lasse es aus dem Körper hinaus, denn du erlebst es mit deinem Körper, und du drückst es mit deinem Körper aus. Der Körper ist das Einzige, das du hast. Ziehe dich so lange zusammen, wie es möglich ist.

Höre nicht auf, dich zusammenzuziehen. Dein Herz ist weiter entfernt, weniger in Kontakt mit dem, was da draußen geschieht, abgeschiedener und einsamer. Falls es etwas gibt, das du fühlst, lasse es raus. Habe keine Angst oder Scham, lasse es raus. Als Schauspieler hast du ein Recht darauf. Folge dem Gefühl, es wird dich führen – genau dorthin, wohin du möchtest.

Drücke aus, was dort ist. Es steht dir zu, das zu tun – du bist dazu verpflichtet. Unterbrich das Ereignis nicht. Unterbrich die Handlung nicht.

Nun haben wir eine Option. Ich wachse. NEIN. Ich wachse. JA. Du hast die Wahl. Du brichst das Ereignis nicht ab, aber jetzt kämpfst du dagegen an. Wir tun das jederzeit. Etwas in uns sagt: „Ich werde nicht dorthin gehen. Lass uns nicht dorthin gehen." Wenn es also ein NEIN ist, wie wirst du dann damit umgehen?

Jetzt wirst du mit einem Partner arbeiten. Gehen wir davon aus, dass die Beziehung zwischen euch auf Wohlwollen beruht: Ihr liebt euch. Steht euch einfach nur gegenüber und blickt euch an. Einer von euch wird damit anfangen zu fallen oder emporzusteigen, zu wachsen oder zu schwinden. Wenn das geschieht, aber auch nur dann, wird derjenige währenddessen dem Partner sagen, was ihm gerade passiert. Sage zum Beispiel laut, wenn du fällst: „Ich falle." In dem Moment, in dem es passiert, sagt der Partner: „Ich sehe zu, wie du fällst." Da die Art der Beziehung festgelegt ist, werden bestimmte Reaktionen auftreten. Alles, was du tun musst, ist ihnen zu folgen. Respektiere die Beziehung. Es ist nicht angenehm, einem geliebten Menschen dabei zuzuschauen, wie er fällt. Vielleicht beginnst du aus dem Mitgefühl für deinen Partner heraus genauso zu fallen, weil du ihn liebst. Wenn das so ist, darfst du ebenfalls laut sagen: „Ich falle." Dein Partner wird sagen: „Ich sehe zu, wie du fällst." Diese Übung wird von ganz allein ablaufen, keine Sorge. Der Austausch wird aufgrund eurer Beziehung stattfinden. Folgt ihm einfach, egal, in welche

Richtung es gehen wird. Sei dir sicher, wenn du sagst: „Ich sehe zu“, wie um die Erfahrung des anderen zu bestätigen. An irgendeinem Punkt musst du anfangen. Doch dann überlässt du dich dem naturgemäßen Verlauf. Folge lieber der inneren Bewegung, anstatt einen Wechsel zu erzwingen. Irgendwohin wird sie dich führen. Wenn du spürst, dass du zu fallen beginnst, dann folge dem Gefühl. Trickse dich nicht aus, folge einem natürlichen Ablauf. Wohin bringt dich die Beziehung? Benutze deinen Körper, um etwas auszudrücken; lasse ihn für dich arbeiten.

Spürst du die Beziehung? Weckt sie in dir das Bedürfnis, etwas zu tun? Wir beschäftigen uns gerade mit unserem Gefühlsleben. Weckt es in dir das Gefühl, das du etwas tun willst?

S: Es nimmt mich ein. Zwischen meinem Partner und mir passiert wahnsinnig viel. Ich spüre, dass es riesig ist. Ich kann tatsächlich die Richtungen spüren, die sich durch mich hindurchbewegen. Und ich sehe, dass sie sich ebenfalls durch ihn bewegen.

Sehr gut. Es scheint für dich zu funktionieren.

Nun verändern wir die Beziehung. Sagen wir, sie beruht auf Abneigung. Ihr hasst euch beide. Tue exakt das Gleiche auf die gleiche Art und Weise, aber stimme es auf die neue Art der Beziehung ab. Es ist etwas völlig anderes, seinem Feind dabei zuzusehen, wie er fällt oder wie er wächst. Im Angesicht des Feindes zu fallen, ist sehr schwierig. Arbeite damit. Lebe in dieser Beziehung.

S: Mir wird klar, wie wichtig ein Blickwinkel sein kann. Dass er in der Szene mit meiner Partnerin für mich eine Orientierungshilfe ist. Ich habe es gerade wirklich sehr genossen, sie zu hassen. Es haben sich so viele Möglichkeiten aufgetan, mit denen man arbeiten kann.

Das ist interessant. Du sagst, du hättest es genossen, sie zu hassen. Ihr gebt euch beide also tatsächlich die Möglichkeit, innerhalb der Welt der Gefühle zu spielen. Ihr seht, wie es funktioniert, und ihr wisst es zu schätzen.

Außerhalb dieser Welt können wir aktiv werden. Ich fühle etwas und will deshalb etwas tun.

Versuche nun, in den Gefühlen zu bleiben. Lasse sie zum Motor deiner Handlungen werden. Wenn du spürst, dass du etwas tun möchtest – wenn du das Bedürfnis hast, etwas zu tun –, greife zu einer der sechs Handlungen, die wir ermittelt haben: Ich will. Ich lehne ab. Ich gebe. Ich nehme. Ich behaupte mich. Ich gebe nach. Arbeite mit ihnen als innere Gesten. Sage nicht einfach die Worte. Du musst die Gesten ausführen, und dann kannst du die Worte sprechen. Das wird die Wahrheit sein, die Affirmation der Bewegung. Mache die innere Geste, während du es tust, während du das sagst. Du wirst Impulsen folgen, die aus der Geste heraus entstehen. Alles entspringt nun den Gefühlen. Das bringt einen anderen Blick auf die Dinge. Arbeiten wir nur mit der Handlung, ist das zu kalt. Aus dem Grund sind wir diesen Weg gegangen. Bewirken diese Gefühle, dass du etwas willst? Solltest du also das Bedürfnis verspüren, zu nehmen, dann mache die Geste und sage: „Ich nehme." Wenn du mit der Handlung arbeitest, ist es nicht notwendig zu sagen: „Ich sehe, wie du nimmst." Lassen wir diese Reaktion in der Gefühlswelt. Nimm die Hass-Beziehung und fange noch einmal an, doch beziehe dieses Mal die Handlung mit ein: Die Welt des Wollens.

S: Ich habe das Gefühl, als würde ich zu allem, was wir heute Abend getan haben, NEIN sagen.

Du hast kein Vertrauen in die Sache. Du sagst dir selbst: Ich soll schreien, ich soll ein intensives Gefühl spüren, es soll so intensiv wie beim letzten Mal sein, als ich es getan habe. Tue dir das nicht an. Was du sagst, ist: „Ich schreie." Mache das nicht. Du musst einfach fallen. Vertraue darauf und folge dem Fall. „Ich falle" ist das, was du sagen sollst. Es ist das, was du tun sollst. Du musst diese Dinge üben.

Du brauchst ein Bewusstsein dafür, was währenddessen mit dir geschieht. Du bist in der Lage zu spüren, dass ein Teil von dir es getan hat. Schaue dich um. Betrachte im wirklichen Leben jemanden, der schreit. Sieh richtig hin, wenn jemand im wirklichen Leben schreit. Du wirst feststellen, dass er verzweifelt ist und tatsächlich innerlich fällt. Sieh, wie der Geist sinkt bzw. fällt. Das ist das Beste, das du tun kannst, um dir die Technik anzueignen. Hier fühlst du es, in der Welt um dich herum wird es dir bestätigt. Beobachte die Welt und halte Ausschau nach der objektiven, menschlichen Wahrheit. Versuche, das zu erkennen, was uns als Menschen zusammenhält.

Darin besteht die Arbeit, die wir erledigen müssen. Wir haben die Tendenz, mit einem sehr persönlichen Blick auf die Dinge zu schauen. Das trennt uns voneinander. Doch was sind die verbindenden Elemente?
S: Ich denke, ich habe es verstanden. Ich meine, ich habe verstanden, was das Fallen bedeutet, wenn man verzweifelt ist. An dem Ausdruck „Er fällt in Verzweiflung“ scheint etwas Wahres dran zu sein. Aber wir sagen doch auch „jemandem verfallen“, und das scheint für mich etwas Positives zu sein. Etwas, das sich jeder zu fühlen wünscht. Ist das ein Fall? Verfallen wir der Liebe?

Ich denke schon, denn es ist eine althergebrachte Art, diesen Zustand auszudrücken. Vielleicht ist sie ja auch gar nicht so positiv. Selbstverständlich fühlt es sich gut an, verliebt zu sein. Aber dabei handelt es sich immer noch um ein Fallen, und es treibt uns zum Äußersten. Ich habe mir genau dieselbe Frage gestellt und mich mit ihr beschäftigt. Eines Tages haben wir im Studio mit den vier Elementen gespielt, sind in die Elemente Feuer, Wasser und Erde gefallen. Als wir zum Luft-Element gekommen waren und ich begonnen hatte, in die Luft zu fallen, habe ich festgestellt, dass da kein Boden war. Ich konnte fallen, ohne jemals den Boden zu berühren, denn es handelte sich ja um Luft. Ich konnte mich ihr völlig überlassen, und das Experiment wurde wirklich sehr schön und belebend. Ich wurde freier, als ich mich dem Fall überließ, und ich fühlte mich so albern und groß und weich und taumelig, eben so, wie man sich fühlt, wenn man verliebt ist. Ich denke, ich weiß, was es heißt, sich objektiv zu verlieben. Damit wir das als Schauspieler nachbilden können, musst du dich dem Fall überlassen. Das Größte daran ist, dass der Fall, dem man sich überlässt, niemals aufhört.

Es ist wie beim Einschlafen. Genau genommen fallen wir in Schlaf. Du kannst es in der U-Bahn beobachten. Es ist ein Fall. Alle diese Redewendungen entsprechen Bildern von Bewegungen. Sie benennen etwas, das stimmt, aber wir haben unsere enge Bindung zu diesen Worten verloren. Wir benutzen sie zwar, erfahren sie aber so gut wie nicht mehr. Heutzutage führen wir ein sehr kopflastiges Leben. Was passiert, wenn du auf einen Spaß hereinfällst? Was tust du mit deinem

Körper, wenn du in so einem Augenblick merkst, dass man sich lustig über dich gemacht hat? Das ist eigentlich eine sehr körperliche Angelegenheit. Versuche es. Sagen wir, du bist übers Ohr gehauen worden. Wurdest du jemals durch einen dieser Hütchen- und Kartenspieler auf der Straße ausgetrickst? Beobachte die Verlierer, wie sie körperlich reagieren. Die Welt ist wirklich ein fantastischer Ort, wenn wir ihr Aufmerksamkeit entgegenbringen. Für dich als Schauspieler ist es gut, wenn du auf diese Art mit der Welt in Beziehung trittst. Du siehst, was wirklich passiert, und deine eigenen Erfahrungen werden dadurch bestätigt.

5.10 „Gier unter Ulmen"

Kehren wir nun wieder zur Szene zurück. Konntest du dir vorstellen, was geschieht? Hast du die Szene brillant gespielt vor dir gesehen? Lasse sie vor deinem geistigen Auge vollständig ablaufen. Erst siehst du sie, dann handelst du. Die Szene muss aus etwas heraus entstehen, also sieh sie dir zunächst an.

Die Geste ist die Handlung. Führe die Handlung aus, dann wird sich etwas daraus entfalten.

Damit das gelingt, müssen wir die Szene betrachten und die Ereignisse erkennen bzw. herausfinden, was geschehen muss. Wir können mit dem Werkzeug spielen und dann die notwendigen Momente in unseren Körper installieren. Wir sollten in der Lage sein, sie zu identifizieren und sie mit unserem Körper festzumachen. Das heißt nicht zwangsläufig, dass wir nicht mehr improvisieren können. Wir müssen die Form anerkennen. Tun wir das, kann es jedes Mal anders sein. Dennoch sind ganz bestimmte Ideen und Gefühle notwendig, um die Geschichte angemessen zu erzählen. Diese können durch die Verwendung von Gesten und Empfindungen im Körper installiert werden. Wir werden die Sprache benutzen, die wir im Unterricht entwickelt haben. In dieser Probe werden wir ohne Textvorlage arbeiten. Versuchen wir es einfach, und beobachten wir, was zwischen den beiden Figuren geschieht. Wir werden die Sprache von Handlung und Reaktion benutzen. Versuchen wir es.

Sie: Ich wachse.
Er: Ich behaupte mich.
Sie: Ich wachse.

Vergiss die Textvorlage. Es handelt sich um eine Improvisation. Du denkst zu stark an den Text des Stückes und schenkst ihr, Abbie, viel zu wenig Aufmerksamkeit. Benutze Abbie. Sie ist zweimal gewachsen, und du hast ihr nicht einmal dabei zugesehen. Anstatt am Schreibtisch zu sitzen, haben wir hier die Möglichkeit, zu improvisieren und sehr viel über diese Szene zu lernen.

Sie: Ich wachse.
Er: Mich behaupten.
Sie: Ich wachse.
Er: Ich schwinde.

Du hast schon wieder nicht gesehen, wie sie wächst. Ich *sehe* dich wachsen. Das ist ein Spiel. Wir spielen uns durch die Szene und sind keine Wissenschaftler mit Stiften in der Hand, die sagen: Ich nehme an, durch dieses oder jenes würde ich mich so oder so fühlen. Auf unsere Anmerkungen kannst du später eingehen. Das gibt dir die Möglichkeit, zu spielen und deinen Intellekt erst einmal zu umgehen.

Sie: Ich wachse.
Er: Ich sehe dich wachsen.
Sie: Ich wachse.
Er: Ich sehe dich wachsen.
Sie: Ich wachse.
Er: Ich behaupte mich.
Sie: Ich nehme.
Er: Ich schwinde.
Sie: Ich sehe dich schwinden.
Er: Ich lehne ab.
Sie: Ich nehme.
Er: Ich steige empor.

Stopp. Bist du emporgestiegen?

S: Ja, ich glaube schon.

Nein. Das habe ich nicht gesehen. Ich möchte betonen, dass das, was gerade passiert ist, völlig normal ist. Sie hat etwas gesagt, das dich verwirrt hat, woraufhin du vom Kopf ausgehend gefallen bist. Du hast damit gerungen. Hier wäre „Ich falle“ angebracht gewesen, denn das ist es, was du tust. Daraufhin würde sie etwas stärker nehmen. Du musst die ganze Zeit über lebendig bleiben. Was fühlt er für sie? Nicht: Was tut er, sondern: Was fühlt er. Er fühlt sich gegen seinen Willen von ihr angezogen, und was macht das mit ihm? Es wird dich vorantreiben, woanders hinzugehen, wenn du dich darauf einlässt, wenn du es zugibst und wahrnimmst, wie du dich fühlst.

Probiere verschiedene Dinge aus. Habe keine Angst vorm Spielen. Zunächst fühlst du es, dann gehst du von dort aus los. Es ist nur ein kleines Spiel, auf das wir uns als Schauspieler einlassen. Anstatt darüber zu diskutieren, werden wir heute auf diese Art weiterarbeiten.

Sehen wir uns ein anderes Paar an:

Sie: Ich wachse.
Er: Ich sehe dich wachsen.
Sie: Ich wachse.
Er: Ich sehe dich wachsen.
Sie: Ich nehme.
Er: Ich falle.
Sie: Ich sehe dich fallen.
Er: Ich falle.
Sie: Ich steige empor.
Er: Ich sehe dich emporsteigen.
Er: Ich schwinde.
Sie: Ich sehe dich schwinden.
Er: Ich lehne ab.
Sie: Ich behaupte mich.
Er: Ich falle.
Sie: Ich sehe dich fallen.
Er: Ich lehne ab.
Sie: Ich steige empor.
Er: Ich sehe dich emporsteigen.
Sie: Ich wachse.
Er: Ich sehe dich wachsen.
Er: Ich schwinde.

Sie: Ich sehe dich schwinden.
Sie: Ich steige empor.
Er: Ich sehe dich emporsteigen.
Sie: Ich steige empor.

Gut. Um das zu tun, musst du die Szene zunächst vollständig vor dir sehen. Auf diese Weise erkennst du die Bewegung und kannst diese Improvisation ausführen. Sobald du dieses grundlegende Verständnis hast, musst du nur noch den Text hinzunehmen.

Sehen wir uns unser Vokabular an. „Ich steige empor" heißt: aufsteigen. „Ich wachse" heißt: stark werden. Sich kugelförmig ausdehnen heißt: wachsen und sich in alle Richtungen bewegen.

Emporsteigen, aufsteigen – ansteigen – schweben.

Dies ist eine angenehme, warme Annäherung ans Schauspiel, mit einem Stift in der Hand an einem Tisch zu sitzen eine kalte. Sie wird dich näher ans Spielen heranführen. Du musst wissen, wann du gibst oder nimmst. Wenn du in der Lage bist, die Szene zu visualisieren, wird dir die Entscheidung leichtfallen. Es gibt nur eine Möglichkeit.

Sobald wir die Gesetze des Universums verstehen und akzeptieren, sind wir ihnen auch nicht länger unterworfen. Wir können die Gesetze manipulieren und sie uns zunutze machen.

Wir neigen dazu, Dinge zu verkomplizieren, denn wir glauben, dass unser Leben furchtbar kompliziert ist – dabei folgen wir bloß den grundlegenden Gesetzen der Bewegung. Sobald wir dieses Werkzeug an die Hand bekommen haben, werden wir herausfinden, dass es etwas Objektives ist und es uns befreit, wenn wir es benutzen.

Wir müssen das Böse nicht mit nach Hause nehmen, selbst wenn wir es im Stück mit bösen Themen zu tun haben. Wir können es am Ende eines Probentages oder nach einer Aufführung wieder beiseitelegen. Das müssen wir sogar tun, denn sonst würden wir verrückt werden.

Mache das, was deinem Gefühl nach gerade geschieht, und dann artikuliere es. Das hier ist nur eine Probe in einem sehr frühen Stadium. Versuche zu spielen anstatt zu arbeiten, du sollst Spaß daran haben, nach diesem Ansatz zu arbeiten. Wenn wir spielen, sind wir in der Lage, Bedeutendes herauszufinden. Früher wurden wir

Spieler genannt. Wir müssen unserer Arbeit ein spielerisches Element abgewinnen. Das hier ist eine Spielrunde. In dieser Spielrunde können wir Momente entdecken, die wir für die Szene benötigen. Möglicherweise entdeckst du sogar den Keim der gesamten Szene.

Du solltest die Szene kennen. Du hast bereits einige Vereinbarungen über sie treffen müssen. Es geht darum, dass die Spielrunde uns für die Arbeit an der Szene nützliche Informationen liefert, und du errichtest Wegweiser bzw. setzt Markierungen für deine Arbeit an der Szene.

Nicht alles, was du gelernt hast, musst du anwenden. Du bekommst eine Menge Regeln und viele Werkzeuge. Doch anwenden musst du nur, was du tatsächlich benötigst. Manchmal benötigst du auch gar nichts davon. Eine Technik ist dann nützlich, wenn du dich auf irgendeine Weise unzulänglich fühlst und Rückhalt brauchst. Brauchst du ihn nicht, bist du ganz einfach ein inspirierter Schauspieler. Du spielst auf der Grundlage von Inspiration.

Sie: Ich steige empor.

Er: Ich sehe dich emporsteigen – ich lehne ab, ich wachse.

Sie: Ich sehe dich wachsen – ich falle, NEIN – ich behaupte mich – ich wachse.

Er: Ich sehe dich wachsen. Ich lehne ab.

Sie: Ich gebe.

Er: Ich falle. NEIN.

Sie: Ich sehe dich fallen. NEIN, ich steige empor.

Er: Ich sehe dich emporsteigen – ich lehne ab, ich lehne ab – ich wachse.

Sie: Ich sehe dich wachsen – ich steige empor.

Er: Ich sehe dich emporsteigen – ich lehne ab.

Sie: Ich gebe – ich wachse.

Er: Ich sehe dich wachsen – ich falle. NEIN.

Sie: Ich sehe dich fallen, NEIN – ich wachse.

Er: Ich sehe dich wachsen.

Hier passiert gerade etwas. Ich denke, du hast es jetzt verstanden; das war vielschichtiger und reicher. Zu fühlen ist eine großartige Sache für Schauspieler. Durch die Handlungen gelangen wir zum Verhalten. Gehe nicht direkt in die Handlung, denn das wäre kalt. Gehe zunächst in das Gefühl, um dann die Handlung zu finden.

Was das betrifft, ist Cechov sehr streng: Der Intellekt ist der Mörder der Kunst. Die Analyse ist ein intellektueller Vorgang. Wenn du beginnst zu analysieren, benutzt du nicht deine Schauspielerseele, sondern den Intellekt.

Wenn du in der Probe die Geste (Handlung) ausführst und ausgehend von dieser inneren Handlung die Wahrheit sagst, wird sich dein Körper während einer Aufführung an die Geste erinnern, und sie wird dir zur Verfügung stehen. Aus der inneren Bewegung heraus wird Verhalten entstehen.

S: Kannst du mir das „Ich-bin" erklären? Mir ist dieses „Ich-bin" unbekannt.

Vielleicht weißt du nicht, wer er ist. „Ich-bin" ist die Geste für die Figur. „Ich-bin" ist weder Gefühl noch Handlung. Es ist die Aussage der Figur, es ist der Archetyp.

Hier gibt es Variablen. Du solltest diese Arbeit weder stockend noch trocken erledigen. Ausdehnung und Zusammenziehen sind dynamische Prinzipien. Ausdehnung ist sowohl positiv als auch negativ, Zusammenziehen ist sowohl positiv als auch negativ. Beschränke dich nicht auf das eine oder das andere. Erkunde die Möglichkeiten und spiele mit ihnen. Sieh, ob du einen „Ich-bin"-Moment findest, in dem die Figur „Ich bin" sagt und sonst nichts. Das Stück ist voll von diesen Momenten. Das ist es, was wir in den Proben benötigen, um die Szene zu verstehen; die Ereignisse innerhalb der Szene, die Gangart der Szene. Dann wird es uns auch nicht schwerfallen, unseren Text zu lernen.

Was will sie?

S: Eine Verbindung mit ihm, sie will ihn für sich gewinnen.

Gut. Wie gewinnst du jemanden für dich? Sprich mit mir und benutze währenddessen deine Hände. Das wird dich zur Geste hinführen.

S: Öffne dich ihm gegenüber.

Gut! Siehst du, wie sie sich der Geste übergibt? Sie öffnet sich, und die Geste selbst ist der Ausdruck ihres Gebens. Nun sprich den Text und öffne dich, mache dein Geben zu einer inneren Geste. Du solltest für dich eine, die richtige, Geste finden und keine, die sich innerhalb der Szene bei jeder Textzeile verändert. Die einfachsten Dinge sind die besten. Du kannst ihren Rhythmus verändern und trotzdem an dem einfachen Bild festhalten. Wir wollen einfache Ideen mit einem komplizierten Rhythmus.

Öffne dich ihm gegenüber. Daraufhin wird, wenn du der inneren Bewegung folgst und sie die richtige ist, ein Impuls erzeugt, aus dem Verhalten entsteht. Was, wenn sie versucht, eine Brücke zu ihm schlagen? Die Luft zwischen ihnen aufzuwärmen?

5.11 Denken

Schauen wir uns eine andere Art an, wie wir die Technik anwenden können. Beschäftigen wir uns mit der Welt der Gedanken.

Die Verwendung der Schauspieltechnik kann uns die Freiheit geben, auf der Bühne nie wieder denken zu müssen. Das mag einige von euch beruhigen, andere wiederum beunruhigen.

Cechov sagte, würden wir auf der Bühne tatsächlich denken, würde dadurch das Stück unterbrochen werden, denn wirkliches Nachdenken erfordert viel zu viel Zeit. Das Stück findet in Erzählzeit statt, doch um nachzudenken braucht man ein anderes Zeitmaß. Also müssen wir Denken *darstellen*. Schauspielern graust es vor diesem Gedanken, aber warum sollten wir es nicht einfach einmal ausprobieren?

Wichtig ist, dass das Publikum weiß, was dir die Dinge, über die du nachdenkst, bedeuten. Jeder weiß, dass wir mit dem Kopf denken. Dort sitzt unser Gehirn, und wir spüren uns sogar selbst, wenn wir es gebrauchen, um zu denken. Führen wir also eine bestimmte, innere Handlung vom Kopf aus durch, werden wir als Denkende erscheinen. Das Publikum wird sehen, dass in diesem Teil des Körpers die Energie der Handlung steckt. Die Bedeutung des Gedankens ist für mich wichtiger als der Gedanke selbst. Da niemand wirklich wissen kann, was ich denke, spielt es so lange keine Rolle, was in meinem Kopf abläuft, bis die notwendige Bedeutung übermittelt wird. Das ist wesentlich einfacher durchzuführen und anzuschauen, als darüber zu sprechen. Versuchen wir's also.

Weite das linke innere Auge. Es geht nicht darum, das Auge weit aufzureißen, sondern um die Aktivität, das innere Auge zu weiten. Mache weiter, richte deine gesamte Aufmerksamkeit auf die Aktivität.

Wie fühlt es sich für dich an? Gelingt es dir?

Schaue, was passiert. Würdet ihr drei das bitte einmal tun? Macht weiter und konzentriert euch darauf. Wir werden dabei zuschauen.

S: Das ist fantastisch. Es sieht wirklich nach einer Aktivität rund um den Kopf aus, und es ist sehr besonders. Wie ein bestimmter Gedanke. Ich habe es mir ganz anders vorgestellt, Denken darzustellen. Ich hätte nie gedacht, dass es so aussehen würde. Ich dachte, es würde vorgetäuscht und imitiert aussehen, aber die drei waren wirklich mit einer Sache beschäftigt.

Das stimmt. Es geht nicht darum, den Vorgang des Denkens „vorzuführen", sondern darum, sich in der Qualität eines bestimmten Gedankens aufzuhalten und darauf zu reagieren.

Nun versucht ihr drei es bitte, und der Rest schaut zu. Nach einer Weile, ich vertraue darauf, dass ihr wisst wann, sagt ihr diesen Satz: „Natürlich habe ich es die ganze Zeit über gewusst." Dann hört ihr auf.

S 1: Da wird eine kleine Geschichte erzählt. Wir wissen, dass sie zufrieden mit sich selbst war. Nur war sie plötzlich woanders.

S 2: So hat es sich auch angefühlt. Als ich es getan habe, konnte ich eine Welt um mich herum spüren. Ich konnte sie betreten und mich frei in ihr bewegen. Aber es hielt nicht lange an.

Der Schauspieler in euch ist lebendig geworden und wollte spielen. Wir sind keine Dramatiker. Wir sind Schauspieler, welche die vorhandenen Tatsachen darstellen. Wir müssen die Tatsachen, die man uns gibt, heraufbeschwören, um in sie einzutreten, damit wir in ihnen leben und uns auf sie beziehen können.

Nun zieht jeder von euch das linke Auge zusammen und sagt, wenn er es spürt: „Oh, daran habe ich gar nicht gedacht."

Das sagt etwas vollkommen anderes aus, aber aus technischer Perspektive betrachtet ist es das Gleiche: eine einfache Aktivität, die irgendwo im Kopf verortet ist. Mit dem Unterschied, dass sie eine andere Bedeutung hat und eine andere Reaktion hervorruft.

Wenn du wirklich mit etwas beschäftigt bist, wie zum Beispiel mit einem Ausdehnungs- oder Zusammenziehungsprozess vom Kopf aus, dann ist es so, als würdest du denken. Das zu tun ist sehr viel interessanter und angenehmer, als zu denken oder nur so zu tun, als täte man es. Letztlich kannst du nur bis zu einem gewissen Punkt über etwas nachdenken. Du als Schauspieler wirst in den Proben bereits alles durchdacht haben, sodass du am Ende auf der Bühne vortäuschst zu denken. Denn es ist nichts mehr da, über das nachgedacht werden müsste. Denken ist keine Handlung wie Geben oder Ablehnen, die du wieder und wieder tun kannst. Denken unterscheidet sich sehr von einer Handlung. Aber es ist eine Aktivität. *Denken darzustellen* ist eine Aktivität. Die Aktivität, für die du dich entschieden hast, geschieht in der Gegenwart, und du reagierst unmittelbar darauf. Deshalb wird darin eine Wahrheit stecken. Es liegt ganz an dir, die Wahrheit auszuwählen, die du in einem bestimmten Moment benötigst.

Versuche, deine inneren Ohren fallen zu lassen. Sie fallen stetig nach unten, aber achte darauf, dass sie sich nicht zu weit von der Stelle entfernen, an der sie sitzen. Benutze abwärtsbewegende Energie nur bei deinen Ohren. Überlasse dich der Aktivität und lasse den Schauspieler in dir lebendig werden. Das ist ein anderer Gedanke. Ich kann das sehen, indem ich euch alle einfach nur anschaue. Es ist wunderbar zu sehen, *dass ihr es könnt.* Bitte sagt laut: „Ich kann es tun."

S: Ich kann es tun.

Jetzt hast du dir selbst gesagt, dass du es kannst, und nun wird auch keinerlei Zweifel mehr daran bestehen. Du hast es dir zu eigen gemacht, und du kannst es tun.

Du musst die Bedeutung kennen, die jede einzelne Aktivität für dich hat. Dann ist es einfach, sie in die mögliche Bedeutung der Gedanken zu übersetzen.

Du kannst wieder in die sechs Richtungen schauen, um verschiedene innere Aktivitäten *auszuprobieren.* Es wird schnell klar werden, wo du bist und wie du das für dich selbst einsetzen kannst.

Bewege innerlich den Kopf nach oben … Sage: „Was für eine fantastische Idee."

Nun lasse uns diese Abfolge probieren:

1. Der Kopf geht nach oben … Du sagst: „Was für eine fantastische Idee.“

2. Das linke Auge zieht sich zusammen … Du sagst: „Aber über diesen Teil habe ich noch gar nicht nachgedacht.“

3. Die Ohren fallen nach unten … Du sagst: „Jetzt stecken wir ganz schön in Schwierigkeiten.“

Was immer du im Bereich des Kopfes geschehen lässt, wird dir etwas geben, worauf du reagieren kannst. Du musst damit spielen, und es kann eine Menge Spaß bringen zu erkunden, was diese oder jene Aktivität bedeutet. Sage, was immer die Aktivität dich sagen lässt. Mache dir lediglich klar, dass du ins „Denken“ verwickelt bist und dass du Denken *darstellst*, während du das tust.

5.12 Archetyp: die psychologische Geste

Die psychologische Geste ist archetypisch an sich. Sie ist sehr groß, sie nimmt eine Menge Raum ein, und sie beinhaltet eine einende Idee. Die Geste erzeugt Energieströme im Körper. Das, was aus dem Körper heraustritt, entspricht der Absicht der Figur.

Am heutigen Abend werden wir sie erst einmal nur in Hinblick auf die Figur aufschlüsseln. Wir werden die psychologische Geste zu Hilfe nehmen, um die Figur zu finden. Das können wir, indem wir eine große Idee benutzen, ein einfaches und energiegeladenes Bild. Der Archetyp ist die größtmögliche Idee, die wir für die Figur finden können.

Archetypen sind Grundformen. Als Bilder schwingen sie. Die Energie im Bild schwingt in uns.

Durch vorangegangene Übungen bist du nun sensibilisiert für Energie und innere Bewegung. Und jetzt passe genau auf. Bitte beachte, dass wir, wenn wir Archetypen gegenüberstehen, sofort einen Impuls erfahren. Suche nach diesem Impuls in den sechs Richtungen (nach oben und nach unten, vorwärts und rückwärts, Ausdehnung und Zusammenziehen). Bleibe ruhig stehen, warte auf den Impuls, dich in eine dieser Richtungen zu bewegen, und dann werde ich einige

Archetypen nennen; du wirst das Wort leise wiederholen und einen Impuls erhalten, damit du dich in eine Richtung bewegst. Zeige einfach nach oben, wenn es oben ist bzw. nach vorne, wenn es vorwärts ist etc. Erweise der Richtung die Ehre, indem du dich auf den Impuls einlässt:

- Der Held: In welche Richtung bewegt er sich in dir?
- Der König: In welche Richtung bewegt er sich in dir?
- Die Waise: In welche Richtung bewegt sie sich in dir?
- Der Feigling: In welche Richtung bewegt er sich in dir?

Lasse dich auf ihn ein, indem du in die Richtung gehst, in die es dich impulsiv zieht:

- Der Prinz
- Der Verlierer
- Die Jungfrau
- Der Spieler
- Die Mutter
- Der Zauberer
- Der Krieger
- Der Verräter
- Der Schauspieler

Hat sich eine Verbindung eingestellt? Hast du die Impulse gefühlt?
S: Ja. Jedes Mal, wenn du uns ein neues Bild gegeben hast, habe ich etwas gespürt. Manchmal war es eine Mischung, zum Beispiel aus oben und vorwärts. Ist das in Ordnung?

Ja. Es ist, was es ist. Wenn du dich vollkommen auf die Richtungen konzentrierst, wirst du dadurch sehr leicht einen Impuls auffangen und in Verbindung mit der Energie treten, die in dem Bild enthalten ist. Es wird eine schnelle Bewegung sein, die zu dir spricht. Du kannst schnell vieles über die Figur herausbekommen. Dadurch wird die Figur zusammengehalten, denn der Archetyp ist ein vollständiges und energiegeladenes Gebilde.

Doch Vorsicht! Wir wollen nie den Archetyp spielen. Er ist das Modell, das uns dient, das Futter, das uns Schauspieler nährt. Wir präsentieren nicht den Archetyp. Er ist zu machtvoll, zu pur, zu groß. Bestimmte Stücke mögen archetypische Figuren erfordern, und es kann sehr viel Spaß machen, sich auf diese Weise auszudrücken; das ist eine Stilfrage. Normalerweise ist das Publikum schnell überwältigt von seiner Kraft, doch dann ist es auch schon vorbei, und du hast sozusagen „dein Pulver verschossen". Bitte behalte das im Hinterkopf. Du willst eine Figur spielen, einen bestimmten Menschen, der in bestimmten Umständen lebt. Der Archetyp ist ebenso machtvoll wie allgemein. Daher müssen wir sehr vorsichtig sein, wenn wir uns ihm nähern und ihn ausdrücken.

Wenn du dich auf die Suche nach dem Archetyp der Figur machst, suchst du den Archetyp, nicht die Figur.

Der Archetyp ist nicht die Figur, der Archetyp ist die Willenskraft der Figur … Hast du die Richtung gefunden, in die der Archetyp sich bewegt, besteht der erste Schritt darin, die psychologische Geste für diesen Archetyp zu finden. Du weißt bereits, dass die Geste, die sich in eine bestimmte Richtung bewegt, dem Impuls folgt. Das macht gerade einmal 85 Prozent der Geste aus. Die restlichen 15 Prozent formen das maßgebliche Bild. Wie du sehen wirst, spielt das Denken dabei kaum eine Rolle.

Stellt euch im Kreis auf, dreht euch aber nach außen, und lasst Platz zwischen euch, damit ihr euch nicht gegenseitig beeinflusst, wenn ihr euch bewegt. Jeder wird die Geste für sich allein erfinden. Ich werde einen Archetyp nennen, und du wirst ihn leise wiederholen. Dann wirst du wissen, in welche Richtung er sich für dich bewegt. Anschließend werde ich „Eins, zwei, drei" rufen, und du wirst eine Geste ausführen, die dieses Bild ausdrückt. Es ist deine Geste. Du wirst sie finden, und du wirst dich ihr anvertrauen. Ist jeder bereit?

Die Hexe.

Eins, zwei, drei.

Bist du mit deiner Geste glücklich?

Hat diese Geste dich aufgeweckt? Hat sie dir etwas gegeben? Falls nicht, verwirf sie sofort wieder.

Ändere sie. Kehre zum Impuls oder zur Richtung zurück. Du kannst darauf vertrauen, dass dieser Impuls richtig ist. Čechov sagte, der Impuls des Künstlers stimme immer. Du kannst darauf vertrauen. Vielleicht ist das Bild nicht ganz stimmig, oder die Geste könnte besser sein. Wenn du möchtest, verbessere sie und spiele mit ihr. Vertraue dich ihr an.

Wonach wir wirklich streben, ist die Geste; daher benennen wir den Archetyp und nehmen ihn zu Hilfe, um die Geste zu finden.

Schauen wir sie uns nun einmal an. Wir bilden wieder einen großen Kreis, bei dem dieses Mal jeder nach innen blickt, damit ihr euch ansehen könnt. Eins, zwei, drei, los … Schaut, was sich getan hat.

Es ist sehr interessant zu sehen, dass ihr alle mehr oder weniger die gleiche Geste habt – die Geste der Hexe. Sie ist in uns. Wir nehmen sie als Form wahr. Sie ist universell. Das ist die Weise, wie der Archetyp in uns arbeitet. Sicher, die Gesten sind alle etwas unterschiedlich; das ist der Beleg eurer Individualität. Aber grundsätzlich sind sie gleich: die Richtung, der Gebrauch der Hände und des Kopfes. Ihr seht also, die Geste zu finden ist gar nicht so schwer. Sie ist bereits in uns vorhanden und stimuliert uns auf gewisse Weise.

Das Ziel der Arbeit mit dem Archetyp ist, die Willenskraft des Archetyps zu erfahren. Die Figur wird schließlich diese Willensqualität besitzen.

Das ist ein Ausdruck / Verständnis von Willenskraft.

Die Geste führt uns zu einem Archetyp, der Archetyp führt uns ebenfalls zu einer Geste.

Führe die Geste dreimal im Raum aus. Strahle sie aus, betrachte sie mit deinen neuen Augen in den Schulterblättern. Sprich: „Ich bin."

Führe die Geste nun als innere Bewegung aus. Folge den Impulsen, die von ihr ausgehen.

Diese psychologische Geste ist die Kristallisation der Willenskraft. Weckt die Geste mich auf? Gibt sie mir etwas? Falls nicht, verwirf sie sofort wieder. Dies ist nicht die Figur, es ist der Archetyp. Diese psychologische Geste ist Ausdruck des Kerns dieses Archetyps.

Lasst uns nun die psychologische Geste für den Spieler, den Zocker finden.

Was ist der fundamentale, wesentliche Zug eines Spielers?

S: Das Erste, woran ich denken muss, sind Karten.

Jetzt bist du dabei, eine Geschichte zu erfinden. Es geht um keinen Bericht und um keine Geschichte, und du spielst auch nichts durch.

S: Der Spieler will Geld, er will, dass ihm alles zufliegt.

Wir alle wollen Geld, wir alle wollen, dass uns alles zufliegt. Die Geste des Spielers ist ein bisschen spezieller, ein bisschen mehr als das Gesagte. Probiere die Geste von „Ich will" aus. Stimmt sie?

Habgier ist es nicht.

Ich bin mir sicher, dass du eine Menge aus jeder dieser Gesten ziehst. Aber du suchst nach der Willenskraft des Spielers, nicht nach der eines Geizkragens. Obwohl manche von euch gierig sind, ist nicht jeder Spieler notwendigerweise habgierig. Das Wesen des Spielers ist Risikofreude. Was ist das Wesen von Risikofreude? Wir reden über den Archetyp, die höchste Form, nicht über dich als Spieler. Wenn deine Geste Habgier ausdrückt, dann drückt sie nicht Risiko aus. Das Ziel der Geste des Spielers ist es, einen Reiz zur Risikofreude in dir auszulösen. Die Geste sagt: „Ich bin." Wie kannst du eine Geste machen, die vorwärtsgerichtet ist und die Risikofreude in dir wachkitzelt?

Der Körper führt die Geste aus, also muss das Risiko im Körper erfahren werden. Vielleicht erfährst du das Risiko, wenn du die Geste auf einem Bein beendest, während der Rest des Körpers über einem Abgrund hängt. Hast du sie gefunden, wirst du es wissen, denn du wirst es fühlen. Eine bestimmte Willensqualität wird dadurch wach.

S: Was heißt „Willensqualität"?

Das ist die Art und Weise, *wie* du Dinge erledigst.

Hier ist noch ein anderer Archetyp: der Sklave.

Frage dich selbst: Was ist das Wesentliche des Sklaven?

S 1: Freiheitsverlust.

S 2: Unterdrückung.

S 3: Anstrengung.

S 4: Kampf.

Ja, das alles trifft zu. Aber was ist das Wesen? Das Wesen ist: Der Sklave dient gegen seinen Willen. Das ist das unumstrittene Wesentliche im Unterschied zu einem Diener, der freiwillig dient.

Du musst dir jederzeit diese Frage stellen. Frage dich, was das Wesen ist.

Bleibe stehen, während du deine Gesten erforschst. Wir arbeiten mit menschlichen Formen. Ein großer Unterschied zwischen dir und einem Tier besteht darin, dass du auf zwei Füßen stehst. Es ist außerdem viel einfacher, sich von der Geste wegzubewegen, wenn du aufrecht stehst. Du kannst weggehen und mit deinen Augen in den Schulterblättern auf die Geste zurückblicken. Lasse die Geste zurück, aber nimm die Schwingungen mit. Daraus entwickelt sich ein direktes Wissen. Wirkliches Wissen dringt in den Körper.

Was ist das Wesen des Kämpfers?

S 1: Furchtlosigkeit.

S 2: Stärke.

S 3: Tapferkeit, Mut.

Das sind Qualitäten. Sie machen nicht das Wesen aus. Der Vater ist mutig und stark. Der Held ist mutig und stark. Die Hure ist ebenfalls mutig und stark. Betrachte es anders. Versuche herauszufinden, was handlungsbezogen daran ist. Der Archetyp ist immer im Zusammenhang mit einer Handlung zu sehen. Es geht um die Willenskraft der Figur, die sehr spezifische Willensqualität. Was tut der Kämpfer? Der Kämpfer ist derjenige, der …?

S: Derjenige, der kämpft?

Ja, natürlich. Das ist das Einfachste. Und einfach ist viel besser. Mache das zu deinem Motto: „Am besten einfach."

S: Wie wählt man den Archetyp für die Figur aus?

Anhand ihrer Taten. Aristoteles sagte: „Ein Mensch ist die Summe seiner Handlungen." Lies das Stück, an dem du arbeitest, und notiere, was die Figur innerhalb des Stückes getan hat. Damit wird keine Analyse erstellt, sondern eine Liste mit Fakten, die das Stück hergibt. Sobald du diese Liste erstellt hast, kannst du die einzelnen Listenpunkte durch eine Linie miteinander verbinden und so die Taten zu einem Strang zusammenfügen. Frage dich dann: „Wer hat das getan? Welcher Archetyp führt alle diese Taten aus?" Es ist Kombinationsarbeit, die allerdings nicht viel Zeit in Anspruch nimmt. Indem wir nur einige wenige Fragen stellen, wissen wir bereits vieles.

In gewissem Sinne werden wir durch die Gesten zu einem Magneten, der alles, was zu der Welt der Figur gehört, anzieht. In der Welt um dich herum haben Kleinigkeiten eine spezifische Bedeutung für deine Arbeit. Die Geste hält Dinge zusammen. Die richtige Geste bewegt sich stetig auf die Figur zu.

Die Figur ahnt nicht, dass sie von einem Archetyp geleitet wird. Jeder von euch wird von einem Archetyp geführt, aber ihr wisst nicht, von welchem. Es ist doch so: Eines Tages hast du in deinem Leben eine Entscheidung getroffen und danach bemerkt, dass es nicht die beste war, die du hättest treffen können. Du sagst dir, dass du das nie wieder machen wirst. Einige Zeit später triffst du in einer ähnlichen Situation wieder dieselbe Entscheidung und bemerkst danach, dass es nicht die beste war, und du sagst dir, dass du es nie wieder machen wirst. Dennoch triffst du sie später erneut. Das ist der Archetyp, der dich führt. Er ist eine Art Prägung, der du folgst, ohne dir darüber bewusst zu sein. Er leitet deinen Willen. Selbstverständlich können diese Entscheidungen manchmal großartig und richtig sein. Sie werden mit deiner Persönlichkeit in Einklang stehen.

Das, was die Figur will, hat nichts mit dem Archetyp zu tun. Es geht um das, was sie tut. Bestimmt wollte Hitler die Welt retten. Möglicherweise hatte er sich selbst an einen entsprechenden Archetyp gebunden. Aber der hat ihn nicht geleitet oder offenbart.

Sehen wir uns Romeo an. Was, denkst du, könnte sein Archetyp sein?

S: Der Liebende?

Warum? Weil er in Julia verliebt ist? Weil sie ihn liebt? Vielleicht stimmt das sogar, aber wir müssen uns seine Taten ansehen. Sobald wir das tun, begegnen wir dem Stück mithilfe eines wegweisenden Ansatzes, denn wir beginnen, mit Mustern zu arbeiten, und erhalten Überblicke. An dieser Stelle kommt das Gefühl für das Ganze ins Spiel. Sehen wir uns nun Romeos Taten an und überlegen uns, was sie enthüllen. Romeos begangene Handlungen sind in etwa diese:

- Er klagt über die Liebe.
- Er geht zu dem Fest – eigentlich sprengt er es. Ein durchaus riskantes Unternehmen.

- Er flippt wegen eines Mädchens aus und findet heraus, dass es eine Capulet ist.
- Er verfolgt sie trotzdem. Er kehrt zu ihrem Haus zurück.
- Er klettert über die Mauer ihres Hauses.
- Er klettert eine weitere Mauer hoch und erklärt ihr seine Liebe, er küsst sie.
- Er trifft sie mit ihrer Amme, sagt, seine Absichten seien ehrenvoll.
- Er arrangiert ihre Hochzeit.
- Er heiratet.
- Er tötet ihren Cousin.
- Er schläft mit ihr.
- Er geht (wird verbannt).
- Er kehrt trotz Verbannung zurück.
- Er tötet Paris.
- Er sieht, dass Julia „tot" ist.
- Er bringt sich schließlich um.

Das sind die konkreten Handlungen, die er im Stück verrichtet.

Die Verbindungslinie, die du nun durch die Taten ziehst, bringt den Archetyp zum Vorschein. Zu fragen bleibt, was für eine Art Mensch tut all diese Dinge?

S: Ein leidenschaftlicher Mensch.

Ja, das stimmt. Aber jetzt sind wir wieder bei der Qualität, nicht beim Archetyp. Leidenschaft an sich schwingt nicht. Dennoch ist die Qualität hilfreich: Welche Menschen sind leidenschaftlich?

S: Kinder sind es.

Aber hast du das Gefühl, dass Romeo ein Kind ist? Nein.

Du kannst dich auf dein Gefühl verlassen, das hier „Nein" sagt. Also musst du weitersuchen.

S: Ein Narr handelt leidenschaftlich.

Ein Narr. Wie fühlt sich der an? Gut?

Sieh dir die Taten an. Tut so etwas ein Narr? Es scheint so, dass ein Narr so etwas tun würde.

Ist er ein Narr? Vielleicht ein Spieler? Ein Rebell?

Du führst die psychologische Geste aus, die deinem Geschmack nach die richtige ist.

Der Narr scheint am besten mit den Taten übereinzustimmen.

Die Natur des Narren ist sehr jugendlich und leidenschaftlich. „Narren stürmen, wo weise Männer zögern." Der Narr ist der, der die Fehler begeht.

S: Wie kann ich den Archetyp des Narren darstellen, ohne zu wissen, dass er ein Narr ist?

Ein Narr weiß nicht, dass er einer ist. Doch wie auch immer, es ist nicht unsere Absicht, den Archetyp zu spielen. Es wird schnell langweilig, dem Archetyp auf der Bühne zuzusehen, denn er hat etwas Unwirkliches. Wir wollen uns vom Archetyp nähren. Wir suchen nach der Art und Weise, wie der Wille angesprochen wird. Wertvoll ist dabei die Energie, wie sie sich durch uns hindurch spielt. Der Archetyp ist nur der Antrieb der Figur.

Wenn du mit deinem Intellekt darangehst, wird das die Kraft schwächen.

Führe die psychologische Geste des Narren aus. Laufe nicht einfach vor ihr fort. Lasse dich von ihr durchdringen. Nimm Raum ein, wenn du die Geste ausführst. Du suchst nach der Willensqualität, die im Archetyp lebt.

Du kannst diese psychologische Geste ausschließlich mit dem energetischen Körper ausführen. Habe keine Angst vor ihr, denn sie ist bloß eine Kraft. Wir wollen diese Kraft. Sie ist keine Figur. Sage voll und ganz „Ja" zu der Kraft, welche die Geste liefert.

Ist etwas in dir lebendig?

S: Es ist sehr verführerisch.

Reizt die Geste mich, die Richtung einzuschlagen, in die zu gehen ich gereizt werden möchte? Diese Frage sollte zuerst gestellt werden. Sollte es nicht so sein, verwirf die Geste und mache mit etwas anderem weiter. Bewege den Körper, nimm so viel Raum wie möglich ein.

Das ist nichts, was man analysieren müsste, sondern es ist ganz einfach, was es ist. Daher können wir über den Archetyp auch sagen: „Er ist."

Ich habe einmal einen Schauspieler unterrichtet. Er ist Afroamerikaner. Als ich das Bild des Sklaven benutzt habe, brach er weinend zusammen. Es war ein sehr gewaltiges Bild, das in dem jungen Mann eine ganz bestimmte Resonanz ausgelöst hat. Sein Ausdruck war sehr intensiv, und er hat eine Zeit lang gebraucht, um sich zu erholen. Er hatte ein Problem damit zu sagen: „Er ist." Sklaverei ist abscheulich, und es war nicht ungewöhnlich, dass er genau dieses Gefühl stark empfunden hatte. Aber er hat es nicht geschafft, den Archetyp als das zu sehen, was er ist. Der Sklave dient gegen seinen Willen. Hamlet ist ein Sklave, er dient seinem Vater. Er muss es tun, doch er tut es gegen seinen Willen. Im Stück ist er ein Prinz, aber vom Willen her ein Sklave. Ist das nicht interessant? So würde ich vorgehen, wenn ich die Rolle inszenieren oder spielen würde. Wenn wir das Wort oder den Impuls nicht werten, sind wir frei, damit zu arbeiten.

Lasst uns einen weiteren Archetyp ausprobieren.

Der Held – eins, zwei, drei, los.

Setze, so gut es geht, den gesamten Körper ein … Bewege dich als Einheit, aber alle Körperteile sind in Bewegung. Erinnere dich an den künstlerischen Rahmen. Wiederhole die Geste dreimal, sobald du sie gefunden hast.

Erschaffe die Geste so, dass sie schön für dich wird.

Wie ist das? Ist es anders im Vergleich zur Hexe? Enthält sie etwas für dich?

Wer ist ein Held?

S: Ein Mensch, der rettet.

Das ist der Retter.

S: Einer, der schlichtet?

Das ist der Schlichter.

S: Derjenige, der mutig ist.

Na komm schon; jemand, der mutig etc. ist, damit wird eine Qualität definiert … Mache weiter. Der Held ist jemand, der eine Herausforderung annimmt. Kulturell oder historisch betrachtet sind wir in der Lage zu bestimmen, wer der Held ist. Wir sehen, dass es jemand ist, der sagt: „Ich kann es tun. Ich werde mich dem stellen." Das muss gar nicht von Erfolg gekrönt sein. Es ist eine Frage der Willensqualität.

Schauen wir uns die Gesten des Helden an. Eins, zwei, drei, los … Schon seht ihr wieder die Übereinstimmungen. Der Impuls besteht darin, nach vorne zu gehen und den Körper aufzurichten. Arme, Hände und Kopf, selbst die Beine arbeiten darauf hin. Das ist kollektive und unbewusste Vereinbarung bezüglich dieses Archetyps.
S: Aber ich mag die Geste irgendwie noch nicht.

Glaubst du, sie könnte dir noch einen größeren Kick geben?

Das ist in Ordnung. Ich sehe, dass du dich nach vorne und nach oben bewegst. Das ist genau der Ausgangpunkt, um von dort aus zu beginnen.

Nun sage dir selbst: „Ich will das Gefühl der Niederlage erfahren." Diese simple Anweisung wird in dir eine Art Fall auslösen. Sobald der Fall geschieht, mache die Geste des Helden, und du wirst sehen, was mit dir geschieht.

Ist das Gefühl vollständig in deinen Körper gedrungen, machst du die Geste. Sende Strahlen aus. Entferne dich. Sieh mit deinen neuen Augen darauf. Wiederhole die Geste.

Mit dem Gefühl der Niederlage geht die innere Bewegung nach *unten*, während die Aktion des Archetyps nach vorne und nach oben gerichtet ist. Durch dieses Gefühl wird der Archetyp des Helden spezifischer und rückt näher an die Figur heran. Wir sind in der Lage, diese Dinge, die intellektuell nicht zusammenpassen, miteinander zu kombinieren. Vielleicht entdecken wir, dass der Wille der Figur im Stück der eines Helden ist, die Figur aber ein Versager oder viel zu schüchtern, um die Herausforderung anzunehmen. Es ist nicht schwer, darauf zu kommen, wenn man sich auf diese Weise vorarbeitet. Wir können etwas Kompliziertes spielen, das auf einfache Art und Weise zu uns gekommen ist.

In dem Buch Lektionen für den professionellen Schauspieler sagt Cechov, dass die psychologische Geste und der Archetyp das Gleiche sind.

Uns interessiert die Geste stärker als der Archetyp. Die psychologische Geste ist die „Blüte der Schauspieltechnik". Sie ist ein vielfältig einsetzbares Werkzeug, das dir einen Moment oder eine Szene, eine Handlung, eine Figur oder das gesamte Stück offenbaren kann.

Sie ist eine Möglichkeit, Dinge zusammenzusetzen. Die Geste des Archetyps sagt „Ich bin", während sie die vollbrachten Taten miteinander verschmilzt.

Cechov sagte, dass du nichts weiter benötigst. Andere Techniken bringen dir bei, etwas zu analysieren. Das bedeutet, du zerlegst etwas. Am Ende hast du viele Teile vor dir liegen, mit denen du zurechtkommen musst. Cechovs Schauspieltechnik hilft uns dabei, etwas zusammenzufügen, ein Ganzes aus vielem zu schaffen. Einige Menschen lassen sich von der Analyse verführen: „Wow, das ist so viel gute Arbeit, sie ist so interessant, ich benutze mein Gehirn und habe das Gefühl, in der Arbeit zu sein." In Wirklichkeit sind sie aber physisch gar nicht aktiv, vor allen Dingen spielen sie nicht. Die Cechov-Technik ist einfacher als alles andere, obwohl es am Anfang schwierig ist, den Geist zur Ruhe zu bringen und die Kraft der Einfachheit zuzulassen.

Sehen wir uns das mal an. Mache eine öffnende Geste, das Gesicht und der Blick sind zum Himmel gerichtet, auch die Handflächen zeigen nach oben. Wie fühlt es sich an, diese Geste auszuführen? Nun mache das Gegenteil. Richte das Gesicht und den Blick nach unten, zeige mit den Handinnenflächen zur Erde, beuge dich leicht nach vorne. Was ist der Unterschied?

Gesicht, Brust und Hände können als Sinnesorgane bezeichnet werden.

Empfangen wir etwas, während alles nach unten gerichtet ist, dann empfangen wir es von oben. Kulturell betrachtet haben wir irgendwann einmal begonnen zu glauben, dass der Himmel, Richtiges und Gutes, Gott etc. von oben kommen. Und wir glauben auch, dass der Teufel, das Böse, die Hölle etc. von unten kommen. Dabei spielt es keine Rolle, ob du an Gott glaubst oder Atheist bist. Dieses physische und kulturelle Verständnis besitzt du trotzdem. Es ist sehr alt und in uns verankert. Öffnen wir also die Hände auf diese oder jene Art, platzieren wir unseren Brustkorb und unser Gesicht entweder so oder so, können wir davon ausgehen, dass wir etwas ganz Bestimmtes empfangen. Wir sind tatsächlich in der Lage, das Ergebnis unserer Gesten zu kontrollieren und dieses Wissen zu benutzen, damit wir nicht ins Schwimmen geraten. Wir können direkt auf das zugehen, nach dem wir suchen.

S: Gibt es eine endgültige Liste mit Archetypen?

Das weiß ich nicht, aber wir finden die Archetypen unter den Charakteren der griechischen und römischen Mythologie, in der Bibel, im Tarot, innerhalb der Sternzeichen, in den Märchen der Gebrüder Grimm, dem Mahabharata, in Volkserzählungen aus Afrika oder Amerika. Das sind die Quellen, sie sind voller Archetypen. Sie entstammen der überlieferten Literatur und den Aufzeichnungen der geheimen Wissenschaften, die Jahrtausende überlebt haben. Der Grund dafür, warum sie immer noch existieren, liegt in ihrer Kraft, ihren Schwingungen. Dinge, die nicht auf diese Art schwingen, verblassen und verschwinden mit der Zeit. Und die Archetypen, die auf diese Art schwingen, schwingen in jedem von uns.

S: Ich habe eigentlich gar nicht so stark über Eben nachgedacht, aber jetzt, wo ich mir das alles genau angehört habe, blitzt vor mir der Archetyp des Rebellen auf. Ist das ein Archetyp?

Ja, das ist er. Antigone ist eine Rebellin. Und es ist ein gutes Zeichen, dass er in dir aufgeblitzt ist. Er ist nicht auf rationale Weise zu dir gekommen, sondern eher intuitiv. Wie fühlt es sich für dich an, dass dir diese Idee gekommen ist? Wir suchen nach einer Art inneren Glocke, die in uns läutet. Fühlt es sich flach an, suchst du weiter. Wir wollen, dass unsere Wahl einen Reiz in uns auslöst. Aber grundsätzlich klingt der Rebell für Eben gut. Er arbeitet ständig daran, dass die Dinge anders wahrgenommen werden. Von Anfang an arbeitet er gegen den Status quo. Für mich scheint es eine gute Wahl zu sein, zumindest ist es ein guter Ausgangpunkt. Du siehst, wie einfach es war, den Archetyp zu finden. Du musst dich einfach nur mit der Frage konfrontieren, um schließlich eine Antwort zu bekommen.

Da wir gerade darüber sprechen: Hat jemand von euch ein Bild für Abbie?

S: Sie kommt ins Haus und übernimmt alle Pflichten, kümmert sich um diese beiden Männer. Könnte sie die Mutter sein?

Ich will direkt fragen: Läutet in deinem Inneren eine Glocke? Welche Resonanz erzeugt das Bild bei dir, wer wird Abbie spielen?

S 1: Nein, keine Glocke. Ich habe nur geraten.
S 2: Ich glaube nicht, dass sie die Mutter ist. Ich meine, sie tötet das Baby, das ist eine ihrer Taten. Sie erscheint mehr wie der Gegensatz zu einer Mutter. So wie Medea, die auch keine wirkliche Mutter ist.

Du musst dir ihre Taten ansehen. Aber ich gebe dir Recht, es ist nicht die Mutter. Was tut sie?
S: Na ja, Abbie kommt mit der Absicht dorthin, alles zu besitzen: die Farm, das Geld, den Mann, den Sohn. Sie bekommt es nur, wenn sie es sich nimmt. Aber es gehört ihr nicht.

Und wer tut solche Dinge? Welche Art von Mensch macht so etwas?
S: Ein Dieb. Das muss der Archetyp sein. Er ist sehr groß und ich spüre, wie er schwingt, wenn ich ihn nur nenne.

Dann läutet in dir eine Glocke? Ist es wie eine Erschütterung? Hast du ein Verlangen danach, mit diesem Bild zu arbeiten?
S: Ja.

Ich würde sagen, du hast den Ausgangspunkt gefunden, von dem aus du mit den Ermittlungen beginnen kannst.

Du musst den Archetyp jetzt noch nicht endgültig festlegen. Möglicherweise wechselst du ihn, wenn dein Verständnis von dem, was während der Proben geschieht, wächst. Aber zumindest hast du einen Ausgangspunkt, eine Betrachtungsweise, die weder analytisch noch persönlich ist. Trotzdem spürst du, dass du etwas darüber weißt. Versuche es. Sieh, was passiert.

Sobald wir ein Zentrum hinzunehmen, kommen wir der Figur näher. Kehre zur physischen Geste zurück. Finde die Geste für diese beiden Archetypen des Rebellen und des Diebs.

Nun mache die gleiche Geste für den Archetyp, aber beginne von einer bestimmten Stelle aus – der Brust, dem Unterleib, dem Kopf etc. Du kannst das imaginäre Zentrum und den imaginären Körper benutzen, um einen Behälter zu schaffen, in den du die Willenskraft des Archetyps legen kannst.

Jede noch so kleine Information, die du der Mischung hinzufügst, wird aus dem Archetyp immer klarer eine bestimmte Figur machen.

Wir haben bereits festgestellt, dass Abbie ein denkender Typ ist. Führe die Geste des Diebes mit der Qualität des Stabes aus, die du in deinen vorausgegangenen Erkundungen über Abbie als denkenden Typ gefunden hast. Das ist durchaus keine verschwendete Arbeit; sie wird der Geste, die du für den Archetyp gefunden hast, wieder neue Informationen liefern.

5.13 Der imaginäre Körper

Es gibt eine Geschichte darüber, wie Stanislawski und Cechov sich einige Jahre nach Cechovs Emigration aus Russland eines Tages in einem Café in Berlin getroffen haben. Dort hatten sie ein langes Gespräch über die Figur geführt, konnten sich aber nicht einig werden, wie sich ein Schauspieler ihr annähern sollte. Stanislawski sagte, die Figur stehe vor dem Schauspieler, der sie zu sich hinziehen solle, damit die Figur sich in ihn verwandeln und mit ihm eins werden könne. Cechov stimmte ihm zu, dass der Schauspieler die Figur vor sich hat, doch er glaubte, dass der Schauspieler sich selbst auf die Figur zubewegen und aus sich die Figur machen müsse. Der entscheidende Unterschied zwischen diesen beiden Arten der Annäherung ist der, dass sich nach Stanislawskis Vorgehensweise die Figur dem Ego des Schauspielers unterwirft. Das würde allerdings Probleme mit sich bringen, die der Schauspieler lösen müsste. Die Art der Annäherung, die Cechov vorschlägt, befreit den Schauspieler von vielen Problemen, denn hier unterwirft sich das Ego des Schauspielers dem Ego der Figur. Es wird leicht, das, was der Autor vorschreibt, umzusetzen. Eine Möglichkeit, zu der Figur zu werden, besteht darin, den Körper gegen den der Figur auszutauschen. Das klingt zunächst unglaublich, ist aber möglich. Mithilfe des energetischen Körpers hast du bereits sehr viel erreicht. Wir können weiter mit ihm arbeiten, um das zu tun, was für einen Wechsel notwendig ist. Versuche einmal Folgendes: Stelle dir vor, dein Hals sei zweimal länger als er tatsächlich ist. Physisch kannst du ihn nicht strecken. Alles, was du tun musst, ist, den Hals des energetischen Körpers zu nehmen und dir vorzustellen, er wäre zweimal so lang. Du siehst, das ist gar nicht so schwer. Es ist ein energetischer Wechsel, und doch verändert er das Gefühl, das du für dich hast; er verändert deine Psychologie.

Sage mir, wie du dich verändert hast.

S: Der lange Hals hat sich merkwürdig angefühlt.

Ist das alles, was du dazu sagen kannst?

S 1: Ich habe mich irgendwie unnahbar bzw. den anderen gegenüber arrogant gefühlt.

S 2: Ich habe mich ein bisschen träge gefühlt, so als wäre es mir egal, dass ich mich anstrenge.

Das ist gut, denn in nur einem einzigen Augenblick hast du deinen grundsätzlichen Blick auf die Welt und darauf, wie du zu ihr stehst, verändert. Für dich ist das die Psychologie der Person mit einem langen Hals. Nun beginnst du zu verstehen, wie Psychologie und Körper miteinander verbunden sind, dass sie eins sind. Es ist der innere Körper – es ist der innere Hals. Es ist der imaginäre Körper. Daran ist nichts Physisches, abgesehen von der Resonanz auf die innere Verwandlung. Wenn es rein physisch ist, wird es dich erschöpfen, denn du wirst müde werden und verkrampfen. Außerdem ist es unmöglich, den physischen Körper zu wechseln. Lasse uns damit spielen, als wäre es ein Geheimnis, als besäßest du Gold. Das Problem mit Gold ist, das es dir von den Leuten, denen du es zeigst, gestohlen wird. Akzeptiere das einfach und mache dir klar, dass es so ist.

„Ich besitze es, und ich weiß, es wird mich stützen." Es geht um Konzentration. Es geht um etwas, das vom energetischen Körper aus kommt, und es ist inspirierend.

Schön, oder? Das bist nicht du, das ist nicht dein normales Selbst.

Sage bloß „Es ist", dann ist es, was es ist. Manchmal siehst du nur, wie die Figur aussieht. Also verinnerliche das Bild und gestatte ihm, einfach zu sein.

Erhältst du von deinem Körper Inspiration?

Großartig!

Das Bild muss dich *halten*. Du wirst steif erscheinen, wenn du derjenige bist, der das Bild festhält. Wirst du von dem Bild gehalten, bist du *frei*. Es wird dich leiten, und dein Talent wird folgen.

Stelle dir vor, deine Hände seien aus feinstem Kristallglas. Vergiss nicht, dass es Hände sind. Du musst sie also auch wie Hände benutzen, selbst wenn du mit dem Bild spielst, sie seien aus Glas. Krame in deinen Hosentaschen herum. Lasst uns den Ball werfen und fangen. Wie wirst du ihn mit den Glashänden auffangen? Schüttelt euch zur Begrüßung die Hände. Reiche jemandem schnell ein Objekt, berühre dein Gesicht, knöpfe dir dein Hemd auf. Tue so viele Dinge wie möglich, bei denen du deine Hände benutzen musst.

Vergiss das Bild des langen Halses und das der Glashände wieder. Stelle dir nun vor, dein Hals sei nur ein paar Zentimeter kurz, eigentlich hast du gar keinen Hals. Wie wirst du den Kopf drehen? Was musst du tun, um über deine Schulter zu blicken? Oder nach oben in den Himmel?

Wenn du mit dem Hals zufrieden bist, wechsle die Hände aus. Stelle dir vor, du hättest dicke Stummelfinger. Spiele mit dem Ball und mache verschiedene Dinge mit den Händen.

Nun stelle dir vor, deine Füße seien sehr groß. Lasse das zu. Du sollst mir nicht *zeigen*, dass du große Füße hast. Benutze einfach diese großen Füße, um zu laufen. Wenn du dabei dezent vorgehst, wirst du merken, wie leicht es ist, sich in eine andere Person zu verwandeln. Wenn du das verstehst, dann bist du in der Lage, dich zu verwandeln. Jeder Teil des Körpers kann sich verändern und wird dich verändern.

Wir suchen nach einer neuen Psychologie, und unser Weg führt durch den Körper.

5.14 Atmosphäre

Heute wird es um Atmosphäre gehen, und wir werden schauen, ob wir den Raum bewegen können. Nur Cechov spricht über Atmosphäre als etwas, das einen Schauspieler während der Probe und der Aufführung leiten kann. Autoren setzen oft auf Atmosphären, um die Szenen in ihren Stücken zu beschreiben. Atmosphäre ist ein weiterer Weg, um uns dem Stück über das *Wie* zu nähern. Atmosphäre meint den Raum, der uns umgibt. Den Raum, den wir besetzen. Es ist möglich, eine bestimmte Größe an Raum in den Griff zu bekommen. Wir können mit dem Raum arbeiten, der direkt unseren Körper umgibt. Wie du sehen wirst, stehen wir bereits in Kontakt mit ihm.

Tritt so nah an jemanden heran, bis du vor der Person in einem räumlichen Abstand, der für dich noch angenehm ist, stehen bleibst. Das ist etwas, das du spüren kannst. Spürst du es, wirst du stehen bleiben.

Rücke noch ein Stückchen näher an die Person heran, achte auf das soziale Unbehagen, das sich einstellt, und wie es sich anfühlt.

Tritt wieder so weit zurück, dass du der Person zwar so nahe wie möglich bist, dich aber noch wohlfühlst.

Berühre sanft die Hände der Person.

Lasse Hände und Arme, wo sie sind, und tritt einen Schritt oder zwei Schritte zurück.

Deine Hand ist nun in einem bestimmten Abstand zu deinem Körper. Stelle dir vor, deine Hand würde die Haut einer Blase berühren. Du selbst befindest dich in dieser Blase, genau in der Mitte.

Benutze deine Hände, lege deinen Raum fest. Bleibe stehen und versuche, dir dieser Blase bewusst zu werden. Du bist dreidimensional. Die Blase ist dreidimensional.

Gehe umher, und sei dir dabei der Blase bewusst, die sich mit dir bewegt, denn du stehst die ganze Zeit über im Zentrum der Blase. Stoße die Blasen der anderen an. Pralle sanft ab und gehe weiter.

Nun bleibt jeder von euch in seiner Blase stehen, voneinander isoliert.

Hebe die Hände auf Brusthöhe, und strecke sie aus, als seien sie die Fühler einer Schnecke.

Schließe die Augen und strecke die Hände aus, berühre die Haut deiner Blase. Strecke die Hände aus, genau so, wie eine Schnecke ihre Fühler ausstreckt.

Wenn du in Kontakt mit der Haut deiner Blase kommst, ziehst du die Hände wieder ein, so wie eine Schnecke ihre Fühler einzieht, wenn sie etwas berührt. Genau auf diesen Moment musst du dich konzentrieren. Reagiere, als hättest du einen leichten elektrischen Schlag bekommen. Es ist für dich wie die Überraschung, etwas zu berühren, das du an dieser Stelle nicht erwartet hättest. In dem Moment, in dem du Kontakt mit der Haut bekommst, erfolgt eine *Aufladung*. Der unmittelbaren Ausdehnung folgt eine Kontraktion, sobald du deine Hände wieder zurück zur Brust nimmst. Die Bewegung ist sanft. Der Moment ist sensibel.

Versuche, dich selbst in der Mitte der Blase zu spüren. Der Raum in der Blase ist der Raum, mit dem wir arbeiten werden.

Achte auf deine Atmung. Du musst nichts an deinem Atem verändern, spüre einfach nur, dass du ein- und ausatmest. Du atmest frische, klare Luft.

Beginne damit, dich zu bewegen und mache dir bewusst, dass du deine Blase überall mit hinnimmst.

Nun werden wir etwas in die Blase füllen und uns ansehen, wie dich das beeinflussen wird. Stelle dir vor, die Luft in deiner Blase sei von stechendem Uringeruch erfüllt. Da dieser Geruch von der Haut deiner Blase eingeschlossen wird, kannst du dich ihm nicht entziehen.

Atme weiter. Achte darauf, was mit deinem Körper geschieht. Wie beeinflusst die Vorstellung dieses Geruchs deine Bewegungen? Wie beeinflussen diese Bewegungen deine Beziehung zur Außenwelt?

Sprecht miteinander, aber redet nicht über den Uringeruch.

Versuche zu lachen, während du das tust. Wie wirkt es sich auf dein Lachen aus?

Nimm die „Atmosphäre" innerhalb deiner Blase auf und lasse dich auf sie ein. In diesem Augenblick sind die Dinge nur so, wie sie sind. Beschäftige dich mit irgendetwas, um deine Aufmerksamkeit zu beanspruchen.

Lasse dich von der „Atmosphäre" berühren.

Atmest du noch? Hat deine Atmung sich verändert?

Wir können so lange damit fortfahren, wie wir möchten, und wir können damit aufhören, wenn wir uns entscheiden aufzuhören.

Nun verflüchtigt sich der Uringeruch. Die Luft wird wieder frischer und klarer. Atme weiter. Achte darauf, wie dein Körper sich anfühlt und wie deine Beziehung zur Außenwelt sich verändert hat, weil dein Körper sich anders anfühlt.

In der Luft deiner Blase ist nun Fliederaroma.

Achte darauf, was mit deinem Körper geschieht, sobald du dir den neuen Duft in deiner Blase vorstellst. Es ist nicht möglich, sich ihm zu entziehen. Der Fliederduft mischt sich in jeden deiner Atemzüge.

Redet miteinander, aber sprecht nicht über den Flieder. Was geschieht mit deinem Körper?

Lache. Wie ist es jetzt zu lachen?

Beschäftige dich mit irgendetwas, um aufmerksam zu bleiben. Lasse dich von dieser „Atmosphäre" berühren. Bleibe immer im Körper und überprüfe ihn.

Lasse diese Vorstellung los. Die Luft wird wieder frisch und klar, der Fliederduft ist verschwunden.

Konzentriere dich auf deinen Körper. Du hast den Raum, der ihn umgibt, verändert.

Mit welchem Ergebnis?

Nun kleide den Raum mit sehr dickem Staub aus.

So zu tun, als würden wir den Staub fortwedeln, wird uns nicht nützen. Es handelt sich um eine psychologische Veränderung, nicht um eine Pantomime. Es geht darum, in diesem Staub zu sein, und nicht darum zu zeigen, dass er existiert. Das Gleiche gilt fürs Husten. Mit beidem zeigen wir, dass die Luft voller Staub ist. Du musst es aber nur *fühlen*.

Die Vorstellung ist die einer furchtbar dicken Staubwolke.

Du kannst dich ihr nicht entziehen. Wie reagiert der Körper darauf?

Redet miteinander, während die Luft die ganze Zeit über mit Staub erfüllt ist.

Lache. Ist dieses Lachen anders als das davor?

Beschäftige dich mit etwas, um deine Aufmerksamkeit zu beanspruchen.

Lasse dich von dieser „Atmosphäre" berühren. Überprüfe deinen Körper.

Improvisiert gemeinsam. Ihr alle teilt diese Atmosphäre. Jeder von euch hat sich auf sie eingelassen.

Nun lasse sie los. Atme wieder frische, klare Luft ein. Suche dir einen Stuhl und setzte dich, damit wir ein bisschen darüber reden können.

Blicke auf das zurück, was uns begleitet hat: Urin, Flieder, Staub.

Wenn der Raum sich bewegen könnte, in welche Richtung hätte er sich dann bewegt? Die Bewegung steht in Beziehung zu dir, während du in deiner Blase stehst. Das ist eine ungewöhnliche Frage. Um eine Antwort zu finden, musst du deine Vorstellungskraft benutzen. Doch deine Erinnerung wird dir helfen, denn ihr alle habt auf den Urin reagiert. Wenn sich der Raum in deiner Blase in eine Richtung bewegen könnte, wie hat er sich dann bewegt, als die Blase mit stechendem Uringeruch erfüllt war?

S 1: Er ist direkt zu mir gelangt, in meine Nase und mein Gesicht eingedrungen.

S 2: Bei mir war es auch so. Er hat mich von allen Richtungen aus überwältigt.

S 3: Ich hatte das Gefühl, dass er sich die ganze Zeit über zusammenzieht.

Stimmt jeder zu? Ja? Gut!

Das ist großartig! Ihr habt den Raum so erlebt, als würde er sich bewegen. Das ist nur ein sehr überschaubarer Raum, der uns die Erkundungen leicht macht. Aber wie ich schon sagte, wir sind bereits in der Lage, mit diesem kleinen Raum, der uns unmittelbar umgibt, umzugehen. Ihr seid euch einig, dass der Raum sich zusammengezogen hat. Was ist mit euch geschehen, euren Körpern, während ihr auf den sich zurückziehenden Raum reagiert habt?

S 1: Es war sehr verwirrend.

S 2: Ich habe mich von vielem abgeschnitten gefühlt.

S 3: Meine Sinneseindrücke waren eingeschränkt.

S 4: Ich hatte das Gefühl, mich selbst kleiner zu machen.

S 5: Ich fand es interessant, dass wir nicht darüber reden konnten. Er war zwar da, aber bei unserer Improvisation ging es nicht um den Uringeruch.

S 6: Wir haben ihn alle gefühlt und uns dadurch verändert.

S 7: Ich habe mich sehr unwohl mit mir und den anderen gefühlt.

Was passierte, als ihr den Geruch in Fliederduft verwandelt habt?

S 1: Der Raum hat sich definitiv ausgebreitet.

S 2: Ja, der Raum hat sich von mir wegbewegt.

S 3: Der Raum hat sich nach draußen bewegt und mich mitgenommen.

S 4: Als der Raum sich auf diese Weise bewegt hat, hat er mich förmlich zum Lachen gebracht.

Ihr stimmt alle überein, dass er sich ausgebreitet hat? Gut. Was hat er mit euch gemacht?
S 1: Ich wollte mich mit jedem zusammentun.
S 2: Ich habe es unglaublich genossen, unter Menschen zu sein.
S 3: Es war, als wäre man auf einer Party voller netter Leute.
S 4: Ich habe mich ruhig und friedlich gefühlt, unabhängig davon, was passierte.

Und der Staub? Was hat diese Vorstellung mit der Bewegung des Raumes gemacht?
S 1: Er hat mich ganz langsam zusammengepresst, fast gequetscht.
S 2: Ja, genau. In dem Fall war es ebenfalls ein Zusammenziehen, aber die Qualität war eine andere.
S 3: Durch den Uringeruch war die Bewegung sehr hart und direkt. Diese hier war sanft und kreisend.
S 4: Was mich betrifft, hat er sich definitiv zusammengezogen.

Was ist am Ende dabei herausgekommen? Was ist dadurch, dass ihr in dieser mit Staub gefüllten Blase wart, mit euch geschehen?
S 1: Ich verstehe jetzt, dass es wichtig ist, nicht darüber zu reden.
S 2: Hätten wir das getan, wäre es langweilig geworden.
S 3: Ich hatte das Gefühl, an einer Verschwörung teilzunehmen.
S 4: Die Improvisation war voller Geheimnisse und Treffen zwischen kleineren Gruppen. Wirklich redselig war keiner von uns.
S 5: Durch den Staub waren meine Augen tatsächlich getrübt. Und mir ist aufgefallen, dass ich die anderen deshalb auch nicht wirklich mochte. Es war, als hätte ich niemanden mehr sehen wollen.

Das war eine wirklich gute Entdeckungsreise. Ihr wart erfolgreich, wir können weitermachen. Als Cechov über Atmosphäre sprach, bezog er sich auf weitaus weniger raue Dinge als die, mit denen wir gerade gearbeitet haben. Er sprach über Gefühle in der Luft, nicht über Substanzen. Doch was ihr gerade erkundet habt, können nützliche Atmosphären sein, auch wenn Cechov etwas anderes im Kopf hatte. Ich habe mich entschieden, euch anhand dieser drei Substanzen mit den Atmosphären bekanntzumachen, denn sie sind euch bereits vertraut. Die drei sind ein bisschen greifbarer als „Gefühle in der Luft". Mit dieser Übung konnten wir etwas zum Abschluss bringen.

Dennoch müssen wir, was das betrifft, noch ein bisschen poetischer werden. Dann werden wir sehen, was passieren kann.

Widme dich nun wieder der Blase, die dich umgibt. Definiere sie, und spüre dich selbst, wie du in der Mitte der Blase stehst. Du musst deine Atmung nicht verändern, aber mache dir bewusst, dass du atmest. Stelle dir vor, dass die Luft, die du atmest, mit Unglück gefüllt ist.

S: Ist ein Unglück geschehen?

Nein, bitte denke dabei nicht an ein ganz bestimmtes Unglück. Sagen wir einfach, die Luft, die du atmest, ist mit Unglück gefüllt. Mit jedem Atemzug saugst du das Unglück tiefer und tiefer in deine Lungen hinein. Es ist in der Luft; bewege dich durch den Raum und atme dieses Unglück ein. Wenn du an ein bestimmtes Unglück denkst, könntest du dazu verleitet werden, das Unglück zu spielen. Gibt es kein wirkliches Unglück, dann bist du möglicherweise hin- und hergerissen. Mit dem Unglück geht eine ganz bestimmte Qualität des Seins und des Körpergefühls einher. Danach suchen wir. Die Szene, an der du beteiligt bist, könnte die einer Hochzeit sein. Doch diese spezielle Hochzeit ist von der Atmosphäre des Unglücks durchsetzt.

An diesem Punkt deiner Erkundung solltest du deine Aufmerksamkeit auf deinen Körper richten. Was geschieht mit dem Körper, wenn du von dieser Atmosphäre des Unglücks umgeben bist?

Wenn du dich darauf konzentrierst, wirst du nützliche Informationen erhalten.

Wenn der Raum sich im Verhältnis zu dir bewegen konnte, wird dir der Körper sagen, in welche Richtung er sich bewegt. Lasse deinen Körper auf den Raum reagieren; dadurch wirst du beginnen zu spielen. Doch zunächst musst du reagieren.

Hat es funktioniert? Konntet ihr die Richtung fühlen?

S 1: Der Raum hat sich auf mich gelegt. Ich habe mich schwer gefühlt.

S 2: Die Erfahrung war sehr stark. Ich bin auf meine Schultern gefallen.

S 3: Ich habe ein Gewicht auf meinem Kopf gespürt, und mein Gesicht hat sich angefühlt, als wäre es sehr lang.

S 4: Meine Atmung hat sich verändert, ich habe sehr bewusst wahrgenommen, wie ich geatmet habe. Das war interessant, denn normalerweise ist mir nicht bewusst, wie ich atme.
S 5: Der Raum hat sich definitiv nach unten bewegt.

Wir haben etwas sehr Wichtiges herausgefunden; etwas, das es uns ermöglichen wird, die Atmosphäre wieder und wieder nachzubilden. Offensichtlich sind wir uns einig darüber, dass der Raum sich anfühlte, als würde er sich nach unten, auf unseren Kopf und unsere Schultern zu bewegen.

Wir haben bereits die inneren Empfindungen des Fallens erfahren und kennen sie. Nun fällt der Raum außerhalb von uns hinab. Weil der „fallende" Raum sich außerhalb des Körpers befindet, berührt er den Körper, und der Körper reagiert.

Es ist wunderbar zu hören, auf welche Art eure Reaktionen körperlich wurden und dass ihr eine neue Beziehung zu euren Körpern entwickelt habt. Ihr seid in der Lage zu hören, wie er zu euch spricht, und ihr könnt das benutzen, um damit zu spielen.

5.15 „Gier unter Ulmen"

Schauen wir einmal, ob wir den Begriff „Unglück" ausklammern können.

Normalerweise verlieren Schauspieler, wenn sie zu sprechen beginnen, die Atmosphäre, denn dann sind sie mit den Worten beschäftigt. Wir wollen das Unglück nicht spielen, wir wollen von der Atmosphäre des Unglücks eingenommen werden.

In der ersten Szene, an der wir arbeiten, kehrt Cabot gemeinsam mit seiner neuen Braut auf die Farm zurück. Für Eben ist das keine gute Situation, für ihn stellt es eine Art Unglück dar, und das, obwohl jemand in dieser Szene heimkehrt. Cabot behauptet seine Autorität und ist für Eben und dessen Pläne eine Bedrohung. Für Eben ist daran rein gar nichts positiv. Die meisten negativen Dinge bewegen sich nach unten.

Bitte grübele nicht über ein Unglück nach. Versuche, den Raum mit einzubeziehen und die Abwärtsbewegung zu erfahren – dann musst du über kein Unglück nachdenken. Du musst einfach nur mit dem Raum arbeiten, der sich nach unten, auf deine Schultern zu bewegt.

Abbie hat den Moment, in dem sie Eben trifft, vorweggenommen, und diese Atmosphäre ist nicht das, womit sie gerechnet hatte. Sie muss darauf reagieren, es liegt in der Luft. Für Eben ist das Ganze eine Überraschung. Es kam aus dem Nichts, und er torkelt in der Atmosphäre. Beide haben völlig unterschiedliche Ansichten, dennoch befinden sie sich am selben Ort und sind von derselben Atmosphäre umgeben. Fühlst du das?

Gut. Nun höre auf, dich zu bewegen, und wir werden spüren, wie die Atmosphäre verfliegt. Das war ein richtig guter erster Schritt auf dem Weg zum Spiel mit der Atmosphäre. Wie hat es sich angefühlt?

S 1: Da du das Unglück herausgenommen hast und wir uns in dieser Szene daran angenähert haben, fühlte es sich anders an als das Unglück. Nicht so stark und spezifisch. Dennoch war es unangenehm und verstörend.

S 2: Ich glaube, es hätte für die Szene funktioniert. Ich war enttäuscht, dass wir es außer Acht gelassen haben. Ich war so weit, die Szene zu spielen. Für mich war Abbie gegenwärtig. Ihre Ankunft in diesem Haushalt, wie viel Arbeit es sein würde, die Schwierigkeiten, die sie würde bewältigen müssen, waren klar. All das konnte ich fühlen.

S 3: Ich konnte spüren, wie aufgeregt Eben war, wusste aber nicht, was ich tun oder wie ich reagieren sollte. Es war keinesfalls ein Unglück, aber es war auch nicht gut. Und ich habe gespürt, wie sehr es mich heruntergedrückt hat.

Gut, ich konnte es ebenfalls spüren. Schauen wir nun, ob du die Atmosphäre eines sich aufwärtsbewegenden Raum noch einmal erzeugen kannst. Und dann fange einfach an, die Worte ganz leicht zu berühren. Spiele ruhig damit, aber richte deine Aufmerksamkeit dabei stärker auf die Atmosphäre als auf den Text. Gib dir die Möglichkeit, auf die Atmosphäre zu reagieren, und schaue, wie die Worte aus dir herauskommen.

Stopp. Du schenkst den Worten viel zu viel Aufmerksamkeit, die Atmosphäre entgleitet dir. Bleibe in der Atmosphäre. Setze dich einfach hin oder stehe in Übereinstimmung mit der Atmosphäre auf, und du wirst dadurch sehr viel bekommen. Wenn du überzeugt bist, die Atmosphäre behaupten zu können, dann versuche zu sprechen. Sollte sie dir wieder entgleiten, werde ich dich stoppen. Daran werden wir heute Abend arbeiten. Ich weiß, du kennst den Text, und deshalb habe ich im Moment kein Interesse daran. Lasse dich voll und ganz auf die Atmosphäre ein. Dadurch können wir eine Arbeitsweise und den zu fokussierenden, spezifischen Schwerpunkt entwickeln. Versuche also noch einmal, die Atmosphäre zu schaffen und sieh, was du in ihr findest. Da es eine neue Art zu proben ist, muss man sich erst daran gewöhnen. Doch schon bald wirst du stetig Ausschau nach Atmosphären halten, denn du wirst an die Kraft von dem glauben, das dich umgibt. Noch einmal bitte.

Gut. Dieses Mal klappte die Improvisation gut, da dir klar war, worauf du dich fokussiert hast. Wie hat sich das für dich angefühlt?

S 1: Als Eben wollte ich vor denen und der Szene davonlaufen, aber ich musste bleiben und mich ihr stellen. Das war sehr stark. Ich habe meinen Worten eine rätselhafte Kraft gegeben. Aber als Schauspieler, der mittendrin stand, habe ich es akzeptiert.

S 2: Da stimme ich absolut zu. Als Eben hatte ich das Gefühl, diese schwierige Gefühlssituation nur dann wieder in den Griff zu bekommen, wenn ich die beiden rausschmeiße. Meine Worte haben das ausgedrückt, selbst wenn sie es nicht gesagt haben.

S 3: Als Abbie habe ich mich sehr abgekapselt gefühlt. Cabot gegenüber habe ich einen tiefen Unmut empfunden, aber für Eben, der so weit weg von mir schien, habe ich Mitgefühl gehabt.

Nun wollen wir die Szene mit der Atmosphäre und dem Text probieren, mit einer Abbie und einem Eben. Vergesst nicht, es ist nur eine Probe. Konzentriert euch auf die Atmosphäre und richtet eure Aufmerksamkeit gegenseitig auf euch. Lasst die Worte einfach allem anderen folgen.

Das war gut. Für diejenigen, die zugeschaut haben: Was habt ihr gesehen oder gefühlt?

S 1: Ich habe gespürt, dass beide Figuren definitiv am selben Ort und beide von einer Sache umgeben waren. Diese Sache schien sie zusammen-

zuhalten, obwohl sie so weit voneinander entfernt waren. Ihre Wünsche waren sehr unterschiedlich, und doch war da trotzdem etwas, das sie vereint hat.
S 2: Ihre Handlungen waren sehr klar. Sie haben sich bewegt, als läge ein Bann über beiden. Es war erfüllt.

Fandet ihr das korrekt? War es die richtige Atmosphäre? Denkt ihr, mit einer anderen Atmosphäre wäre es anders gewesen?
S: Es war die Atmosphäre, die du für die beiden ausgesucht hast. Ich habe angenommen, dass es richtig war, weil du es ihnen gesagt hast. Gäbe es noch eine andere Atmosphäre für die Szene? Zwischen den beiden ist etwas Aufregendes passiert. Aber vielleicht war es auch nicht die richtige Atmosphäre.

Es war nur eine Probe. Wir haben etwas ausprobiert. Etwas, das ihr tun konntet, weil ihr es bereits entwickelt hattet. Also habe ich euch gesagt, dass ihr es probieren solltet. Cechov sagt: „Proben sind dafür da, Besseres zu finden." Ja, es gäbe noch weitere Atmosphären, die man erkunden könnte. Am Ende würden wir uns für die entscheiden, die den Anforderungen der Szene am besten gerecht würde.

Wie wäre es gewesen, wenn wir uns der Atmosphäre des Misstrauens angenommen und dann die Szene gespielt hätten? Fülle in deine Blase Verdacht, und atme ihn tief in deine Lungen ein. So, wie du es mit dem Unglück getan hast. Bitte gehe nicht davon aus, misstrauisch werden zu müssen. Das ist nicht die Atmosphäre. Tatsächlich würde das die Atmosphäre töten. Jeder versucht es jetzt. Wir wollen herausfinden, wie der Raum sich bewegt, wenn die Atmosphäre voller Misstrauen ist. Atme es ein. Gib der Atmosphäre die Möglichkeit, dich zu spielen.

Gut, ich nehme an, ihr alle stimmt mir zu, dass dies sehr kraftvoll war. Was könnt ihr über die Richtung sagen, in die sich der Raum bewegt hat?
S 1: Ich habe das Gefühl gehabt, dass er punktgenau auf meine Stirn zugekommen ist.
S 2: Ja, er hat sich v-förmig auf mich zubewegt, und der Bezugspunkt des Vs war mein Gesicht.

S 3: Das ist unglaublich, ich habe auch das Gefühl gehabt, dass er mein Gesicht berührt. Allerdings war es kein V, sondern er hat sich spiralförmig auf mich zubewegt.

Das ist gut. Vergessen wir jetzt den Begriff des Misstrauens wieder und arbeiten wir ausschließlich mit der Bewegung. Dann wirst du auch nicht dazu verleitet, misstrauisch zu agieren. Stattdessen wirst du auf die Bewegung des Raumes *reagieren*. Fange an, und beginne mit der Improvisation. Ich denke, du weißt nun, worauf du dich konzentrieren musst. Lege los und spiele damit, lasse dich vom Raum spielen.

S: Ich glaube, das war besser. Für mich war es stärker und einfacher, eine Verbindung herzustellen.

Vielleicht wirst du allmählich vertrauter mit der Art, wie du es tun musst.

S: Nein, ich denke, es war für die Szene viel angemessener. Diese bestimmte Art von Unwohlsein war aktiver. Ich habe nicht mit Misstrauen gearbeitet. Ich habe so auf die spezifische Richtung und Bewegung des Raumes reagiert, dass es stärker der Szene entsprach.

Gehen wir doch ganz einfach in die Szene. Kann Abbie bitte herkommen, um mitzumachen? Bringe den Raum dazu, sich zu bewegen. Wenn du fühlst, dass die Atmosphäre vorhanden ist, beginnst du, den Text zu sprechen. So kannst du überprüfen, ob das, was du gesagt hast, stimmt.

Das war gut. Es muss sich gut angefühlt haben, denn ich habe gespürt, dass sich etwas übertragen hat. Wie war es für dich?

S 1: Es war gut. Es war nicht das, was ich erwartet habe, aber ich habe stärker gefühlt, weil ich mit der Bewegung gelebt habe, die nicht aufhörte. Dennoch habe ich mit ihr gespielt.

S 2: Ja, das war eine starke Erfahrung. Überraschenderweise war es gar nicht schwer, es aufrechtzuhalten. Haben wir es aufrechterhalten?

Ich denke, das habt ihr. Das, was du über die Leichtigkeit gesagt hast, stimmt. Sobald du dich der Möglichkeit, dass es passieren kann, völlig überlässt und du den Raum in Bewegung setzt, wird es so lange aufrechterhalten, wie du es möchtest. Das war wirklich gute Arbeit. Du hast recht, für die Szene war die Leichtigkeit angemessener. Die Szene war voller Unverständnis darüber, was geschieht, und Ungläubigkeit darüber, dass es wirklich geschieht. Und das ist für beide wahr.

Mit der Zeit, und je länger wir üben, werden wir zunehmend in der Lage sein, einen immer größeren Raum zu beherrschen. Das ist eine Frage der Konzentrationsentwicklung. Doch was ihr heute Abend erreicht habt, war ein Erfolg, denn jeder von euch hat es gefühlt. Ihr habt tatsächlich Kontakt mit etwas aufgenommen, das nicht sicht- und greifbar ist. Genau das macht die eigentliche Kraft der Schauspieltechnik aus.

6 Die Technik beherrschen

Dieser Schauspielansatz ist kein persönlicher, und dennoch eröffnet er uns einen Zugang zu unserem wahren Selbst. Arbeiten wir zum ersten Mal mit dieser Technik, begegnen wir ihr mit zwei Haltungen: Einerseits spricht sie uns an, denn sie ist sehr vielversprechend. Andererseits haben wir unsere Zweifel, denn wir verstehen nicht, wie Bewegung etwas so Organisches und Wahrhaftiges hervorbringen kann. Die Technik wird oft als „von außen nach innen" beschrieben, während andere Ansätze, die den Schwerpunkt auf das Denken und weniger auf die Bewegung legen, als „von innen nach außen" bezeichnet werden. Doch in beiden Fällen werden die Ansätze nicht annähernd korrekt beschrieben. Darüber hinaus wird nichts Nützliches über den Prozess des Schauspiels ausgesagt. Trotzdem dienen diese Beschreibungen als Indikatoren. Es gibt ganz klare Befürworter sowohl des einen als auch des anderen Ansatzes sowie unterschiedliche Auffassungen darüber, welcher Ansatz der wertvollere ist.

Im Verhältnis zur Vorstellungskraft befindet sich der Körper außerhalb, doch es ist die Vorstellungskraft, die nach außen dringen muss, um den Weg zum Körper zu finden. Meiner Meinung nach ist die Cechov-Technik kein Prozess von „außen nach innen"; möglicherweise ist sie sogar der stärkste Prozess „von innen nach außen", den es gibt. Die Technik verspricht, einen Zugang zum inspirierten Schauspiel zu öffnen. Die Schritte zur Inspiration sind:

1. Vorstellung (innen)
2. Konzentration (von innen nach außen)
3. Einverleibung (von außen nach innen)
4. Strahlung (von innen nach außen)
5. Inspiration (von außen nach innen nach außen)

Unter vollkommenen Voraussetzungen gäbe es keine Lücke zwischen der Vorstellung und den Ausdrucksmitteln, doch in der Wirklichkeit besteht eine Kluft zwischen ihnen. Das Leben des Künstlers überbrückt diese Kluft. Für den Schauspieler ist es der Körper, den er beherrschen muss. Einen anderen Weg gibt es nicht, denn der Körper ist das Instrument.

Wir müssen wissen, welche Möglichkeiten wir haben. Wir müssen lernen, unsere Zeit einzuteilen und unsere Prioritäten sinnvoll zu setzen. Wir müssen gewissenhaft an der Geschmeidigkeit des Körpers arbeiten, damit er die Vorstellungskraft versorgen kann. Der Körper ist steif, das wirkliche Leben nimmt uns die Gelenkigkeit, und der Körper folgt nicht so einfach den Anweisungen, die wir ihm geben. Vor allem, wenn diese Anweisungen eine Darstellung erfordern. Wenn wir den physischen Körper, der zunächst der Gegner des Schauspielers ist, stärken wollen, braucht es dafür Zeit. Durch kontinuierliches und korrektes Training finden wir einen Weg, um den Körper geschmeidig zu machen. Mit unseren steifen Körpern können wir rein gar nichts anstellen. Wir können kein Bild aufnehmen, wir können unsere Gefühle oder Absichten nicht artikulieren. Der Lernprozess beginnt mit der Entdeckung, dass der Körper das Instrument ist: Wir beginnen als absolute Anfänger, so als hätten wir nicht gewusst, dass wir einen Körper besitzen, und als würden wir ihn gerade erst entdecken. Diese kleine Wahrnehmungsverschiebung ist notwendig. Denn erst, wenn wir auf neue, unvoreingenommene Art erkennen, was der Körper ist, können wir ihn weiterentwickeln und mit ihm auf eine Weise arbeiten, die uns nützt.

Die Welt ist riesig, und unsere kleinen Leben sind im Gegensatz dazu begrenzt. Sobald uns klar wird, dass Vorstellungen uns leiten können, werden wir sie weiterentwickeln, denn wir erkennen in ihnen eine große Kraft. Ist die Vorstellung schließlich gut entwickelt, können wir uns sicher sein, dass wir alles, was wir als Schauspieler benötigen, darin finden werden. Wir bekommen ein handfestes Hilfsmittel, durch das wir uns während des Spiels kontinuierlich selbst ausdrücken können. Wir müssen bereit sein, über unser normales Selbstverständnis hinaus eine neue Welt der Archetypen und Bilder zu betreten. Auf archetypische Weise Kontakt mit einem Stück aufzunehmen, setzt die Kräfte frei, die in der Vorstellungskraft des Künstlers verortet sind.

Deirdre Hurst du Prey hat uns gesagt, was Cechov von seinen Schülern gefordert hat:

> „Du musst für das, was du der Welt präsentierst, eine moralische Verantwortung übernehmen. Du musst die Wirkung, die du auf das Publikum hast, kennen und wissen, wie diese erzielt wird. Du musst wissen, dass du da bist, um einen uneigennützigen Kontakt mit dem Publikum herzustellen. Das wünscht es sich von dir, und du musst bereit sein, darauf einzugehen."

Du spielst nicht für dich selbst. Es fühlt sich zwar gut an, ein Schauspieler zu sein, der spielt, doch dabei geht es um etwas Größeres, das wichtiger ist, als nur für sich zu spielen.

Die Technik zu beherrschen heißt, sich neuen Ideen davon, was Menschsein bedeutet, zu öffnen. Ansonsten gelingt es nicht. Die aktive Suche nach moralischer Verantwortung ist ein indirekter Vorstoß, eine Verbindung mit dem einzugehen, was Cechov die „kreative Individualität" des Künstlers nannte.

Diesen Teil von uns zu fordern, ist die Arbeit, die wir aktiv erledigen müssen. Jeder weiß, dass es Zeit erfordert, wenn man etwas beherrschen will. In Kontakt mit der kreativen Individualität zu kommen, erfordert Zeit, den Körper zu verändern, erfordert Zeit.

Das, was wir aus den Prinzipien und dem Werkzeug ziehen, sind Freude und Genuss, denn der Umgang mit ihnen ist leicht und frei. Obwohl sie in vielerlei Hinsicht bloß Tricks und Kniffe sind, die uns dabei helfen, die Magie des Schauspiels herzustellen. Diese Tricks werden uns so lange als zusammenhanglose Teile erscheinen, bis wir einen Weg gefunden haben, sie in uns zu vereinen. Die kreative Individualität kann das für uns leisten, denn sie lehrt uns, wie wir dieses Werkzeug nutzen können, wenn wir es benötigen.

In meinem Unterricht versuche ich, die Schauspieltechnik so praktisch wie möglich zu vermitteln, damit sie angewendet werden kann. Viele Schauspieler fragen mich, wie sie das tun können, nachdem sie einige Teile der Technik erlernt haben. Sie sagen mir, dass sie die Technik zwar verstehen, aber nicht genau wissen, welche Teile sie davon wann benutzen sollen. Solche Fragen beunruhigen mich, denn die Antwort darauf scheint so offensichtlich zu sein. Daher frage ich mich, warum sie es nicht für sich selbst entscheiden können. Im Unterricht waren sie doch in der Lage, die Übungen gut auszuführen. Sie konnten über den Wert der Arbeit und über das, was sie erfahren haben, sprechen. Also wieso können sie die Technik nicht für sich selbst anwenden? Als ich schließlich über meine eigene Ausbildung und Entwicklung nachgedacht habe, ist mit klar geworden, was ich vergessen hatte. Ich hatte ebenfalls eine ganze Zeit lang mit den gleichen Problemen und Fragen zu kämpfen. Ich hatte vergessen, dass ich zehn Jahre gebraucht habe, um „es zu kapieren". Als Lehrer dachte ich irrtümlicherweise, dass ein Schauspieler diese Technik in zwei Jahren vervollkommnen könnte. Das trifft aber nur für zwei Teile des Lernprozesses zu: für das *Was* und das *Wie*. Um die ganze Technik zu beherrschen, muss das *Wer* ebenfalls entwickelt werden. In diesem Fall bist das *Wer* du, der Künstler.

Während der Entwicklung des physischen Körpers wird die kreative Individualität in diesen Prozess einbezogen. Wenn du nicht aufmerksam genug bist, kann es passieren, dass dir diese Verbindung entgeht. In dem Fall würde die Ausbildung sehr einseitig verlaufen, und es bräuchte eine noch längere Zeit, um die Technik vollständig zu beherrschen. Zwar wirst du körperlich in der Lage sein, sie anzuwenden, aber dein Wille wird nicht frei genug sein. Du kannst von einem Regisseur oder Lehrer geführt werden und ausgezeichnete Ergebnisse erhalten, aber du wirst nicht Herr der Lage sein. Das Gefühl, die Kontrolle zu haben über alles, was du tust, ist außerordentlich und gehört zu einem ausgebildeten Künstler dazu.

Nachdem dir klar geworden ist, wie du der Welt, in der du lebst, gegenüberstehst, wirst du in der Lage sein, künstlerische Bezüge herzustellen. Zu wissen, *wie* du fühlst, offenbart sich in jedem Moment deines alltäglichen Lebens. Zu wissen, *wo* du etwas und *wie* du etwas fühlst, ermöglicht es dir, mit der Technik zu spielen. Die kreative Individualität setzt die reale Welt mit der imaginären Welt in Beziehung. Im Bemühen, die imaginäre Welt real erscheinen zu lassen, müssen

Schauspieler die Dinge im Körper anlegen. Sind wir uns nicht im Klaren darüber, wie die Empfindungen den Körper beeinflussen, stehen wir nicht in kreativer Verbindung mit unserer Welt.

Das Michael Cechov Studio in New York bietet einen Kurs über die fünf Leitprinzipien an, der in drei thematische Schwerpunkte eingeteilt ist: Der erste Teil trägt den Titel „Ich". Dabei geht es um die Arbeit am Körper des Schauspielers, wobei die grundlegenden Prinzipien und das Werkzeug im Vordergrund stehen. Der Schauspieler entdeckt, welche Gefühle und Bewegungen der Körper empfinden und ausführen kann. Weil der Körper sehr empfänglich für die Übungen ist, entwickelt man sehr schnell ein Gespür für sie. Der zweite Teil trägt die Überschrift „Wir". Hier wird der Schauspieler in Verbindung mit dem Raum, den er besetzt, mit seinen Kollegen und mit der imaginären Welt des Stückes gebracht. Es ist ein weites Feld, das erkundet wird, denn die Wahrnehmung wird auf alles gerichtet, was außerhalb des Körpers ist, während die Eindrücke vom Körper aufgenommen und ausgedrückt werden. Der dritte Teil läuft unter der Überschrift „Sie". Er bezieht sich auf die Aufführung, das Publikum und auf die Welt vor der Bühne. Hier tritt der Schauspieler in Verbindung mit seiner emotionalen Wirkung auf die Außenwelt, und er lernt, wie er sein wahres Selbst ausdrücken kann. Jeder dieser thematischen Schwerpunkte beschäftigt sich mit der Stimulierung und Stärkung der kreativen Individualität als Teil des künstlerischen Selbstverständnisses. Die kreative Individualität vereint diese drei Schwerpunkte und gibt dem Schauspieler das *Gefühl für das Ganze.* Dieses Gefühl für das Ganze ist einer der vier Brüder, eines der dynamischen Prinzipien, durch die wir immer auf Kurs bleiben. Spielen wir mit dem Gefühl für das Ganze, dann arbeiten wir als Künstler, und wir können zuversichtlich sein, dass wir uns der Technik gegenüber geöffnet haben und wir auf einem guten Weg sind, sie zu beherrschen.

Danksagung

Ich möchte Talia Rodgers und Ben Piggot vom Verlag Routledge dafür danken, dass sie der Idee zu diesem Buch zugestimmt und mir bis zur Veröffentlichung unterstützend zur Seite gestanden haben.

Ich möchte meinen Lehrern danken, die mich ermutigt haben, den Weg zu beschreiten, den ich eingeschlagen habe. Ohne sie wäre dieses Buch nie entstanden. Keiner von ihnen ist mehr unter uns, aber ich werde immer von ganzem Herzen an sie denken.

Besonderer Dank gilt der Rutgers University, die mir den Ort geboten hat, an dem ich dieses Buch über mehrere Jahre hinweg entwickeln konnte; in dem Zusammenhang möchte ich mich bei Carol Thompson, Barbara Marchant, Kevin Kittle, Deborah Hedwall und Heather Rasche für ihre Unterstützung bedanken. Daneben gilt mein Dank Maggie Flanigan und den Schauspielern ihres Schauspielstudios in New York City, deren Äußerungen ich in dieses Buch aufnehmen durfte.

Ein ganz spezieller Dank geht an Bethany Caputo und Judith Bradshaw für die Aufzeichnung und Dokumentation unzähliger Workshops, die wertvolle Betrachtungen über die Arbeit mit der

Schauspieltechnik und Ergebnisse enthalten. Mein Dank gilt auch James Luse, Janet Morrison und Mel Shrawder, die das Manuskript gelesen und mir bei der Präsentation geholfen haben. Dank auch an Edward Marritz für sein scharfes Auge.

Außerdem möchte ich meinen Kollegen vom MICHA für ihr Vertrauen in meine Arbeit und ihre Begeisterung für meine Ideen danken: Joanna Merlin, Jessica Cerullo, Marjolein Baars, Ted Pugh, Fern Sloan, David Zinder, Sarah Kane und Ragnar Freidank.

Nicht vergessen möchte ich meine Schüler, die Schauspieler, die mir die Inspiration geben, immer wieder neue Übungen und Aufgaben für sie zu entwickeln. Erwähnt seien hier Scott Miller, Sal Cacciato, Jessie Greene, Tyree Giroux, Ben Bauman, John Rawlinson, Brian Parrish, Jonathan Day, Bryan Cohen, Jessica Savage, Glenn Cruz, Caron Levis, Oliver Martin und Juliette Bennett, die immer da waren und sich in die Arbeit gestürzt haben.

Mein größter und tiefster Dank gilt Michael Chechov, dessen Genie mich zu allen Zeiten umgibt.

Literaturnachweis

Die im Text verwendeten Zitate Michael Cechovs stammen aus den folgenden Werken:

Werkgeheimnisse der Schauspielkunst. Zürich und Stuttgart: Werner Classen Verlag 1979 © Boner, Georgette; Nachlass ZHdK Zürcher Hochschule der Künste, MIZ-Archiv
Abteilung: Institute for the Performing Arts and Film IPF
EFB-2008-E001-0013-000 (Orig.: To the Actor. New York 1953, Second Edition New York 2002)

Lektionen für den professionellen Schauspieler. Herausgegeben von Anton Rey u. Mani Wintsch; Auswahl: Deirdre Hurst du Prey. Berlin: Alexander Verlag 2013 © 2013 Zürcher Hochschule der Künste (Orig.: Lessons for the Professional Actor. Herausgegeben von Deirdre Hurst du Prey, New York 1985)

Lessons for Teachers of his Acting Technique. Herausgegeben von Deirdre Hurst du Prey, Ottawa 2000

The Actor Is the Theatre. Transkribiert und herausgegeben von Deirdre Hurst du Prey, Performing Arts Library Special Collection 1977

Wir danken den Rechteinhabern der deutschsprachigen Übersetzungen für die großzügige Abdruckgenehmigung. Die Texte wurden der neuen hochdeutschen Rechtschreibung angepasst. Die Übersetzungen von Lessons for Teachers und The Actor Is the Theatre stammen von Andrea Greul. Die Seitenangaben aus den englischen Originalen sind leider nicht bekannt.

Vita Michael Cechov

16. (28.) August 1891	geboren in Sankt Petersburg als Sohn der Jüdin Natalya Golden und des russischen Journalisten Aleksandr Cechov, dem älteren Bruder Anton Cechovs
1907–1910	Besuch der Theaterschule von Alexei Suvorin, eines Freundes von Anton Cechov
1911	Debüt als Schauspieler am Petersburger Kleinen Suvorin-Theater (Malyj Theater)
1913	Engagement an Konstantin Stanislawskis Moskauer Künstlertheater (MChAT)
1914	Begegnung mit der deutschstämmigen Schauspielerin Olga von Knipper; Heirat im selben Jahr
1916	Geburt der gemeinsamen Tochter Ada
1917–1918	Unterbrechung der Schauspielkarriere aufgrund eines Nervenleidens; Scheidung von Olga Cechova
1918	Heirat mit Xénia Ziller (die Ehe hält bis zu seinem Tod)
um 1920	erste Begegnung mit den Schriften Rudolf Steiners; Organisation von Zusammenkünften und Vorträgen zu den Themen der Anthroposophie; Beginn der Entwicklung einer eigenen Schauspielmethode
1922	Übernahme der Leitung des Ersten Studios am Moskauer Künstlertheater (später umbenannt in Moskauer Akademisches Künstlertheater 2); Erarbeitung seiner berühmten Hamlet-Interpretation; erste persönliche Begegnung mit Rudolf Steiner in Berlin

1924	zweite persönliche Begegnung mit Rudolf Steiner im holländischen Arnheim
1928	Emigration und Beginn seines Wanderlebens in Europa
1929	Zusammenarbeit in Wien und Berlin mit Max Reinhardt; kurzfristige Übernahme der Leitung des jüdischen Wandertheaters Habima
1930	Umzug nach Paris und Gründung eines russischen Theaters
1932–1934	Arbeitsaufenthalte als Schauspieler und Regisseur im Baltikum (Riga, Kaunas); erste Niederschrift seiner Theorie zur Kunst des Schauspielens; Mitbegründer von mehreren Schauspielschulen in Lettland und Litauen
1935	Gastspiele in Brüssel, Paris und in den USA (New York, Boston, Philadelphia)
1936	Gründung des Chekhov Theatre Studio mit angegliederter Schauspielschule in Dartington Hall, England
1938	Übersiedelung in die USA und Eröffnung eines neuen Studios in Ridgefield, Connecticut; erfolgreiche Tourneen seiner Schüler als Cechov Theatre Players
1941	erster Auftritt der Truppe am Broadway mit Shakespeares TWELFTH NIGHT (WAS IHR WOLLT)
1942	Schließung des Studios wegen Fronteinsatz vieler Akteure
ab 1944	Mitwirkung in zahlreichen Hollywood-Filmen u. a. von Alfred Hitchcock und Charles Vidor

1946	Oscar-Nominierung für die Darstellung des Dr. Alexander „Alex" Brulov in Hitchcocks SPELLBOUND (ICH KÄMPFE UM DICH); Veröffentlichung von O TECHNIKE AKTJORA in russischer Sprache in New York (deutsche Ausgabe: DIE KUNST DES SCHAUSPIELERS. MOSKAUER AUSGABE, EA 1990)
1947–1959	Leitung des A. Tamirov-Studios, zu dessen Schülern Ingrid Bergman, Yul Brunner, Clint Eastwood, Marilyn Monroe, Gregory Peck, Anthony Quinn u. v. a. gehörten
1953	Publikation von TO THE ACTOR (WERKGEHEIMNISSE DER SCHAUSPIELKUNST) bei Harper & Row nach vom Verlag erzwungener Streichung aller anthroposophischen Bezüge in der russischen Originalausgabe
30. September 1955	Herztod in Beverly Hills, Kalifornien, im Alter von 64 Jahren

Zu den Autoren

Lenard Petit ist seit über 30 Jahren in unterschiedlichen Funktionen im Theater-, Film- und Fernsehgeschäft tätig. Als Regisseur und Produzent von Theaterstücken und Performances hat er am Broadway sowie an weiteren Spielstätten inner- und außerhalb der USA gearbeitet. Als Schauspieler hat er in Produktionen von Julie Taymor, Meredith Monk, Richard Foreman, Ping Chong und vielen anderen mitgewirkt. Als Dozent vor allem der Michael-Cechov-Methode unterrichtet er seit vielen Jahren an der Mason Gross School of the Arts, der Schauspielabteilung der Rutgers University in New Brunswick, New Jersey. Er ist Künstlerischer Leiter von The Michael Chekhov Acting Studio in New York. Als einer von wenigen Schauspieldozenten weltweit wurde er selbst noch von Mitgliedern von Michael Cechovs Theaterschule unterrichtet. Seine Cechov-Meisterklassen und -Workshops haben ihn bereits nach Moskau, Helsinki, Amsterdam, Madrid, London, Riga, Irkutsk sowie nach München an die Hochschule für Fernsehen und Film (HFF) und nach Berlin und Zürich geführt.
Mehr Informationen unter www.michaelchekhovactingstudio.com.

Frank Betzelt hat nach seiner Ausbildung an der Münchener Otto-Falckenberg-Schule als Schauspieler an verschiedenen Bühnen und für zahlreiche Fernsehproduktionen gearbeitet. Er war Regieassistent bei George Tabori und verantwortete als Regisseur über 20 eigene Theaterinszenierungen, u. a. in München, Nürnberg, Esslingen, Münster und Krefeld. Seit 1996 begleitet er als Filmcoach Schauspieler und Regisseure bei der Vorbereitung ihrer Dreharbeiten und bietet Seminare der Cechov-Methode wie auch anderer Schauspieltechniken an. 2003 gründete er ein Team von selbstständigen Coaches und eröffnete ein Studio in Berlin. Zu den Schauspielern, die er bislang betreut hat, zählen Hannah Herzsprung, Jörg Hartmann, Mark Waschke, Silke Bodenbender, Daniel Brühl, August Diehl, Benno Fürmann, Anneke Kim Sarnau und Jessica Schwarz.
Mehr Informationen unter www.coachingteamfb.de.